Urs-Beat Fringeli
GELASSENHEIT ist der Schlüssel zum inneren Frieden

Verlag Via Nova

Urs-Beat Fringeli

Gelassenheit

ist der Schlüssel zum inneren Frieden

Kraftgebende Impulse für jeden Tag

Verlag Via Nova

1. Auflage 2020

Verlag Via Nova, Alte Landstr. 12, 36100 Petersberg

Telefon: (06 61) 6 29 73

Fax: (06 61) 96 79 560

E-Mail: info@verlag-vianova.de

Internet: www.verlag-vianova.de

Umschlaggestaltung: Guter Punkt, München

Satz: Sebastian Carl, Amerang

Druck und Verarbeitung: Appel und Klinger, 96277 Schneckenlohe

ISBN 978-3-86616-485-7

Inhalt

Bewährte Krafttexte für jeden Tag im Jahr

Vorwort: Entscheidung für das Glück!

Das Leben stellt heute viele Anforderungen an uns. Wie können wir im Alltag mit Sinn und Freude leben? Seit über dreißig Jahren bin ich dieser Frage intensiv nachgegangen. Es sind Bücher entstanden, für die ich zahlreiche positive Rückmeldungen erhalten habe.

Aus diesen Büchern habe ich die erprobten und bewährten Texte gesammelt, um mit einem Jahreslesebuch einen Begleiter anzubieten, der täglich die positiven Seiten des Daseins in Erinnerung ruft und Kraft für den eigenen Lebensweg vermittelt

Das Fazit des vorliegenden Buches ist: Wir haben einen guten Grund, mit Vertrauen und Freude zu leben. Wir sind behütet und werden beschützt. Das Leben hat einen Sinn.

Zudem soll das Buch Sie anleiten, Ihr Leben in die Hand zu nehmen, damit Sie mehr Lebensqualität erfahren und entwickeln.

Gönnen Sie sich und anderen diese aufbauende Lektüre! Entscheiden Sie sich für ein glückliches und harmonisches Leben!

Urs-Beat Fringeli

Konstruktiv mit den alltäglichen Anforderungen umgehen!

Den Alltag mit Mut, Fantasie und Ausdauer bewältigen

1. Januar
Sich auf die kleinen Freuden besinnen

Wer am Morgen richtig aufsteht, wird mit Elan durch den Tag gehen: Vor dem Aufstehen überlege ich mir, auf was ich mich freue. Ich kann mich zum Beispiel auf den nächsten Urlaub freuen. Wichtig ist aber, dass ich mich auch auf die kleinen Freuden des Alltags kurz konzentriere: Heute gönne ich mir eine interessante Zeitschrift oder ich backe einen Kuchen. Fällt mir nichts ein, erinnere ich mich an etwas, das mir Freude bereitet hat, das ich mir wieder einmal gönne. Ich bleibe einen Moment in der Stille, bei mir selbst. Ein Musikstück und eine kurze Lektüre, die Lebenshilfe vermitteln, geben mir Kraft zum Aufstehen. Ich atme bewusst und tief ein und aus und sage mir: Ich bin in jedem Augenblick im Licht, in der Liebe des Universums geborgen. Die kleine Pause, der Spaziergang im Park, der freie Nachmittag: Diese Zeiten werden zum Hochgenuss, wenn ich sie bewusst und in Dankbarkeit erlebe. Gerade die Natur heilt. Sie bringt mich wieder ins Gleichgewicht. Ein Tag ohne Naturerfahrung ist ein verlorener Tag.

2. Januar
Wir sind universal veranlagt

Ich besinne mich auf das, was ich bin und habe. Ich bin dankbar für meine Augen, die mich die Vielfalt der Welt sehen lassen, für die Ohren, welche das Geschenk der Musik ermöglichen, für Arme, die mich kreativ sein, für Beine, die mich die Welt erfahren lassen. Bewusst leben heißt: sich über dieses konkrete Leben freuen. Ich genieße das Leben so oft und viel wie möglich. In meiner Freizeit suche ich mir eine Aufgabe, die mir Freude bereitet, besonders dann, wenn ich zurzeit eine schwierige Phase im Arbeitsbereich durchzustehen habe. Dies zeigt mir, dass ich verschiedene Begabungen habe. Wir stehen oft in der Gefahr, einseitig zu leben. Sicher ist es sinnvoll, in seinem Beruf Fähigkeiten zu erwerben, sich weiterzubilden, aber wir dürfen dabei unsere anderen Talente nicht vergeuden. Was interessiert Sie? Wie können Sie in Ihrer Freizeit diesen Interessen nachgehen? Ohne Dankbarkeit kann ich nicht glücklich leben.

3. Januar
Die ersten Minuten am Morgen

Ich öffne die Vorhänge und lasse das Licht in mein Zimmer. Ich öffne das Fenster und atme tief durch. Dann bleibe ich einen Moment aufrecht stehen, die Füße auf dem Boden, spüre, wie mich die Erde trägt, wie Kraft in mich fließt. Es ist sehr wichtig, dass ich in den ersten Minuten nach dem Aufstehen in der Stille bleibe. Ich wiederhole mehrmals: „Ich bin ganz ruhig. Ich trage die Kräfte in mir, die ich brauche." In der ersten halben Stunde nach dem Aufstehen sollten keine Gedanken der Arbeit mich belasten. Denn der Mensch ist mehr als seine Arbeit. Ich konzentriere mich darauf, dass der neue Tag eine neue Chance ist. Er ist letztlich ein Geschenk. Selbst in schwierigen Situationen mache ich mir bewusst, dass diese Herausforderungen mich letztlich reifen lassen. Wenn ich gefordert werde, werde ich auch irgendwie gefördert. Ich werde durch die Herausforderungen stärker. Sie lassen eine Gelassenheit in mir wachsen.

4. Januar
Bei sich sein und richtig
in der Gemeinschaft sein

Ich bin kein Zufallsprodukt. Ich habe hier eine Aufgabe. Ich gehöre zu dieser Welt. Wenn möglich, jogge ich eine halbe Stunde, um mein Körperbewusstsein zu stärken. Die Natur bringt mich ins Gleichgewicht. Ich bin mir bewusst, dass ich geliebt und gebraucht werde. Ich verweile einige Minuten im Licht, fühle mich geliebt. Die Mahlzeiten sind wichtig für unser Wohlbefinden. Geht es dem Körper gut, fühlt sich die Seele wohl. Besonders wichtig sind auch die Gespräche bei den Mahlzeiten. Es ist immer gut, etwas in eine Gemeinschaft zu investieren. Nur darf man sich dabei nicht anbiedern. Denn die Menschen spüren sofort, welche tiefere Motivation einer solchen Investition zugrunde liegt. Im Zusammenarbeiten und Zusammenleben gebrauche ich immer den gesunden Menschenverstand, überlege mir: Wie würde eine entsprechende Reaktion eines Mitarbeiters bei mir ankommen? Warum nicht wieder einmal einen Menschen zum Essen einladen? Das wertet ihn und mich auf.

5. Januar
Die Arbeit als Rahmen

Schon ganz nüchtern betrachtet: Keine Sorge, kein negativer Gedanke ist von Nutzen, er beschwert mich nur. Bei der Verwandlung der negativen Gedanken muss ich wissen: Es geschieht eben gerade nicht an einem Tag. Es gibt Menschen, die brauchen dafür Jahre. Aber jeder kann es schaffen! Wichtig ist, dass wir nicht aufgeben! „Schön und gut", denken Sie. Aber lesen Sie weiter! Denke ich positiv, dann sage ich nicht: „Ich muss arbeiten, ich muss eine Leistung erbringen. Die Welt fordert Disziplin." Ich sage: „Die Arbeit, die Leistung, die von mir gefordert wird, ermöglicht mir Disziplin, bietet mir einen Rahmen, lässt mich mit einem Rhythmus leben, fordert mich heraus. Sie schenkt mir Erfahrungen." Und immer wieder mache ich mir bewusst, dass ich ohne Fremdbestimmung auch bald meine Freiheit nicht mehr richtig schätzen würde.

6. Januar
Nichts geschieht ohne Sinn

Wir wissen, wie wichtig Vitamine für den Körper sind. Für die Seele sind es positive Gedanken und Gebete, die sie am Leben erhalten. Einige Menschen belächeln heute diese Sicht und sagen: Es zählt doch nur, was ich mit den Augen sehe. Der Stärkere gewinnt. In meinem beruflichen Alltag komme ich immer wieder mit ganz verschiedenen Menschen zusammen. Spreche ich aufmerksam mit ihnen, dann erkenne ich immer, wie sie die Dimension des Glaubens verdrängen, wenn sie sich als ungläubig ausgeben. Wenn Sie sich selber als ungläubig bezeichnen und dennoch dieses Buch lesen, dann werden Sie sicherlich ein paar praktische und erprobte Hilfen finden. Die Dimension des Glaubens gibt mir deswegen Kraft zum Aufstehen, weil ich davon ausgehen kann: Letztlich geschieht nichts ohne Sinn. Auch eine schwierige Zeit stärkt mich und bringt mich weiter. Auch wenn ich zurzeit nicht einsehe, welcher Sinn hier verborgen ist. Eine geistige Führung führt alles zu einem guten Ziel.

7. Januar
Nicht zu schnell aufgeben!

Das Leben kann hart sein. Kein Mensch bleibt von der harten Seite ganz verschont. Interessanterweise werden solche Zeiten im Rückblick als wertvoll bezeichnet, da sie Reife und inneres Wachsen ermöglichten ... Bereits diese Erfahrung zeigt, dass zu schnelles Aufgeben nicht unbedingt die beste Lösung sein muss. Ich versuche, der Dunkelheit ein wenig Licht abzugewinnen. Ich schütte ein wenig Milch in den Kaffee. Nun ist er nicht mehr so heiß, nicht mehr so stark. Ich genieße Schluck für Schluck. Ich bin ganz bei dem, was ich tue. Ich achte auf mein Tempo. Noch vor einigen Minuten wollte ich weiter sein, als meine Seele war. Ich habe den Kaffee verschüttet, weil ich in Gedanken bereits bei der Arbeit war. Das alltägliche Tun und Lassen kann zum Abbild des ganzen Lebens werden. Wenn ich die kleine Tasse Kaffee am Morgen nicht genießen kann, kann ich auch den Urlaub im Süden nicht genießen.

8. Januar
An die Lösung glauben

Es bringt nichts, wenn ich mir über eine ungute Situation zu lange den Kopf zerbreche. Hier lautet die Hilfe: sehen – urteilen – handeln. Ich analysiere die Situation, ich beurteile meine Lage, meine Chancen und Möglichkeiten, aber auch meine Grenzen, ich entwickle eine Strategie oder suche Hilfe. Ich erkundige mich über Beratungsstellen, lese entsprechende Literatur und gebrauche das Internet. Ich führe meine Absichten aus. Zuerst bemühe ich mich darum, den Teufelskreis der negativen Gedanken und Gefühle zu durchbrechen. Ich sage mir bewusst: Für jedes Problem gibt es eine Lösung. Ich glaube an die Lösung. Ich bleibe standhaft und habe Geduld. Indem ich guten und aufbauenden Gedanken Raum gebe, beginne ich bereits, das Problem zu lösen. Wann ist der Mensch erfolgreich? Wenn er die Probleme als Herausforderungen annimmt.

9. Januar
Der Alltag als Übungsweg

Der Mensch ist ein Stehaufmännchen, ein Stehaufweibchen. Tief in seinem Wesen ist ein Ja zum Leben, zur Herausforderung. Schwierige Situationen stärken den inneren Menschen, sind gleichsam eine „Feuerprobe", die Standhaftigkeit abfordert. Gehe ich bejahend mit ihnen um, stärken sie mich. Es macht auch keinen Sinn, wenn ich mir „Sorgen auf Vorrat" mache. Vielleicht kommt alles ja ganz anders … Der Alltag kann zum Übungsweg werden. Ich nehme von meinem Arbeitsort, von meiner Situation das als Möglichkeit zur Selbstwerdung, was dieser Ort oder diese Situation mir bietet. Ohne Alltag gibt es auch keinen Festtag, kann ich auch die freie Zeit nicht wirklich genießen. Was bedeutet das für mein Leben? Was kann ich tun?

10. Januar
Lassen wir uns nicht verunsichern

Ich gehe davon aus, dass ich genug Kraft in mir trage, um im Leben bestehen zu können. Mag eine Phase auch schwierig sein, sie lässt mich reifen. (Auf unerträgliche Situationen komme ich später zurück.) Ich bleibe aufrecht, standhaft. In vielen Fällen versuchen andere, mich loszuwerden oder kleinzukriegen. In vielen Fällen lenken solche Menschen damit nur von eigenen Problemen ab. Wenn ich mich korrekt verhalte, prallen die anderen ab, geben früher oder später auf. Ich signalisiere nicht Schwäche, nehme auch negative Kritik entgegen, ohne unsachlich oder verärgert zu wirken. Ich bleibe immer höflich. Ich zeige mich nicht gestresst, auch wenn es viel Arbeit gibt. Ich tue eines nach dem anderen und versuche immer, in Gedanken ganz bei dem zu sein, was ich gerade tue. So vermeide ich Fehler. Ich vertraue: Ich bin immer zur rechten Zeit am richtigen Ort. Ich suche Hilfe und nehme sie an.

11. Januar
Kriegsspiele vermeiden

Gesten der Zuwendung sollten ganz einfach aus dem Herzen kommen. Ich tue sie spontan, nicht mit Hintergedanken. So kommt die emotionale Ebene zum Tragen. Bekanntlich aber erhalten kleine Geschenke die Freundschaft ... Kleine Gesten wirken oft Wunder! Denn es kommt auf die Geste an! Ein solches Zeichen zeigt, dass ich an eine Person denke, sie wahrnehme. Wenn die emotionale Ebene gestört ist, dann ist das Zusammenleben oder das Zusammenarbeiten schwierig. In gewissen Situationen kommt es dann einfach zu einer Kraftprobe. Verlierer sind fast immer beide Parteien. Es gibt keine einfachen Lösungen. Aber manchmal verschlucken diese „Kriegsspiele" doch so viel Energie. Es muss mir gelingen, die emotionale Ebene zu erreichen, andere von meiner Arbeit und von meiner Persönlichkeit zu überzeugen. Eventuell müssen die Teammitglieder auch zu einer Supervision bereit sein. Ich muss mir klar sagen können: Ja, ich schätze den oder die anderen mindestens so, dass ich gerne noch länger mit ihm oder mit ihnen zusammenarbeiten will.

12. Januar
Ich mache meinen Job

Die sachliche Ebene: Ich mache meinen Job. Das heißt: Ich weiche meinen Verpflichtungen nicht aus. Ich erledige die Arbeiten so gut, wie ich kann. Damit beweise ich meinen Willen, mich zu behaupten und der Gemeinschaft einen Dienst zu erweisen. Es wird immer schwieriger, mir Vorwürfe zu machen, weil ich durch gute und seriöse Arbeit die Angriffsfläche derer, die mir schaden wollen, verringere. Rückmeldungen nehme ich ernst. Sie bieten mir eine Chance, mich zu entwickeln, meine Schatten aufzudecken. Sachlich überdenke ich auch Kritik: Was ist daran echt, was entspricht unsachlichen Empfindungen? Werde ich beispielsweise aus Neid kritisiert? Ich darf Geduld mit frustrierten Menschen haben, ihnen Hilfe anbieten. Aber ich bin nicht verpflichtet, ständig den Frust der anderen Menschen zu ertragen. Durch ein gepflegtes, frohes und selbstbewusstes Auftreten mache ich klar, dass ihr Frust mir nicht schaden kann. So werden die frustrierten Menschen mich bald in Ruhe lassen, weil sie merken, dass ich standhaft bleibe. Bei meiner Arbeit bemühe ich mich so weit wie möglich um Transparenz. Das motiviert mich zur Disziplin. Ich bin und bleibe ehrlich, mache niemandem etwas vor, erbringe meine Leistung, für die ich bezahlt werde. Ein solches Verhalten zahlt sich längerfristig aus!

13. Januar
Wertvolle Widerstände

Es gibt eine Regel: Wenn ich etwas erzwingen muss, dann kann es nicht gut für mich oder für meinen Weg sein. Ich darf alles mir Mögliche tun, damit ich den nächsten Schritt erreiche, damit ich meinem Ziel näherkomme, aber ich darf niemanden dabei erpressen, manipulieren oder unter Druck setzen, sonst widerspreche ich dem Leben. Wenn ich hier schon von der geistigen Führung spreche, dann will ich auch vom guten Geist sprechen. Dieser geht für gläubige Menschen von Gott aus, der Wahrheit, Schönheit und Güte ist. Der gute Geist weiß besser als ich, was für mich gut ist; er sieht mein Leben aus (und in) einer größeren Perspektive. Oft ist es ja auch so, dass Widerstände Menschen stärken können. Freiwillig würden wir solche Widerstände nicht aufsuchen. Das Leben „erzieht" uns also zur Stärke, ermöglicht uns so erst Entfaltung, legt das verborgene Potenzial in uns frei. Und schließlich macht es keinen Sinn, wenn ich mich über etwas ärgere, das ich nicht ändern kann … Ich verschwende so nur Kraft. Ich lasse sofort los, was ich nicht ändern kann!

14. Januar
Auch ein langer Weg
beginnt mit dem ersten Schritt

Es ist gut, wenn ich nicht allen Widerständen aus dem Weg gehe. Diese Widerstände stärken den inneren Menschen. Der wache Mensch sieht Widerstände als Kraftübungen. Er gewinnt der schwierigen Situation einen Sinn ab. Und hier bin ich wieder bei der Einsicht, wie Lebenssinn auch Lebensqualität bedeutet. Dem Leben vertrauen setzt immer wieder eine eigene Anstrengung voraus. Man denkt schnell, Vertrauen sei eine Gabe. Aber jede Gabe lässt sich lernen oder einüben. Wir alle haben viel mehr gelernt, als wir uns vorstellen. Vieles, was wir gelernt haben, ist uns in Fleisch und Blut übergegangen. Wer kann sich beispielsweise noch daran erinnern, wie er Schreiben oder Lesen gelernt hat? Vielleicht höchstens noch an einzelne Erfahrungen. Der längste Weg beginnt bekanntlich mit dem ersten Schritt. Ich darf vor allem Geduld mit mir selber haben. Ausdauer zahlt sich längerfristig – eben auf die Dauer – aus! Erfolg hat, wer an einer Sache festhält, wer das Ziel nicht aus den Augen verliert.

15. Januar
In Kontakt mit der
geistigen Führung bleiben

Segnen – was ist das, was soll das, werden Sie sich fragen. Was hat das mit meinem beruflichen Alltag zu tun? Segnen hat etwas mit einer menschlichen Grundkraft zu tun, die wir haben, die wir brauchen: mit Vertrauen. Es klingt banal: Aber wenn ich am Abend nicht vertraue, am nächsten Morgen wieder aufzuwachen, dann bin ich reif für eine psychologische Behandlung!

Wie übe ich Vertrauen? Indem ich mit der geistig-göttlichen Führung beständig in Kontakt bleibe! Ich nehme mir regelmäßig Zeit für Meditation. Vor allem: Ich danke meiner geistigen Führung für das, was sie mir schon geschenkt hat. Auf diese Weise festigt sich mein Vertrauen ins Leben. Ich ahne: Ich werde immer und überall von einer höheren Macht gehalten. In der geistigen Welt sind Gedanken und Gebete wirkliche Kräfte! Viele fragen sich: Ist das ein Rückfall in einen kindlichen Glauben? Die größten und maßgebenden Persönlichkeiten sprachen und sprechen von der Wirklichkeit der geistigen Welt und der geistigen Führung.

16. Januar
Menschen segnen

Hilfreich ist es auch, wenn ich möglichst oft Menschen segne. Wenn ich Menschen segne, die mir anvertraut sind, dann stelle ich sie unter den Schutz der geistigen Führung. Ich kann sie loslassen. Wenn ich Menschen segne, die mir nicht gut gesinnt sind, dann arbeite ich an einer besseren Zukunft. Haben diese Menschen wirklich einen schlechten Charakter, dann wird der Segen ihnen Heil und Besserung bringen. Denn die geistige Führung hat immer noch viel mehr Möglichkeiten … Der Segen hat aber schon eine psychologische Bedeutung; er stärkt mein inneres Wesen, weil ich durch die Aktivität des Segnens mir und dem Leben vertraue. Ich segne somit auch Menschen, die mir nicht gut gesinnt sind. So lasse ich sie los. Denn dieser Segen bringt ihnen ja erst Erlösung. Menschen, die Mühe mit mir haben, können mich verletzen, kränken, beleidigen. Eine Beleidigung ändert aber nichts an meinem inneren Wert.

17. Januar
Alles prüfen, das Beste behalten

Von echter Kritik kann ich nur profitieren. So unterscheide ich zwischen echter Kritik und zwischen dem Problem eines anderen Menschen, das er auf mich projiziert. Denn bekanntlich sagt das, was einer über andere sagt, viel über ihn aus. Die moderne Psychologie zeigt auch, dass ein Verhalten oder eine Äußerung von mir beim anderen Menschen eine schlechte Erfahrung unbewusst „aktivieren" kann. So wird er gereizt, wird aggressiv, ohne dass er selbst die Ursache erkennt. Ich mache mich aber nicht abhängig vom Denken anderer Menschen. Diese denken sowieso, was sie wollen. Und ihr Denken ist in den meisten Fällen sehr subjektiv. Ich prüfe alles und behalte, was gut für mich ist. Oft steckt hinter Angriffen der Neid. Andere Menschen sind neidisch, gerade wenn ich als spiritueller Mensch froh lebe und gelassen bleibe. Zum Glück gibt es auch viele Menschen, die das schätzen, die gerne in meiner Nähe sind.

18. Januar
Interesse zahlt sich aus

Beim Gespräch fordere ich das Einhalten der „Feedbackregeln": bei einer konkreten Situation bleiben, keine Behauptungen, Gerüchte oder Vermutungen erlauben, in der „Ich-Form" sprechen, auch das Positive sagen, alles zuerst im Herzen prüfen, bevor es ausgesprochen wird. Eigene Fehler zugeben. Werden Missstände in einem Team an- oder ausgesprochen, sollten diese nicht in die Öffentlichkeit getragen werden. Es ist feige, wenn einzelne Mitarbeiter „draußen" und ohne das Wissen der anderen „Verbündete" suchen. Ich äußere meine konkreten Anliegen ... Man bleibt genau bei einer Angelegenheit und sucht Lösungen für zukünftige Fälle. Ich signalisiere so Interesse an der Zusammenarbeit. Geht es um ein neues Arbeitsfeld, das besprochen wird, bereite ich mich via Internet oder Fachliteratur darauf vor. Noch besser: zuerst unter vier Augen reden. Wichtig: Ich zeige Interesse an der anderen Person. Ich höre ihr genau zu.

19. Januar
Sorgfältig mit Menschen
und Dingen umgehen

Bekannt ist aber die meines Erachtens interessante Tatsache, dass Verletzungen, die von uns ausgehen, indem wir also anderen Menschen schaden, fast nicht mehr heilbar sind. Warum? Verletze ich beispielsweise eine andere Person, dann geschieht das aus Mangel an Liebe und Mitleid. Wo ich aber nicht mehr mitfühlen kann, da hat sich „etwas von mir abgespalten". Ein sorgfältiger Umgang mit den anderen Menschen, mit Tieren und Pflanzen garantiert mir ein zufriedenes und glückliches Dasein! Ich übe so ein, dem Leben mit Achtung und Respekt zu begegnen. Das fängt eben schon damit an, dass ich alle Dinge schätze. Es gibt im Leben Menschen, die uns verletzen. Man unterstellt etwas oder kritisiert lieblos und unsachlich. Ich brauche mir nicht alles gefallen zu lassen, was mich kränkt, was man mir unsachlich unterstellt oder was unfairen Behauptungen und Handlungen nahekommt. Ich darf meine Verletzung aussprechen.

20. Januar
Pausen einschalten

Es ist gut, wenn sich der Mensch freuen kann, wenn er sich beispielsweise auf einen bevorstehenden Urlaub freut. Aber dabei darf die Freude über die alltäglichen Zeiten des Glücks nicht übersehen werden! „Mach mal Pause" lautet hier die entsprechende Aufforderung. Kein Mensch kann durch einen großen Urlaub die kleinen Unterbrechungen ersetzen. Jede Stunde lege ich die Brille für ein paar Minuten ab, blicke aus dem Fenster. Ich massiere mir die Augen. Wenn möglich, schalte ich Lärmquellen aus. Der Mensch tut gut daran, sich immer wieder kleinere Unterbrechungen zu gönnen. Das Leben ist reich und will uns alle reich beschenken. Aber nehmen wir es auch an? Viele von uns suchen oft zu weit. Wer die Kleinigkeiten, die das Leben bietet, nicht annimmt, der wartet vergebens. Viele suchen nach den Sternstunden, dem großen Glück. Sie vergessen dabei, die vielen kleinen Freuden zu genießen.

21. Januar
Kultur und Kreativität zulassen

Die Zukunft wird nicht besser, wenn wir eine Veränderung nicht im gegenwärtigen Augenblick herbeiführen. Viele verschieben Vorstellungen in die Zukunft hinein, fassen wunderbare Vorsätze. Doch dann bleibt alles beim Alten, nichts geschieht. Es kommt darauf an, die Kraft des Augenblicks zu nutzen. Indem ich mich jetzt und hier besinne, weshalb es mir gut geht, baue ich an einem Boden, der mir eine lebenswerte Zukunft ermöglicht. Mein Selbstvertrauen steigt, ich glaube an mich; meine gesunde Einstellung überträgt sich auf andere Menschen und macht mich erfolgreich. Wir Menschen sind (oder wären) als vernunftbegabte Wesen fähig, noch viel mehr zu genießen, ohne dabei anderen Wesen zu schaden! Was wir dazu brauchen? In erster Linie Fantasie und Kreativität! Viele verkümmern vor dem Fernsehgerät, weil der innere Mensch sich dabei nicht entfalten kann. Genuss kann auch etwas mit Kultur zu tun haben. Dort, wo ich mich kreativ entfalte, beginnt der innere Mensch zu atmen. Dort findet er sich selbst. Dort ist Freude!

22. Januar
Sich einfach freuen!

Freude hängt nicht von einem äußeren Besitz ab. Es geht in erster Linie um die Einstellung des Menschen. Kann ich mich überhaupt freuen? Das kann ich nur, wenn ich bewusst lebe, wenn ich positiv denke. Dann wird jeder Sonnenstrahl zur Freude, dann spüre ich durch ihn die zärtliche Hand Gottes, die mich berührt. Viele aber verschwenden unzählige Sonnenstrahlen, indem sie diese nicht beachten, als Selbstverständlichkeit sehen. Menschen, die in die sogenannte „Dritte Welt" gereist sind, berichten nicht selten, wie sie dort in fröhliche Gesichter blicken durften. Es waren und sind vor allem Reisende, die sich auf eine wirkliche Begegnung mit den Menschen vor Ort eingelassen haben. Viele sagten und sagen bei der Heimkehr: „Ich bin von den armen Menschen reich beschenkt worden. Sie haben mir viel mehr gegeben, als ich ihnen geben konnte." Die Besucher erhielten mehr, weil sie gerade von diesen armen Menschen lernen konnten, das einfache Leben zu genießen, sich an einfachen Dingen zu freuen. Das einfache Leben steht allen Menschen zur Verfügung.

23. Januar
Licht tanken

Ich tanke Licht, wo immer ich eine Gelegenheit dazu habe! Das ist auch wörtlich gemeint: Eine helle Umgebung weckt Lebenskräfte. Ein Spaziergang in der Natur bringt uns in Schwung. Es geht aber auch darum, geistiges Licht zu tanken. In Erholungsphasen bietet ein Buch zur Lebenshilfe Kraft und Stärke. Viele Menschen haben erfahren und bestätigen: Wer in hellen Stunden, im Urlaub, in schöpferischen Pausen bewusst Licht tankt, der hat in dunklen Stunden eine Reserve, eine Kraft, die ihn trägt. Ich trage – wie alle Menschen – ein „geistiges Licht" in mir, von dem die Mystikerinnen und Mystiker gesprochen haben. Es handelt sich dabei um die göttliche Kraft, um den göttlichen Funken in uns, das, was unser eigentliches Ich ausmacht, das, was den Tod überdauert. Es ist dies der ewige oder geistige Kern. Er übersteht jede Krise und ist unvergänglich. Er übersteht den Zerfall des Leibes.

24. Januar
Wie kann ich mich bewusst freuen?

Ich schreibe mir auf, was mich freut. Und ich schreibe mir auch auf, auf was ich mich freue (zum Beispiel auf ein romantisches Abendessen, auf einen Ausflug, auf den Feierabend). Ich entscheide mich bewusst für die Freude! Ich schaffe mir Freiräume, gehe dann weg, verlasse die gewohnte Umgebung. Ich entwickle Rituale, die mir helfen, den Alltag loszulassen. Eine Situation, die ich zurzeit nicht ändern kann, lasse ich los, indem ich die Gedanken daran durch andere Gedanken ersetze. Ich notiere mir „Lichtpunkte" und lese diese immer wieder. Ich schreibe, was mich freut, auf ein Zettelchen und hänge es an den Computer. Am besten, ich wiederhole die Kraftworte immer zur selben Zeit, vor dem Aufstehen, nach der Pause, am Mittag, vor dem Feierabend. Aus jeder Situation mache ich das Beste: Die verpasste Straßenbahn nutze ich für Meditation oder Lektüre. Ich sage: „Es muss offenbar so sein …"

25. Januar
Sich schonen

Freude bedeutet nicht unbedingt immer Genuss. Freude ist mehr. Eine vollbrachte Arbeit, ein abgeschlossenes Projekt kann tiefe Befriedigung schenken. Für andere, die suchen, ist eine Antwort oder eine Einsicht ein Geschenk, das Freude schenkt. Gemeint ist eine Antwort, die dem inneren Menschen, dem spirituellen Menschen Nahrung gibt, weil und wenn sie ihm den tieferen Sinn des Daseins eröffnet. „Nur schlechte Nachrichten sind gute Nachrichten", sagt der Bösewicht in einem James-Bond-Film. Wir lesen, hören und sehen deshalb tagtäglich in Zeitungen, im Radio und im Fernseher schlechte Nachrichten von Terror, Krieg und Grausamkeiten. Wer sich für ein Leben mit mehr Freude entscheidet, der muss schlechte Nachrichten nicht einfach verdrängen. Er merkt aber bald, dass er ja eigentlich nicht verpflichtet ist, sich mehrmals am Tag die Nachricht von einem unguten Ereignis anzuhören. Ich darf mir auch einmal wieder eine Zeitschrift gönnen, die mein Hobby thematisiert. Ich lege vermehrt eine gute CD ein! So schone ich mich und grenze mich ab.

26. Januar
Zehn Kilometer

Ich durchschaue die Einseitigkeit unserer Leistungsgesellschaft! Ich bin wertvoll und kostbar, auch wenn es in meinem Leben Zeiten gibt, in denen ich keine Leistung erbringe. Gerade in solchen Zeiten kann sich das Göttliche in mir regen, kommt es zum Durchbruch. Solche Zeiten bereiten mich innerlich auf ein späteres Handeln vor. Nur wenn ich in diesen Zeiten auch offen für Spiritualität bin, kann ich sicher sein, dass ich mich nicht einfach gehen lasse, einer Passivität verfalle, die mich in eine Sackgasse führt. Mit Spiritualität meine ich auch: Ich nutze die Zeit, mich weiterzubilden, mich auf eine spätere Aufgabe vorzubereiten. Bevor ich wieder ins Büro muss, gehe ich noch ein paar Schritte den Fluss entlang. Ich spüre, wie ich Bewegung brauche. In der eben erwähnten Zeitschrift habe ich gelesen, dass der Mensch von der Natur so „konzipiert" worden ist, dass er pro Tag zehn Kilometer gehen müsste, um gesund zu bleiben. Der ganze menschliche Organismus wird gestört, wenn die Bewegung ausbleibt, was heute oft der Fall ist.

27. Januar
Die täglichen Entscheidungen

Heute müssen wir uns oft entscheiden: Ich darf bei einer Entscheidung den Kopf nicht einfach ausschalten. So empfehle ich bei wichtigen Entscheidungen mindestens sieben Schritte:

1. Auf das erste Gefühl achten
2. Pro und Contra ermitteln, die Lage genau analysieren
3. Beratung annehmen; die Sache mit einer Vertrauensperson besprechen
4. Vor dem Einschlafen die göttliche Führung um Rat bitten
5. Darüber schlafen
6. Die erste Entscheidung in Bezug zum ersten Gefühl überprüfen
7. Entscheiden

Oft ist es sicher sinnvoll, der momentanen Situation nochmals eine Chance zu geben. Wir sollten nichts überstürzen.

28. Januar
Von Orten der Kraft profitieren

In einer kleinen Kirche verweile ich ein paar Minuten in der Stille. Da es Sommer ist, überlege ich mir, ob ich das Bedürfnis nach einem kurzen Schlaf auf der Wiese verspüre. Heute reicht es, dass ich mich in Minuten der Stille ganz entspanne. Es gibt sie: die Orte der Kraft. Ich selber bin ein nüchterner Mensch. Aber ich habe es erlebt: Da hoben sich meine Arme in der Kapelle, die der naturverbundene Franz von Assisi mit eigenen Händen gebaut hat. Er hat gespürt, dass an bestimmten Stellen der Erde besondere Kräfte fließen. Das hat nichts mit Magie zu tun, das ist kein Märchen. Man hat das noch nicht genug erforscht, oder man forscht mit einer Methode, welche die geistigen Kräfte nicht erkennt. Orte der Kraft können auch entstehen, indem Menschen die oben genannten Öffnungen selber bewirken. Wie ich das meine? In vergangenen Zeiten haben Menschen deutlich gespürt, wo die Orte der Kraft liegen. Sie haben es gespürt, weil sie noch stärker mit der Natur verbunden waren. An diesen Orten wurden Kirchen und Klöster gebaut. Durch die Kraft der Gebete, die an diesen Orten verrichtet wurden, haben sich dort gleichsam heilsame Kräfte manifestiert. Wer heute solche Orte aufsucht, der taucht ein in dieses geistig-göttliche Leben.

29. Januar
Heilende Räume

Warum sich also nicht einmal eine „Auszeit" gönnen? In der Stille und in der Abgeschiedenheit finde ich wieder zu mir, komme ich mir wieder näher, tanke ich neue Kräfte. Dort haben spirituelle Menschen eine heilende Atmosphäre aufgebaut. Es ist auch kein Zufall, dass viele Klöster in einer wunderbaren Landschaft eingebettet sind. Kaum geht man durch die Klosterpforte, befindet man sich in einem mit positiven Kräften aufgeladenen Raum. Und meistens befinden sich solche Häuser in einer heilsamen Natur. In ihrer Umgebung erfährt man die Reinheit und das Wunder der göttlichen Schöpfung. Sie heilt Leib, Seele und Geist! Der Glaube an mich und meine Fähigkeiten hilft mir, mich erfolgreich zu verändern. Ich muss nur dann vor dem Leben Angst haben, wenn ich Angst vor der Veränderung habe. Leben ist Veränderung. Wenn ich zum Beispiel durch das regelmäßige Beten einen inneren Ruhepunkt habe, kann ich mich den Veränderungen stellen.

30. Januar
Sich nicht ärgern

Und immer wieder müssen wir die Launen von anderen Menschen ertragen. Vielleicht gelingt es von Zeit zu Zeit, uns nicht so sehr über diese Launen zu ärgern. Wenn ich das nächste Mal angebrüllt werde, dann sage ich mir einmal: „Ja, brüll du nur! Lass es raus! Lass alles raus! Es legt sich wieder …" Ich habe mir einmal bei einem solchen Gebrüll vorgestellt, es käme vom unausgelebten Teenager in ihm; er würde gleichsam etwas nachholen, das er früher unterdrücken musste. Das hat mir geholfen. Plötzlich konnte ich ihn trotz des Gebrülls annehmen, mindestens mir wieder vorstellen, dass auch er unter dem gleichen Dach arbeiten darf. Ich ließ ihm diese Form der Verarbeitung eines Problems. Ich stellte mir vor, wie einer leiden muss, um sich so zu gebärden. Was fehlt ihm denn? Er weiß es wohl selber nicht. Ich darf mich abgrenzen. Ich denke daran: Auch er sehnt sich nach Liebe. Auch in ihm wäre die Liebe veranlagt.

31. Januar
Den anderen Menschen verstehen, weil ich an seinen Weg glaube

Jeder Mensch verkörpert einen Weg. Wie ich das meine? Es gibt verschiedene Modelle im Leben. Mein Weg muss nicht der Weg eines anderen Menschen sein. Herr Sauer hat eine andere Prägung als ich. Er hat seine Berechtigung. Ich kann sogar von ihm etwas lernen. Wir begegnen uns, lernen, profitieren voneinander. Doch ich spüre bei der Begegnung: Der andere Mensch geht seinen Weg und ich muss meinen Weg gehen. Gerne urteilen wir über Menschen, über ihr Verhalten. Indem wir urteilen, rauben wir uns ein wirkliches Verständnis für ihren Weg. Ein toleranter Mensch urteilt nicht, er lässt bestehen und leben, er lässt den anderen Menschen auf sich wirken. Es waren Umstände, die den anderen Menschen zu dem gemacht haben, was er heute ist. Vielleicht waren es Verletzungen und Enttäuschungen. Der andere Mensch wird sich erst entfalten, wenn er sich sicher und geborgen fühlt. Indem ich andere Menschen in ihrem Wesen, in ihrer Eigenheit bejahe, schaffe ich ihnen Raum zur Entfaltung. Und indem sie sich entfalten, spüre ich sie deutlich, beginne ich, sie zu achten und zu lieben, erkenne ich ihren Wert.

1. Februar
Wie gewonnen, so zerronnen

An den eigenen Weg glaubt, wer sich auf die gegenwärtige Aufgabe konzentriert. Alles andere würde nur überfordern. Das Leben gibt uns letztlich genügend Zeit. Wir überblicken immer nur einen kleinen Teil davon: Im alltäglichen Leben gibt es immer wieder Rückschläge und Missgeschicke. Zuerst nehme ich solche wahr und darf auch Wut zulassen. Das Geheimnis des Erfolges liegt aber darin, die Wut in einem bewussten Akt zu transformieren: Ich rufe mir dazu ins Bewusstsein, dass ein Missgeschick unter Umständen ein größeres Unheil verhindert hat. Alles hat seinen Sinn. Ich kann mir bewusst machen, dass Verluste zum Leben gehören. Sie helfen mir, das materielle Leben nicht zu überschätzen. Ich sage mir einfach: „Lass los, lass es los!" Ich versuche zu lächeln.

2. Februar
Auf die geistige Führung hören

Es entspricht einer alten Erfahrung vieler Menschen, dass Gott in der Stille zu uns Menschen spricht. Gerade die Stille aber ist es, die heute fehlt. Menschen werden von Lärm überflutet. Sie eilen von Termin zu Termin. Um die Hilfe der geistigen Führung zu verstehen, braucht der Mensch eine spirituelle Lebensführung. In Zeiten des Rückzugs kann er sich eine solche erobern. In der Stille, an einem abgelegenen Ort, in der Einsamkeit darf der suchende Mensch in sich gehen. Er darf die geistige Führung um Rat bitten. Sie wird ihm antworten. Dann hängt es nur noch vom Mut des Menschen ab, diese Antwort auch anzunehmen. Oft wird auch gesagt, das erste Gefühl sei das Beste. Das stimmt insofern, als dass die Intuitionen vor dem Denkprozess noch nicht durch den Intellekt zersetzt oder zerstört sind. Ich denke, beide gehören zur guten Voraussetzung einer Entscheidung: Kopf und Herz oder Verstand und Gefühl.

3. Februar
Vom Umgang mit der Angst

Viele Menschen leiden unter Angst. Es gibt verschiedene Formen. Es ist in manchem Fall ratsam, professionelle Hilfe zu beanspruchen. Doch in vielen Fällen geht Angst auf fehlende Spiritualität zurück. Ich will hier keinem Spiritualität absprechen, doch was heute alles unter dem Begriff „Spiritualität" angeboten wird, lässt mich immer wieder zweifeln, ob diese „Spiritualität" Menschen wirklich tragen kann. Echte Spiritualität nimmt Angst, weil sie das Grundvertrauen in die geistige Führung beständig erneuert und vertieft. Damit verbunden ist die eben angesprochene innere Anstrengung des Menschen. Echte Spiritualität hat etwas mit Verbindlichkeit zu tun. Nur eine verbindliche Einstellung kann den inneren Menschen wirklich mit Gott verbinden, ihm dadurch Halt schenken. Ich werde von dem gehalten, woran ich mich halte. Regelmäßiges Beten gibt der Seele einen Rahmen. Auch die Meditation bietet mir einen inneren Boden, ein Vertrauen ins Leben.

4. Februar
Was heißt eigentlich „positiv denken"?

Ich habe eben angesprochen, wie ein Missgeschick vielleicht nur ein größeres Unheil verhindert. Die menschliche Wahrnehmung ist ja sehr beschränkt. Positiv denken bedeutet also: Ich kann auch schwierigen Situationen gelassen in die Augen sehen. Ich habe keine Angst vor einer Aufgabe, auch wenn sie einen größeren Einsatz von mir fordert. (Außer wenn ich weiß, dass sie mich überfordert. Dann ist es gut, mein Gefühl aus- und anzusprechen.) Ein unbedingtes Vertrauen in die geistige Führung lässt mich erst positiv denken. Ein solches Denken aber gibt mir Kraft und Mut zum Handeln. Ich beobachte immer wieder, wie Menschen, die das Leben und dessen Pflichten bejahen, Erfolg haben. Erfolgreich sind Menschen, die nicht immer alles hinterfragen, die beherzt handeln, die zupacken. Es sind Menschen, die nicht zuerst die Frage stellen: Was bringt es mir? Vielmehr lassen sich erfolgreiche Menschen auf die Herausforderung ein, sagen „ja" zu dem, was das Leben an Aufgaben und Anfragen an sie heranträgt. Es liegt ein Segen auf Menschen, die positiv denken, die das Leben grundsätzlich bejahen.

5. Februar
In jedem Fall: Kreativität!

Auf gar keinen Fall streiche ich die Zeit, die mir eine kreative Betätigung ermöglicht. Mag der Stress im Büro noch so groß sein, ich brauche Zeiten, die mir eine kreative Entfaltung ermöglichen. Der innere Mensch atmet durch diese Tätigkeit. Er wird ein Sklave des äußeren Daseins, wenn er sich nicht mehr kreativ oder künstlerisch auslebt. Durch Schreiben, Malen, Basteln, Kochen halte ich den inneren Menschen am Leben. Er ist mehr als eine berufliche Tätigkeit, mehr als eine Amtsperson, mehr als ein Vater oder eine Mutter. All dies sind „nur" die äußeren Hüllen unseres wahren Wesens! Ich gehe besser in meiner „Rolle" oder in meinen „Rollen" auf, wenn ich Zeiten habe, in denen ich bei mir selbst sein darf, in denen ich also, für Minuten oder Stunden, diese Rollen ablegen darf. So schaffe ich eine gesunde Distanz zu meiner Rolle oder zu meinen Rollen. Gerade dadurch kann ich mich im gesunden Sinne in eine Rolle begeben. Auch als Vater oder Mutter, als Ehemann oder Ehefrau ist es wichtig, Zeiten zu haben, in denen ich etwas ganz für mich tun kann, das nichts mit der Familie zu tun hat. Viele Menschen wissen nichts mehr mit sich anzufangen, wenn die Kinder ausgeflogen sind, weil sie jahrelang „nur" noch auf die Kinder fixiert waren. Große Künstler betonen: In der Kunst finden wir das größte Glück!

6. Februar
Dankbarkeit

Das kleine Wörtchen „Danke" ist ein Zaubermittel. Es erfreut Menschen, bestärkt sie in ihrem Handeln und Denken, verwandelt sie. Eine Geste der Dankbarkeit lässt Menschen erst aufblühen! Was bedeutet das für mein Leben? Dankbarkeit verhilft zu Vertrauen: Indem ich danke, ahne ich den tieferen Sinn meines Daseins, spüre ich die geistige Führung. Ich verbinde mich mit ihr. Und hier bin ich beim vielleicht wesentlichsten Punkt: In der Gemeinschaft mit der geistigen Führung darf ich mich aussprechen, darf ich eine Sache so verarbeiten und loslassen. Wie gut ist es, wenn ich so danken kann. Bei einem Problem hilft es schon, wenn ich mich aussprechen darf. Ich rufe mir die geistige Führung in Erinnerung. Das hilft immer, auch wenn es das Problem nicht sofort löst. Gerade vor dem Einschlafen besinne ich mich auf diese Führung. Spirituelle Gedanken sollten unmittelbar vor dem Einschlafen durch meine Seele ziehen.

7. Februar
Das Leben ist ein Auftrag

Was hilft mir heute, wieder aufzustehen? Es müssen in meiner unmittelbaren Zukunft mindestens drei Ereignisse sichtbar sein, auf die ich mich freuen kann. Ich besinne mich auf sie. Wenn es sie nicht gibt, dann mache ich etwas falsch. Dann aber: Was mich letztlich zum Aufstehen und Weitergehen motiviert, ist die Überzeugung: „Ich weiß, dass das Leben ein Auftrag ist." Sie glauben das nicht? Lassen Sie sich darauf ein, dann werden Sie es erkennen. Ich suche mir durch entsprechende Menschen und Literatur eine Bestätigung für diese Einsicht. Sie allein lässt mich weitergehen, auch wenn das Leben schwierig oder sogar trostlos zu sein scheint. Von Menschen, die gekämpft haben, geht eine enorme Ausstrahlung aus. Vielen solchen Menschen bin ich begegnet. Sie waren ein Segen für andere, sie haben ihre Lebensaufgabe gefunden und wahrgenommen.

8. Februar
Liebe und Beachtung

Achtung ist mehr als Beachtung. Aber bereits im Wort Beachtung steckt die Achtung verborgen. Was ich achte, offenbart sich mir. Durch Beachtung trete ich in eine Beziehung zu einer Erscheinung, integriere ich sie. Durch Achtung gebe ich ihr Raum für ihr Leben, nehme ich ihre Energie an und lasse sie fließen. Wer einen Menschen liebt, der übernimmt bis zu einem gewissen Grade auch Verantwortung für ihn, wenn die Liebe echt und wahr ist. In der Liebe ist der einzelne Mensch gemeint, das heißt, er kann nicht ersetzt werden. Somit ist Treue ein Zeichen wahrer Liebe. Kein Glück in unserem Universum könnte größer sein als das Gefühl der Liebe. Die Liebe ist der Grund, weshalb es uns gibt. Wir sind Geschöpfe der Liebe, gezeugt durch Zuneigung, Hingabe, durch Liebe. Die Liebe ist zärtlich und ewig. Die Liebe überdauert alles, was vergänglich ist. Die Liebe ist der Endzweck und Sinn der Natur und des Universums. Die Liebe ist das, was uns leben und wachsen lässt. Die Liebe zur Natur ist unsere Antwort auf das Geschenk des Lebens, das sie uns ermöglicht. Durch diese Liebe lernen wir erst schätzen, was wir von ihr erhalten.

9. Februar
Die Liebe hilft

Die Lebenskraft einer religiösen Gesinnung vermittelt die Erfahrung, dass der gesunde Mensch nicht für sich leben will oder kann. Der Mensch will auch für andere Menschen da sein, sein Leben teilen. Wer die Verbindung mit anderen Menschen auflöst, der degradiert sich zu einem Minimalisten. Zudem kann er weltfremd werden. Denn in der Gemeinschaft bewähren wir uns. Rückmeldungen bringen uns weiter. Er sieht nur noch sich selber, dabei tappt er in die Egoistenfalle. Bekanntlich ist „geteilte Freude doppelte Freude", nicht „nur", weil zwei sie erleben, sondern weil der einzelne Mensch eben in der Freude des anderen Menschen eine zusätzliche Befriedigung oder eben Freude erfährt. Der andere Mensch kann mir aber auch helfen, meine „Schatten" aufzudecken. So werde ich mich erst entfalten, kommt zum Ausdruck, was in mir verborgen ist.

10. Februar
Versöhnung mit sich selbst

Ich versuche, mich mit meiner Vergangenheit zu versöhnen. Leidvolle Erfahrungen sehe ich als Prozesse an, die meinem innersten (göttlichen) Wesen nicht schaden konnten. Indem ich sie annehme und bejahe, integriere ich sie und wandle sie in Stärke. Das Göttliche, das ich in mir bewusst wahrnehme, erkenne ich auch in anderen Menschen. Ich anerkenne ihre Grenzen, denn auch ich bin nicht vollkommen. Meistens sehen wir ja unsere Schwäche nicht. Es fällt mir leichter, andere Menschen zu bejahen, wenn ich sie als geliebte Kinder Gottes sehe. Wie viel Geduld hat er doch mit uns allen! Mit dieser Haltung entwaffne ich sie durch eine unsichtbare Kraft, die von mir aus dieser Gesinnung hervorgeht. Die Dunkelheit ermöglicht mir erst die Wiederentdeckung des Lichts, das bewusste Ergreifen des göttlichen Lichts.

11. Februar
Der blinde Fleck

Ich frage mich, weshalb eine Äußerung eines Menschen mich betrifft oder ärgert. Zeigt sie mir einen blinden Fleck? Ich reagiere nicht sofort, sondern lasse meine Emotionen „abkühlen". Ich kann von jedem Menschen etwas lernen. (Ich überlege mir, wo ich Vorurteile habe: Lege ich einen Menschen auf seine Vergangenheit fest? Ich stelle mir vor, wie er eine Kraft in sich trägt, die es ihm ermöglicht, sich zu verändern.) Ich anerkenne ihn als göttliches Wesen, das zur Liebe fähig ist. Überhaupt sollten wir immer aufpassen, dass wir Menschen, wenn wir sie nicht oft sehen, niemals auf ihre Vergangenheit reduzieren. Geben wir den Menschen immer wieder eine neue Chance. Bald staunen wir über eine Seite, die wir noch nicht wahrgenommen haben. Sie blühen auf, wenn wir ihnen etwas zutrauen.

12. Februar
Die Auflockerung im Alltag

An jedem Tag sollten wir uns kurz Zeit für diese kleine Übung nehmen:

Immer wieder (mehrmals am Tag) stehe ich aufrecht mit beiden Füßen auf dem Boden. Ich spüre den Kontakt mit der Erde, die mich trägt. Ich bin der Erde dankbar, dass sie mir das Leben ermöglicht, und fühle mich mit ihr verbunden. Ich umarme sie liebevoll, indem ich beide Arme ausstrecke. Ich stelle mir vor, wie meine Arme länger werden und die ganze Erde umfassen. Ich fühle sie in mir. Ich fühle Licht in mir. Ich atme dabei bewusst ein und aus. Ich verneige mich.

Im Einklang mit sich und der Welt leben!

Freundschaft
mit der Welt schließen

13. Februar
Abwärts

Viele Meister des Lebens, Buddha, Franz von Assisi und andere Persönlichkeiten haben eine „Abwärtsbewegung" vollzogen. Sie haben ein reiches Elternhaus verlassen, um der „Schwester Armut" zu begegnen, sie sind einer Konfrontation mit Leiden und Tod nicht ausgewichen. Sie alle sind auch in die Natur gegangen, haben die Heilkraft in der Natur gespürt, haben das Göttliche in der Natur und durch die Natur gefunden. Die Abwärtsbewegung hat sich bei ihnen so gezeigt, dass sie den unteren Reichen, den Tieren, den Pflanzen, aber auch den kranken, schwachen und bedürftigen Menschen mit Liebe, Achtung und Heilkraft begegnen konnten und wollten. Ihr Leben und Wirken könnte auch heute und in Zukunft in uns Menschen eine Abwärtsbewegung provozieren. Dann würden wir für unsere Mitwelt sorgen, den Tieren und Pflanzen mit mehr Ehrfurcht begegnen. Das Gefühl der Ehrfurcht lässt sich wohl nicht aufteilen. Wer hinter der Schöpfung einen „Gott" ahnt, der Schöpfer und Erhalter des Daseins ist, der blickt nicht nur ehrfürchtig „zu ihm auf", er blickt ebenso ehrfürchtig auf die Welt „unter ihm", auf das Mineralreich, das Pflanzenreich und das Tierreich, die alle gottgewollt sind. Er selber ist gewollt und geliebt.

14. Februar
Eins werden mit der Welt

Sagen Sie sich immer wieder:

> „Ich atme die heilige Kraft des Geistes,
> die mich belebt, erfrischt und erneuert.
> Sie stärkt mich, sie bewegt mich, sie erfüllt mich.
> Die gesegnete Luft durchdringt meinen Leib.
> Im geheimnisvollen Rauschen der Blätter des Waldes,
> im Tanz der bunten Blumen auf dem Feld,
> im Vorbeiziehen der Wolken am Himmel,
> in der Abkühlung, die der Abend bringt,
> vereine ich mich mit der Seele der Natur
> durch die Kraft des Heiligen Geistes,
> die in mir ist, die draußen ist,
> die uns beflügelt und trägt und zum Leben bewegt.“

15. Februar
Danken und loslassen

Der Mensch ist mehr als ein „Arbeitstier", er braucht einen Ausgleich zu den täglichen Pflichten. Er soll und darf am Abend, vor dem freien Wochenende oder vor dem Urlaub bewusst abschalten. Der geistige Mensch in uns braucht zudem eine Inspirationsquelle, eine Quelle, die ihm hilft, Zugang zum inneren Kern zu finden. Es können dies Texte aus den heiligen Urkunden sein, aus den westlichen oder östlichen Schriften, die religiöse Menschen verehren. Daneben hilft ihm die schon erwähnte Dankbarkeit: dankbar sein für die Erfahrungen des vergangenen Tages, auch für die schweren oder schmerzvollen. So integriere ich sie in meinen Lebensplan, verleihe ihnen Sinn. Dankbar blicke ich am Ende des Tages zurück: Für was möchte ich danken? Aus diesem Grund ist das abendliche Loslassen wichtig für die Seele. Hilfreich können Tagebucheintragungen sein.

16. Februar
Geistige Kräfte in der Natur

Ich vertraue darauf, dass alles, was ich als Mensch fragmentarisch tun kann, von höheren Wesen aufgegriffen und ergänzt wird. Mir wird immer geholfen. Was hat das „Abschalten" mit der Beziehung zur Natur zu tun? Nur wer sich frei macht von alltäglichen Belastungen, kann die Stimme der Natur hören. Der innere Mensch ist verbunden mit der Natur. Wo der innere Mensch unterdrückt wird, da verliert er den Kontakt zur Mitwelt. Heute werden die Engel erfreulicherweise wieder entdeckt. Viele Menschen berichten von Erfahrungen mit Engeln. In Buchhandlungen findet man ganze Regale zu den „himmlischen Boten". Es muss wohl stimmen, dass verdrängte Wahrheiten sich doch immer wieder den Weg ins Bewusstsein der Menschen erobern. Ebenso entdecken Menschen heute wieder in der Natur wirkende „Elementarwesen", die uns Menschen helfen, die Natur zu heilen. Hier zeigt sich einmal mehr, wie heute Menschen sich intuitiv nach einer stärkeren Verbindung mit der Natur sehnen, die sie offenbar verloren haben. Sie spüren die geistigen Kräfte hinter der Natur.

17. Februar
Die Hilfe der Engel

Wir können die Schutzengel bitten, sie mögen Menschen auf uns vorbereiten, die am heutigen Tag mit uns in Kontakt kommen. Und sie mögen uns für die anderen Menschen öffnen. (Ich gehe in Gedanken die Menschen durch, die mir begegnen.) Ich halte es für möglich, die „zarte Nähe" des Engels zu begreifen, seine Führung zu spüren. Die Engel schützen mich, wenn ich sie bitte, sie mögen eine Lichtpyramide um mich aufbauen. Indem ich mich bewusst für Begegnungen mit anderen Menschen öffne. Oft haben Menschen gute Eingebungen. Es entspricht deshalb einer tiefen Einsicht, dass wir „über ein Problem schlafen" sollten. So helfen uns die Engel konkret. Übrigens werden die Engel von vielen Menschen heute wieder entdeckt und erfahren. Es gibt spannende Berichte, die uns mitteilen, wie Engel geholfen haben.

18. Februar
Seinen Kraftort finden

Ich suche mir einen Kraftort, wo ich zur Ruhe kommen kann. Besonders lassen sich solche Oasen im Wald, an einem See oder an einem Fluss finden: in der Stadt, im Park, in einer offenen Kirche. Ich trete in Kontakt mit dem „Erdgeist", der mich und alle Menschen liebt und bejaht. Ich spüre, wie er mir Kraft schenkt. Wenn möglich, nehme ich an heiligen Handlungen teil, die von christlichen Gemeinschaften angeboten werden, die tief in mein Unterbewusstsein hereinwirken und mich mit der Natur verbinden. Besonders der Sonntag ist in unserer Kultur ein gesegneter Tag, der sich eignet für die Kontaktaufnahme mit der göttlichen Wirklichkeit, da an diesem Tag die diesbezüglichen Energien durch die Bereitschaft vieler Menschen angezogen werden. Gelingt es mir, regelmäßig solche „Kraftzeiten" zu reservieren, dann spüre ich, wie der Rhythmus mich trägt und den inneren Menschen stärkt.

19. Februar
Die täglichen Herausforderungen

Wie viele Menschen werden heute in der äußeren Welt hart bedrängt. Wenn es Probleme am Arbeitsplatz gibt, Stellen gestrichen werden, gleichzeitig eine zu ernährende Familie da ist, dann fühlen Menschen das drohende und brennende Schwert über sich. Es ist lebensbedrohend. In solchen Zeiten braucht der Mensch eine tragfähige Spiritualität. Es ist gut, dass der Mensch eine solche (bereits) in sogenannten „stabilen Zeiten" entwickelt. Denn in der Bedrängnis wird er nur schwer die Möglichkeit dazu haben. So ist es keine veraltete, naive oder sentimentale Vorstellung, dass wir von geistigen Mächten behütet und geleitet werden. Die geistige Führung ist es nämlich auch, die unsere irdische Bedrängung abschwächt. Weiß der Mensch um die vielen Wesen, die schützend über uns wachen, die helfen, ohne dass wir es bemerken, angefangen bei den verstorbenen Angehörigen, die immer noch mit uns verbunden sind, über die Engel, dann werden die „irdischen Sorgen" relativiert.

20. Februar
Die Heilkraft der Stille

Eines der Hauptprobleme des modernen Menschen ist es, dass er keine Ruhe mehr findet. Augenblicke der Stille schenken Heilung. Nur in der Stille kann er erkennen, was ihm gut tut, was er braucht. In der Stille nimmt er sein Bedürfnis nach Spiritualität wahr. Gestärkt mit solchen Kraftzeiten und einem Gebet können wir mutig in den neuen Tag gehen. Dabei werden wir wohl mit zunehmender Reife entdecken, um was es im Leben wirklich geht: Große Persönlichkeiten bestätigen doch, wie letztlich nur das zählt, was sie aus Liebe und Mitmenschlichkeit vollbracht haben. Wenn wir zum Anfang unserer Kultur gehen, dann kommen wir im jüdischen Denken und Empfinden an, das gleichsam der Nährboden, die Mutterhülle der christlichen Überzeugung war und ist. Und dieses Judentum wiederum hat sich verdichtet in den Weisheiten des Chassidismus, aus denen auch der große Religionsphilosoph Martin Buber seine tiefen Einsichten schöpfte. Eine dieser jüdischen Weisheiten lautet: „Wann beginnt der neue Tag? Wenn du das Gesicht des Bruders erkennst."

21. Februar
Unser Dasein bejahen

Wir sollten aber auch uns selbst nicht ausweichen. Jeder von uns hat eine bestimmte Aufgabe im Leben. Indem wir uns um Selbsterkenntnis bemühen, kommen wir uns selbst auf die Spur, aktivieren wir Kräfte in uns, die uns unsere Bestimmung aufzeigen. So lernen wir, unser Dasein zu bejahen. Wir Menschen sind untrennbar mit der Erde, mit den Menschen und mit allen Geschöpfen dieser Natur verbunden. Wenn wir uns weigern, diese Erde mitzugestalten, in der Gemeinschaft unseren Beitrag einzubringen, dann trennen wir uns von unseren Wurzeln, dann versiegt unsere Lebensquelle, die uns speist. Was können wir im Alltag konkret tun? Klebezettel mit Aussagen beschriften, die das Wahre, Schöne und Gute im Leben beschreiben. Diese Zettel in den Räumen verteilen. Bewährt hat sich auch der alte „Bohnentrick": In der Hosentasche trage ich einige Bohnen, die ich in die andere Tasche wechsle, wenn ich positiv denke oder jemandem etwas Gutes wünsche oder sage. Die Bohnen erinnern mich an meine Fähigkeit, positive Gedanken zu entwickeln.

22. Februar
Haben wir noch Zeit zum Leben?

Teil 1

Jetzt, während ich diese Zeilen schreibe, wird um Fertigprodukte geworben mit dem Slogan: „Mehr Zeit zum Leben." Ich frage mich: Gehört das Zubereiten der Mahlzeiten nicht auch zum Leben? Kann es nicht als kreativer Akt (wahr-)genommen werden? Auch hier entfernen sich Menschen wieder ein Stück vom wahren Leben. Man denke nur, wie früher die Mutter das Brot gesegnet hat! Sie hat ihre Liebe in die Zubereitung des Brotes gleichsam „eingebacken". Damit hat sie das Brot schon „geweiht". Viele Menschen spüren heute wieder intuitiv, dass vom selber gemachten Brot eine Heilkraft ausgehen könnte. Ich selber kenne erwachsene Menschen, die noch nie in ihrem Leben selber gekocht oder gebacken haben. Können solche Menschen überhaupt noch eine Einladung schätzen, da sie ja auch noch nie das Gedeck für andere aufgetragen haben, das Geschirr für die anderen zu waschen hatten? Schätzen sie die Gaben wirklich? Es ist eine alltägliche Erfahrung: Was wir ohne Anstrengung erhalten, das ist für viele nicht so wertvoll. Wer sich etwas mit Fleiß und Schweiß erarbeitet hat, der kennt den Wert!

23. Februar
Haben wir noch Zeit zum Leben?

Teil 2

Ich achte darauf, nicht alle Stunden des Tages zu verplanen. Ich schenke mir Momente des Innehaltens. Ich schaffe mir Zeiten, in denen ich in der Stille verweile und einfach bei mir bin, ohne etwas zu tun. Ich spiele ein Instrument, höre Musik oder male. Ich schreibe eine Geschichte, ein Gedicht oder lese ein Buch. Vielleicht habe ich wieder einmal Lust, ein Bild zu malen oder ein Brot zu backen. Ich nehme mir Zeit für die Zubereitung der Mahlzeiten. Ich bin dankbar für die Früchte der Natur. Mit jeder kreativen Tätigkeit halte ich mein inneres Wesen in Bewegung. Fehlt mir die Disziplin, dann schließe ich mich einer Gruppe an. So bestärken und motivieren wir uns gegenseitig. Ich glaube an meine Fähigkeiten und lasse mich herausfordern: Kein Meister ist vom Himmel gefallen. Durch Übung und mit Geduld bringe ich meine Talente zur Entfaltung.

24. Februar
Haben wir noch Zeit zum Leben?

Teil 3

Jede Arbeit hat einen Sinn im ganzen Organismus der menschlichen Gesellschaft. Auch wenn es nicht immer nur um Leistung geht, so schenkt eine geleistete Arbeit dem Menschen doch ein gewisses Maß an Befriedigung. Durch Teilpensen können heute mehr Menschen arbeiten. In diesem Zusammenhang muss auch gesagt werden: Wer leistet und arbeitet, der darf auch genießen. Ich kann dem anderen Menschen letztlich nur von Herzen etwas gönnen, wenn ich mir selbst etwas gönne. Genieße ich nicht mehr, dann werde ich bekanntlich mit der Zeit ungenießbar. Genießen kann auch Zerstörung der Mitwelt bedeuten. So kann es nur im wachen Bewusstsein geschehen, in der Eigenverantwortung, welche die Frage stellt: Steht mir das zu? Dient es mir?

25. Februar
Haben wir noch Zeit zum Leben?

Teil 4

Der eine lebt vom anderen; erst wenn ich mich verbrauchen lasse, habe ich Anteil an der Gemeinschaft, lasse ich andere leben. Erfülltes Leben ist Teilhabe am gemeinsamen Leben. Dabei kommt es auch und gerade auf die vielen kleinen Schritte an! (Der einzelne Arbeiter ist sozial, in der Menge ermöglicht er die Sozialwerke, den Sozialstaat.) Wir können die Welt nicht von heute auf morgen verändern, aber wir dürfen vertrauen, dass keine Arbeit nutzlos ist. Ein Mann kann mit wenigen Minuten, die er zur Verfügung hat, seinen ganzen Garten gestalten, wenn er sich täglich darum bemüht. Der Alltag als Weg. Die einzelnen Schritte, die wir tun, bei der Arbeit, beim Gebet, sie haben Wirkung und Wert, wenn wir sie bewusst tun, wenn wir „bei der Sache" sind. Vertrauen wir also, dass wir mit unserer kleinen Kraft etwas bewirken können.

26. Februar
Grenzerfahrungen

Menschen, die an die Schwelle des Todes kamen, haben von dem Lichtwesen berichtet, das sie bedingungslos liebt. Sie erkannten, dass dieses Wesen schon immer bei ihnen war, nur haben sie es mit den physischen Augen nicht sehen können. Welche Botschaft ist doch das! Es ist also wahr, wir werden in jedem Augenblick geliebt! Der Blick über die Schwelle stärkt den Blick in die materielle Welt. Wer einer höheren Ebene vertraut, spürt die ewige Kraft, die ihn wachsen lässt. Er geht mit Motivation ans Werk, ist bereit, diese Welt mitzugestalten, zu veredeln. Solche Grenzerfahrungen gab es zu allen Zeiten. Es sind gleichsam „Kunstgriffe" der höheren Welten, die Menschen aufrütteln und aufwecken. Weltweit gibt es hundert Millionen von Menschen, die eine solche Erfahrung gemacht haben. Viele schweigen darüber. Aber es liegen uns heute einige plausible und authentische Berichte vor, die überzeugen.

27. Februar
Was unser Herz schlagen lässt

Ein Mensch lebt heute, wenn er denkt. Wir spüren: Nein, ein Mensch lebt, wenn er fühlt! Ein Charaktermerkmal unserer Zeit ist schließlich, dass der Kulturteil der Zeitungen immer dünner wird und die musischen Fächer an den Schulen zuerst gestrichen werden. Dabei sind es doch gerade Kultur und Kunst, die das Herz des Menschen berühren und, wie man sagt, „höher schlagen" lassen. Rauben wir uns nicht selber die Lebensqualität? Kein anderer Hinweis lässt uns deutlicher spüren, dass wir leben, als das energische Pochen des Herzens. Wenn wir tanzen, wenn wir uns verlieben, dann spüren wir unseren Herzschlag. Deshalb sind es auch verbindliche Beziehungen, die uns heilen, die wir brauchen. Wir müssen sie heute wieder einüben. In einer oberflächlichen „Spaßgesellschaft" hat der Mensch verlernt, wirklich zu lieben, weil er sich aus Angst vor Verletzung (durch Trennung) nicht mit dem ganzen Wesen auf die Liebe einlässt.

28. Februar
Was ich Gutes tun kann

Ich merke mir ihre Namen, schreibe sie mir auf, erfinde eine Krücke, beispielsweise ein Symbol, das mich an den Namen erinnert. Ich spreche die Menschen möglichst mit ihren Namen an. So fühlen sie sich betroffen, bejaht. Ich besuche gesellschaftliche und kulturelle Veranstaltungen und bin bereit, Neues zu lernen. Ich lasse mich fördern und fordern. Ich engagiere mich ehrenamtlich, das bringt mir Beziehungen und Freundschaften. Dabei kann ich ohne Stress und Druck Menschen begegnen. So entdecke ich die Vielfalt des Lebens und profitiere von den anderen Menschen. Jede kleine Geste kann eine große Wirkung erzielen: Ich kann mit einer Geste eine Kettenreaktion auslösen. Beispiele: Ich rufe eine Person an und lade sie zum Essen ein. Ich schicke ihr eine E-Mail mit einem guten Wort, das aufbaut und hilft. Ich schreibe einen Brief. Ich mache kleine Geschenke.

29. Februar
Wo versklaven wir uns selber?

Sie und Ihr Handy: Das Handy ist an sich eine gute Erfindung: Man ist immer und überall erreichbar. Ich meine das nicht ironisch: Für gewisse Berufe ist es wirklich eine Erleichterung. Wer erreichbar sein muss, kann unter Umständen einen Spaziergang machen, denn er hat ja sein Mobiltelefon dabei. Die Gefahr liegt darin, dass sich viele von uns ein Leben ohne Handy nicht mehr vorstellen können. Schon vor einigen Jahren haben mehrere Zeitschriften von einem Manager berichtet, der sein Handy verlor und daraufhin kollabierte. Zum Glück ist er nicht gestorben. Bei einer Beerdigung kollabierte aus Schrecken eine Frau, weil aus einem Nachbargrab ein Handy klingelte. Man hatte dem Toten offenbar das Handy mitgegeben. Ist das eine Art moderne Grabbeilage? Goethe hatte schon recht, als er einmal notiert hat: „Am Ende hängen wir doch ab von den Kreaturen, die wir machten."

Das persönliche Glück entdecken

1. März
Seine Lebensaufgabe finden

Ein Verständnis für die Gegenwart erwächst dem Erkennen der eigenen Vergangenheit. Ein Mensch kann nur glücklich leben, wenn er sich um Selbsterkenntnis bemüht. Durch sie findet er Erfüllung. Wenn ich mich kenne, verstehe ich mein Verhalten. So habe ich mich zu fragen: Wer oder was hat mich geprägt? Was will ich loslassen? Oder was muss ich noch weiter verarbeiten? Wie komme ich mir selbst auf die Spur? Diese Fragen münden ein in die Frage: Was will ich? Was könnte meine Aufgabe sein hier auf der Erde? Jede Aufgabe ist wichtig für das Weltganze. Eigentlich will der Mensch sich einbringen können. Er will „dabei sein". Durch die Gemeinschaft lernt er sich selber kennen. Im Teilen des Lebens hat er Anteil am Leben. Jede noch so kleine und scheinbar unwichtige Aufgabe ist ein Bestandteil des Zusammenlebens, dient ihm und fördert es. Zudem bringt die Gemeinschaft die Menschen weiter. Sie lernen voneinander, sie profitieren voneinander.

2. März
Verletzung loslassen

Bei schweren Verletzungen hilft mir ein Ritual: Ich zünde eine gesegnete weiße Kerze an und binde einen schwarzen Faden um meinen Leib. Den Faden mache ich an der Kerze fest. Ich rufe mir die Person ins Gedächtnis, sehe ihre eigene Bedürftigkeit, die sie verdeckt hält. Ich schicke ihr Licht und Kraft. Ich bete mit ihr das Vaterunser. Ich segne die Person, wenn möglich, verzeihe ich ihr. Dann bitte ich die göttliche Führung, sie möge mir helfen, mich von ihr zu lösen. Der Engel der Person, die mich verletzt hat, möge sie ins Licht führen. Ich durchbrenne den Faden und lasse sie los. Vielleicht muss ich dieses Ritual zu einem späteren Zeitpunkt wiederholen. Das gehört ja gerade zum Wesen des Rituals. Es hilft auch, wenn ich die andere Person segne. Dies hilft mir, dass ich ihr verzeihen kann. Vielleicht gelingt dies nicht beim ersten Mal. Vielleicht brauche ich Zeit und Abstand.

3. März
Begegnung

Wer sich um Selbsterkenntnis bemüht, der wird auch die Signale des Körpers beachten. Es gibt keine Spiritualität ohne Körper. Es ist schließlich der Erdkörper, der uns miteinander verbindet. Eindrucksvoll ist eine Schilderung, wonach sich hoch oben in der Bergwelt zwei Menschen begegnet sind. In einer Stadt wären sie achtlos aneinander vorbeigegangen. So aber haben sie angehalten, innegehalten, sich begrüßt, miteinander gesprochen, ihre Wege mitgeteilt. Es ist sogar eine Freundschaft daraus entstanden. Die Natur verbindet Menschen ganz konkret miteinander. War es „nur" die Ahnung oder das Bewusstsein, dass in der Einsamkeit der Gletscherwelt deutlich wird, wie wir nicht alleine leben können, wie gut es ist, wenn wir um die Nähe eines anderen Menschen wissen, der uns in der Not beistehen könnte, der den Weg kennt, der uns Halt vermittelt? Gewiss ist es wohl auch die Größe und Erhabenheit der Natur, die uns staunen lässt. Dieses Staunen öffnet wiederum und vielleicht unbewusst unser inneres Wesen.

4. März
Von der Toleranz zum Interesse

Dann ist aber eben auch das sichere Gefühl da, dass wir einander brauchen. Als Menschen sind wir universal veranlagt. Im tiefsten Wesen sehnen wir uns nach Entwicklung und Entfaltung, nach Erweiterung unseres Wesens und unserer Erkenntnis. Toleranz kann nur eine vorübergehende Tugend sein, wir Menschen wollen unser Bewusstsein durch aktive Begegnungen vergrößern, um so zu erkennen, was in uns veranlagt ist: ein Wesen, das mit dem Kosmos verbunden ist. Wenn wir andere Menschen oder Kulturen nur dulden, dann werden wir nicht von ihnen bereichert. Es geht darum, die eigene Religion und Tradition zu vertiefen, damit wir gestärkt den Dialog führen können. Der Mensch verlangt nach Veränderung und Erweiterung seines Bewusstseins. Wer seine Traditionen pflegt, indem er die Feste feiert, erntet ein Gefühl der Geborgenheit und der Zugehörigkeit zu einer Gemeinschaft, die ihn trägt.

5. März
Unser Körper – ein Wunderwerk!

Teil 1

Ebenso braucht der Mensch aber kleinere und größere „Auszeiten". Wir „fahren den Computer herunter", so will auch der innere Mensch zum Ruhepunkt kommen. Dies sollte mehrmals täglich der Fall sein: ein paar Minuten in der Stille bleiben, bei sich sein, alle Gedanken loslassen. Vielleicht sich sogar einen kurzen Schlaf gönnen. Dadurch sammeln wir unsere Kräfte und beugen einem inneren Ausbrennen („Burnout") vor. Es ist eine altbekannte Wahrheit: Wer bei sich sein kann, kann erst richtig bei anderen Menschen sein, auf sie eingehen, ihnen Verständnis entgegenbringen. Ich gehe die Körperteile durch: Füße, Zehen, Beine, Becken, Geschlecht, Rücken, Bauch Brust, Schlüsselbein, Finger, Hände, Arme, Schulter, Hals, Wangen, Augen, Ohren, Schädel, Haare. Sie ermöglichen mir mein Menschsein, durch sie kann ich mich entfalten.

6. März
Unser Körper – ein Wunderwerk!

Teil 2

Ich bin dankbar für meinen Körper. Er ist ein Wunder der Schöpfung. Ich gehe die inneren „Organe" durch: Blutgefäße, Darm, Bauch, Magen, Galle, Bauchspeicheldrüse, Leber, Niere, Herz, Speiseröhre, Lunge, Kehlkopf, Mandeln, Zunge, Zähne, Kopf, Hirn. Ich nehme wahr, wie das Blut meinen ganzen Körper durchfließt, die einzelnen Organe miteinander verbindet. Ich spüre meinen Herzschlag. Ich danke meinem Herzen für sein Schlagen. Ich vertraue den Gliedern meines Leibes und danke ihnen für die Funktionen. Ich atme tief ein. Mit jedem Atemzug durchdringt Licht meinen Körper. Alles Schädliche verlässt beim Ausatmen meinen Körper. Einatmen: Die Natur heilt mich. Ausatmen: Was ich der Natur zurückgebe, wird von ihr gereinigt. Ich danke der Natur für ihre mütterliche Hilfe.

7. März
In Harmonie mit der Mitwelt

Muss wirklich alles immer schneller gehen? Können wir Menschen nicht einen Rhythmus finden, der uns Menschen angemessen ist? Entfernen wir uns ohne einen solchen Rhythmus nicht von uns selbst? Da dies offensichtlich der Fall ist, reduzieren wir längerfristig auch unsere Lebensqualität. Denn es gibt kein größeres Glück, als wenn Menschen in Harmonie mit der Mitwelt leben. Müssen Globalisierung und weltweite Vernetzung unbedingt die Natur zerstören? Und sind wir nicht überhaupt als Erdenbürger mitverantwortlich für die anderen Geschöpfe, für andere Menschen, für die Natur? Wir sind und bleiben es. Die Erde gehört nicht uns. Und doch: Die Erde schenkt sich uns. Sie sagt gleichsam: Ich will dir gehören, ich will zu dir gehören. Wir hören ihr Herz nur schlagen, wenn wir innehalten. Indem wir danken, machen wir uns bewusst, dass unser Leben auf Erden ein Geschenk ist.

8. März
Die Erde „er-trägt" uns

Die Erde ist kein Riese, der uns abschüttelt, weil wir ihm Schmerzen verursachen. Die Erde trägt und erträgt uns. Unsere Eingriffe aus Gier und Maßlosigkeit, die einem widernatürlichen Verhalten entspringen, werden Konsequenzen nach sich ziehen, die uns selber in Gefahr bringen. Die Erde wird uns im besten Sinne zu einem „Vorbild", das uns unsere Bestimmung spiegelt: anderen Wesen eine Heimat zu sein. Im ganzheitlichen Sinne wird das geteilte Leben unsere Übersättigung abbauen und uns und die Mitwelt heilen. Wo wir Kräfte und Güter hingeben und fließen lassen, wo sie die (hilfs-)bedürftigen Menschen erreichen, dort entdecken wir die Heilkraft des Loslassens und der Offenheit. Unsere Ängste nach Sicherheit weichen zurück und wir lernen dem Leben zu vertrauen. Die Geborgenheit, die dann von uns ausgeht, sie kommt auf uns zurück. Diese Geborgenheit ist unser Weg nach Hause, der Weg in das göttliche Leben und damit in unsere Heimat. Diese Geborgenheit vermittelt wieder das Urvertrauen, dass wir am richtigen Ort sind.

9. März
Im Einklang mit sich
und der Welt leben

Ist es nicht so, dass viele von uns immer mehr wollen? Wir können aus einem Acker nicht zwei machen. Irgendwann stoßen wir an die Grenzen des Machbaren. Dann müssen wir uns mit dem begnügen, was wir erhalten und haben. Die Liebe zur Mitwelt heiligt die Natur. Durch die Liebe aber leben wir im Einklang mit der Welt. Im Einklang mit sich und der Welt leben bedeutet, Freundschaft und Frieden mit sich schließen. Dazu gehört: Ich bejahe mein Leben und mein Schicksal. Ich darf mich verändern, wenn es der Welt und mir dient. Dort, wo ich einen Zustand einfach nicht ändern kann, versuche ich ihn zu bejahen. Denn wenn ich mich gedanklich und emotional beständig an einen anderen Ort, in eine andere Befindlichkeit entführe, schade ich mir in doppelter Hinsicht: Erstens verliere ich die konkrete Wirklichkeit aus den Augen, was zu Misserfolgen führt, und zweitens verschwende ich Energien. Bejahe ich mein Dasein und das Dasein überhaupt, dann finde ich zur Grundstimmung der Dankbarkeit. Dann geht ein Segen von mir aus.

10. März
Das Leben ist ein Geschenk

Die Grundhaltung der Dankbarkeit gegenüber unserer Führung soll mein Leben immer mehr bestimmen. Sie bildet gerade eine Öffnung, durch die diese höheren Mächte ihre Kräfte in mich einfließen lassen können. So gesehen führt mich ein Leben in Dankbarkeit, Vertrauen und Mitverantwortung zu einem erfüllten Menschsein. Leben ist ein Geschenk. Viele Milliarden Jahre Entwicklungsgeschichte der Erde waren nötig, damit wir heute in Freiheit hier unser Leben gestalten dürfen. Es ist nicht selbstverständlich, dass wir leben. So gehört unsere Dankbarkeit, die wir täglich, ja stündlich und in jedem Augenblick empfinden dürfen, zur Würde und Bestimmung unseres Menschseins. Der dankbare Mensch vermag sich erst zu freuen! Durch die Dankbarkeit nimmt er bewusst wahr, was um ihn, in ihm und mit ihm ist. Wir können nie genug danken. Danken macht froh und glücklich!

11. März
Staunen

Die Schöpfung besteht aus einer göttlichen Kraft. Wir staunen oft über die Erscheinungen der Welt. Ich denke an die Größe und Erhabenheit des Universums, der Sternenwelt, an die Mineralien, an die Pflanzen und auch an das Tierreich. Wie regt uns doch die Schöpfung zum Staunen an. Wir kommen aus dem Staunen nicht heraus: Wenn die Sonnenstrahlen durch die grünen Blätter eines Baumes leuchten, dann fühlen wir die Zärtlichkeit des göttlichen Geistes, der uns zum Frohsinn bewegen und zu einem Leben im Licht anregen möchte. Und irgendwie sind wir mit allem Leben der sichtbaren (und unsichtbaren) Welt verbunden. Alles hat etwas mit uns zu tun. In wenigen Momenten spüren Menschen ihre Verbindung mit der Welt. In allen und in allem wohnt der göttliche Geist. Er ordnet die Materie, lässt Pflanzen wachsen. Er schenkt Inspiration und Lebenskraft. Durch die Erscheinungen der Natur ahnen Menschen also die unsichtbare (geistige und göttliche) Welt. In der Liebe zu allem Dasein erwacht der göttliche Mensch in mir. Heute regt sich vielerorts ein kollektives Gewissen: Menschen wollen die Erde schützen und bewahren.

12. März
Zufriedenheit

Wer einen Sinn im Leben findet, wer Erfüllung hat, weil er mit anderen und für andere Menschen arbeitet, der braucht nicht zwanghaft „immer mehr" zu haben. Er wird aus Freude arbeiten, mit Lust sein Leben gestalten. In der Zusammenarbeit mit seinen Mitmenschen wird er wahre Befriedigung erhalten. Wir alle sind miteinander verbunden und aufeinander angewiesen. Wir können unsere Bestimmung nur im gemeinsamen Tun erreichen und erfüllen. Wer einen Sinn in seinem Leben und Arbeiten findet, der schöpft seine Kraft aus einer höheren Motivation. Er hat einen Auftrag, eine Bestimmung, eine Mission. Da braucht er kein Vermögen mehr, das immer mehr zunimmt, das ihn letztlich belastet. Er wird im wahrsten Sinne zufrieden sein können mit dem, was er hat. Sagen Sie sich täglich: „Ich interessiere mich für alle Erscheinungen dieser Welt." „Ich bin im Licht der Liebe." „Ich ahne, dass alles einen Sinn hat." „Ich vertraue meiner geistigen Führung." „Ich habe Lust am Leben!"

13. März
Feste feiern!

Wenn wir uns wieder an jedem Sonnenstrahl, an jedem singenden Vogel, an jeder Begegnung freuen, gehen wir mit Lust durchs Leben, kosten wir das Dasein aus. Besonders in der Freizeit, an den Festtagen werden wir wieder die Kräfte „hinter der Natur" spüren, wenn wir uns für sie öffnen. Im vernetzten Bild der Welt sind die großen Feste gleichsam offene Fester, durch die eine höhere Kraft auf die Erde kommt. Deshalb ist das Innehalten, die Andacht eine Möglichkeit, diese Kräfte wieder zu erfahren. Mit jedem Fest feiern wir eine kosmische Wahrheit: Wir feiern ein Geschehen, das sich an allen Orten und in allen Zeiten manifestiert. Und durch das Feiern verhelfen wir einer Wandlung zum Durchbruch. Wir werden also dadurch in das Geschehen der Wandlung hineingenommen, haben Anteil daran. Im Feiern deuten wir ja, was uns geschenkt wird. Und indem wir es deuten, rufen wir uns diese Wahrheit ins Bewusstsein, nehmen wir sie erst in der Tiefe unseres Wesens an.

14. März
Kraftworte

Die wichtigsten Kraftworte, die sich der Mensch immer wieder in
Erinnerung rufen (und sich dabei in eine geistige „Aura" eingehüllt
fühlen) sollte, lauten:

LICHT
LIEBE
FREUDE
HOFFNUNG
SINN
VERTRAUEN
GEBORGENHEIT
INTERESSE
KRAFT
LEBENSLUST

Sie mögen mich durchdringen, sie beleben mich, sie strahlen von mir
aus. Ich kann diese Worte meditieren, sie immer wieder in der Stille
durch meine Seele ziehen lassen. Dabei versuche ich, andere Gedanken loszulassen.

15. März
Körperbewusstsein

Füße: Ich stehe aufrecht, mit beiden Beinen auf dem Boden, bin standhaft, ich bin geerdet. Beine: Sie tragen mich sicher durch den Tag. Ich vertraue dem Leben. Gesäß: Es ermöglicht mir, am Tisch zu sitzen, zur Ruhe zu kommen, ruhig zu sein. Geschlecht: Ich darf die Freude und die Lust genießen und schöpferisch leben. Bauch: Ich erhalte von der Welt immer, was ich brauche. Magen: Was brauche ich wirklich? Was will oder soll ich loslassen? Herz: Ich liebe und werde geliebt. Brust: Ich bin stark. Rücken: Ich kann ertragen und werde durch eine geistige Hilfe getragen. Schulter: Ich trage und ertrage. Ich habe die Kraft in mir, die ich brauche. Arme und Hände: Ich erobere die Welt; ich greife nach dem Ziel. Ich in kreativ und zärtlich. Hals (Kehlkopf): Ich darf das Leben auskosten, die Fülle aufnehmen. Mund: Ich darf reden, kommunizieren, singen, danken und loben, atmen, das Leben mit anderen teilen. Nase: Ich darf den Wohlgeruch aufnehmen. Ich werde belebt. Augen: Ich freue mich über die Schönheit der Welt. Ohren: Ich höre die Melodien, bin im Einklang mit der Welt. Kopf: Ich darf die Gesetze des Lebens verstehen.

16. März
Lebensqualität

1. Ich vertraue dem Leben!
2. Ich genieße den Augenblick in Verantwortung!
3. Ich freue mich bewusst!
4. Ich darf mich verändern, ohne mich dabei zu verlieren!
5. Ich bin offen und lasse mich überraschen!
6. Ich glaube an meinen Weg und an meine Fähigkeiten!
7. Ich besinne mich immer wieder auf das, was mich trägt!

Schreiben Sie positive Sätze auf, die Ihnen wichtig sind. Halten Sie im Alltag inne. Versuchen Sie, die Sätze im Alltag umzusetzen. Zum Beispiel können Sie einen Ihnen noch unbekannten Ort aufsuchen. Oder Sie gönnen sich spontan etwas.

17. März
Hier und Jetzt

Die längste Reise bleibt gerade die Reise nach innen. Viele suchen draußen, was sie in sich selber finden würden: Heimat und Geborgenheit, Zusammengehörigkeit. Karl Valentin soll einmal gesagt haben: „Heute will ich mich besuchen, hoffentlich bin ich daheim." Der Mensch trägt in sich das Bedürfnis, sich selber zu erkennen, bei sich zu sein. Er ist dort daheim, wo er bei sich selber ist, wo er gerade ist: im Hier und Jetzt. Er kann im Hier und Jetzt gut leben, wenn er eine Quelle hat, die ihn in Zeiten der Stille und des Rückzugs mit einer geistigen Kraft erfüllt. Was ist es denn, das dem Menschen wirkliche Erfüllung und Befriedigung schenkt? Nicht das Vermögen, nicht Ansehen, nicht einmal Wissen, wenn er es nur für sich behält. Wahrhaftes Glück und Erfüllung findet der Mensch durch eine Lebensaufgabe, durch seine Lebensaufgabe, wo er sich als Mitschöpfer, Künstler und Mitarbeiter in einem Werk erkennt, das seine Person übersteigt.

18. März
Berufung

Jeder Beruf kann zur Berufung werden. Darüber hinaus muss die Berufung nicht immer an einen äußeren Beruf gebunden sein, hat jeder und jede in unserer Zeit immer wieder Möglichkeiten, sich im Geiste mit anderen zu verbinden und an der Veredelung der Welt zu arbeiten. So gibt es beispielsweise Menschen, deren Berufung ist es, Vater oder Mutter zu sein, oder ein stiller Beter, der für die geistige Verwandlung und Heilung von Mensch und Erde wirkt. Ein Dritter ist ein guter Freund, auf den man zählen kann. Überall, wo wahre Hingabe geübt wird, öffnen wir uns für die Heilkräfte, die in unsere Welt kommen wollen. Da erkennt sich der innere und unvergängliche Mensch im göttlichen Plan als Mitarbeiter, da wird er mit Freude und Tatkraft, mit Sinn und Motivation leben und wirken. Da will er sich einbringen und mitarbeiten. Hingabe (Liebe) ist eine Kraft, die uns beflügelt, die uns „nach oben trägt". Sie setzt uns Menschen gleichsam eine „Krone" auf. Sie hebt uns aus der vergänglichen Welt heraus, sie schenkt uns die göttliche Würde.

19. März
Gute Gedanken

Was denke ich? Was fühle ich? Was will ich? Im Wort „Gedanke" steckt das Wort „danke". Es lässt mich Gutes fühlen. Dankbarkeit ist bewusste Freude! Je mehr ich danke, desto mehr Freude werde ich erleben. Ich zähle also immer wieder auf, wofür ich dankbar bin! Mit der Macht meiner Gedanken rufe ich mir also das Glück herbei. Schließe ich also zuerst Freundschaft mit den guten Gedanken. Gerade jetzt halte ich inne und zähle auf, wofür ich dankbar bin! Ich wäre als Mensch nicht glücklich, wenn eine andere Macht mir sagen würde, was für mich Glück bedeutet. Glücklich kann ich nur werden, wenn ich selber bestimme, was mich glücklich macht. Wie geht das? Ich glaube an das Glück des Lebens, das mich glücklich machen will, heute glücklich macht, in Zukunft glücklich machen wird! Die Macht der Gedanken verhilft mir zum Glück. Ich übe mit der Lektüre dieses Buches ein, das Glück anzunehmen, bevor es weiterzieht.

20. März
Jetzt

Jetzt habe ich schon einige Schwierigkeiten erlebt und überlebt. Jetzt bin ich bereit, eine weitere Stufe auf meinem Weg ins Glück zu erklimmen. Ich darf also einer Kraft vertrauen, die ich in mir trage und die alle Menschen in sich tragen, die uns immer wieder neu anfangen und immer glücklicher werden lässt. Es geht immer um die gesunde „Mitte". Das gute Leben hängt mit dieser Mitte zusammen. Damit ist nicht das „Mittelmaß" gemeint. Vielmehr versuche ich die verschiedenen Bedürfnisse des Menschen ins Bewusstsein zu rufen. Wann muss ein Bedürfnis „in der Mitte meiner Aufmerksamkeit" sein? Wann ist es Zeit, dieses Bedürfnis zu befriedigen? Unser Bedürfnis nach Glück ist der gegenwärtige Augenblick. In ihm liegt das Glück verborgen. Die polaren Gegensätze weisen auf eine Mitte hin, die nicht immer einfach zu erkennen ist. Wer diese Mitte einübt, der lernt die Kunst des Lebens. Dazu ein Beispiel: Sicher ist es gut, eine Reserve zu haben, etwas zu sparen. Dabei darf ich das Leben im Hier und Jetzt nicht vergessen. Ganz konkret gesagt: Man kann sich auch „zu Tode sparen", beim Sparen das Leben vergessen … Der wache und gesunde Mensch übt die genannte Mitte ein.

21. März
Auf was freue ich mich?

Ich überlege mir jetzt und hier, auf was ich mich in den nächsten zwei Tagen freue. Wenn mir nichts einfällt, ändere ich mein Leben. Ich überlege mir, was ich in den nächsten drei Monaten tun will, um mehr Freude im Leben zu erhalten. Ich plane dabei genügend Pausen ein, die mich innehalten lassen und die auch mein Körper braucht. Eine solche Planung verhilft mir gerade zu einem wachen Leben in der Gegenwart. Es ist sicher, dass ich glücklich werden kann! Einzige Voraussetzung dafür sind mein Wille und meine Bereitschaft, etwas dafür zu tun. Ein ganz wesentlicher Faktor für ein glückliches Leben ist meine Stimmung, meine Gemütsverfassung. Oft fühle ich mich unbewusst nicht wert, glücklich sein zu dürfen. Wenn ich nichts tue, gebe ich mich mit dem Ist-Zustand zufrieden. Dann bin ich entweder unglücklich oder ich verbaue mir den Weg zum Glück und warte vergebens darauf. Viele vertrösten mich und meinen: Glück ist, die Ansprüche in ein gesundes Maß zu den Mitteln zu bringen, die man hat. Ich meine aber: Ich darf mich immer verändern und somit auch mehr Lebensqualität erhaschen!

22. März
Sich selbst entlasten

Diese Formel, die ich Ihnen hier schmackhaft machen möchte, klingt sehr einfach, ist aber sehr effektiv. Sie werden staunen. Sie lautet: Ein Mensch kann weder alles leben noch alles haben. Diese Formel will nicht einschränken, sie will uns befreien vom Wahn, immer alles leben zu müssen. Sie will Druck von uns nehmen. Es hilft mir, wenn ich schon am Abend das Glück für morgen plane. Am Morgen kehre ich ‒ nach einem guten Schlaf ‒ wie aus einer anderen Wirklichkeit in diese Welt zurück. Nun ist es wichtig, diese Stimmung der Entspannung nicht sofort aufzulösen. Dies gelingt mir aber nur, wenn ich den Augenblick, den Zeitpunkt vor dem Einschlafen bewusst gestalte. Wer aber nicht richtig schläft, ist nie richtig wach. Das gute Aufstehen beginnt also schon vor dem Einschlafen. Das hat nicht nur etwas mit der Qualität des Bettes zu tun. Ich verzichte in dieser Zeit auf viel Alkohol und auf eine schwer verdauliche Nahrung. Vor allem geht es aber um meine seelische Befindlichkeit: bewusst den Tag loslassen.

23. März
Angenehme Gefühle entwickeln

Kleide ich eine Sorge, ein Problem, einen schweren Gedanken am Abend vor dem Zubettgehen doch in ein Wort oder höchstens in einen ganz kurzen Satz. Aus den einzelnen Buchstaben lasse ich Worte herauswachsen, die mir ein Gefühl der Freude vermitteln. Ich schreibe zum Beispiel: „Ärger am Arbeitsplatz." Aus dem „A" schreibe ich nach unten „Angeln", wenn ich dies gerne tue. Aus dem „S" wird der nächste freie Tag, der Samstag, an dem ich angeln gehe. Ich verziere den Buchstaben. Ich finde einen Buchstaben, der meine Lieblingsbeschäftigung einleitet. So darf ich mit allen Buchstaben Ereignisse und Dinge schreiben, die in mir angenehme Gefühle auslösen. Dann gehe ich mit diesen Empfindungen zu Bett. Ein schweres Wort habe ich so bis zu einem gewissen Grad erlöst. Die anderen Worte sind wie „Flügel der Engel", welche die Schwere meiner Sorge auflösen.

24. März
Richtig aufstehen

Wer neben einem anderen Menschen aufwacht, der darf ihn mit einem „Guten Morgen" begrüßen. Wer alleine lebt, soll sofort einen guten Gedanken suchen. (Man vermeide, nach dem Aufstehen schlechte Nachrichten zu hören, beispielsweise über einen Terroranschlag irgendwo, an dem wir sowieso nichts mehr ändern können.) Am Morgen muss der Mensch zunächst nichts anderes tun als aufstehen. Er darf sich Zeit lassen, im neuen Tag anzukommen. Viele bewältigen in Gedanken bereits den ganzen Tag. Das ist eigentlich sinnlos. Zwar kann man sich mit einem Ritual auf die Ereignisse des Tages vorbereiten, aber die ersten Gedanken sollten sich weder um berufliche Angelegenheiten noch um Alltagssorgen drehen. Nach dem Aufstehen darf ein Gedanke der Freude mich erfüllen!

25. März
Begegnungen

Teil 1

Viele Menschen reisen oft und gern. Einen Ort ganz aufzunehmen, sich darauf vorzubereiten oder ihn hinterher durch ein Buch zu vertiefen, sich mit der Seele des Ortes zu vereinen, erweitert die Perspektive und reicht für lange Zeit aus. Was macht den eigentlichen Reiz eines fremden Ortes aus? Oft sind es Begegnungen! Sie bleiben bei der heutigen Art zu reisen aber weitgehend aus. Dies ist nur ein Beispiel. Ich könnte unzählige weitere Beispiele anführen. Das Gefühl, alles leben oder erleben zu wollen, dehnt sich sogar auf Beziehungen aus. Dies hat schon in vielen Fällen dazu geführt, dass Beziehungen zerstört wurden. Der Gedanke soll mich also wiederum zunächst nur vom Druck befreien. „Alles wirkliche Leben ist Begegnung." (Martin Buber) In einer von Technik geprägten Welt schrumpfen Begegnungen auf Kontakte über elektronische Medien wie Internet oder Handy zusammen. Persönliche Gesten bleiben aus.

26. März
Begegnungen

Teil 2

Es ist aber ein gewaltiger Unterschied, ob ich über den Bildschirm kommuniziere oder ob ich das ganze Wesen des Menschen erlebe. Keine elektronische Form befriedigt mein Bedürfnis nach Nähe, nach Zärtlichkeit, nach der seelischen Wahrnehmung des anderen Menschen. Wenn ich dem anderen Wesen in die Augen blicke, dann sehe ich es erst richtig. Wenn ich seine „Ausstrahlung" spüre, erlebe ich es wirklich. Nur wo wir uns als ganze Menschen begegnen, finden wahre Begegnungen statt. Wo ich das ganze Leben teile, teile ich das wahre Leben, finde ich wahre Gemeinschaft. Ich wage zu zweifeln, ob „Lebensabschnittspartner" meine Bedürfnisse nach Verbindlichkeit und Treue befriedigen. Wenn mir der Partner oder die Partnerin nach fünf Jahren sagt, der „Abschnitt" mit mir sei beendet, dann war das wohl nicht die wahre Liebe … Eine Lebensabschnittspartnerschaft kann nur sein und bieten, was der Begriff sagt: eine Teilpartnerschaft. Sie wird mein Bedürfnis nach ganzheitlicher Hingabe und Treue im Sinne der wahren Liebe nicht befriedigen. Wahre Liebe ist verbindlich. So kann keine gesunde Mutter zu ihrem fünfjährigen Sohn sagen: „Ich liebe dich nach diesen fünf Jahren nicht mehr." Jeder Schnitt tut doch weh …

27. März
Erlöste Menschen
sind engagierte Menschen!

Mich beeindruckt es immer wieder, wenn ich Menschen begegne, die sich sozial engagieren, sei es in einer Gruppe, in einem Verein, in der Kirche. Durch die Begegnungen komme ich weiter. Ich profitiere von anderen. Da gehen Jugendliche teilnahmslos mit einem Kopfhörer am Ohr an mir vorbei und nehmen die Mitwelt nicht wahr. Andere Jugendliche, die als Leiter und Leiterinnen in einer Jugendorganisation die Welt mitgestalten, schauen mir in die Augen, lächeln und grüßen mich! Von ihnen geht eine Ausstrahlung aus. Sie bringen ein Stück Erlösung und Freude in die Welt. Das sind konkrete Erfahrungen. Ich spüre dabei deutlich: Ein gesunder Mensch möchte sich engagieren, findet so Erfüllung und Freude. Solche Menschen werden oft gefördert. Man nimmt sie gleichsam stärker wahr. Alles, was wir tun, hat eine Wirkung. Jedes positive Verhalten kommt als Geschenk zurück.

28. März
Ich wage den ersten Schritt!

Gehe ich auf andere Menschen zu, so gewinne ich. Mit Charme, Zuwendung, einem Lächeln fühlen sie sich angesprochen und lassen sich auf mich ein. Im Innern wäre der Mensch offen für solche Begegnungen. So werden auch „Feindbilder" aufgelöst. Diese Begegnungen erlösen und bereichern. Es entstehen Freundschaften! Das ist ein erster Schritt. Die Flügel, die mich ins Glück tragen, bestehen aus den zwei Buchstaben „j" und „a". Wer ja sagt, der ist offen und kommt weiter. Er nimmt das Leben als Herausforderung an und erfährt eine ungeahnte Bereicherung. Warum ist das so? Weil durch meine Offenheit neue Verbindungen geschaffen werden. Meine Offenheit, mein Interesse sind wie Funken, die ein Feuer entfachen. So ergänzen wir uns und profitieren voneinander. Jedes Aufeinandertreffen von Menschen kann ein Fest sein und erweckt neues Leben und neues Bewusstsein. Ich sage ja zu Begegnungen und zu Menschen, zu Aufgaben, zu Aufforderungen, die an mich herangetragen werden. Dieses Ja schenkt mir Lebensfreude, weil die Mitwelt entsprechend bejahend auf mich wirkt. Wer das Leben mit allen Herausforderungen bejaht, der wächst und lernt sich selbst erkennen. So wird er tiefe Freude und Erfüllung finden. Er wird andere Menschen bereichern, was wiederum auf ihn zurückstrahlt.

29. März
Die Sozialfalle

Geiz, Trägheit und Egoismen bewirken im modernen Sozialstaat, dass Menschen sich vom ganzen Leben absondern und die Fülle des Lebens verpassen. Wer etwas geben kann, der wird dabei eine Freude erfahren, die er sonst nicht erlebt. Ich vertrete hier die Ansicht, dass der gesunde Mensch das Leben teilen möchte und in der Hingabe Erfüllung findet. Es gehört zur Würde des Menschen, dass er sich selbst erhalten kann. Denn mit dieser Selbsterhaltung ist ein Minimum an Freiheit verbunden. Tiefes Glück erfährt, wer einen Menschen glücklich macht. Der Erfolg beginnt bei jedem Einzelnen. Er beginnt bei mir selbst. Unterschätzen wir niemals die Wirkungen, die von uns ausgehen! Entwickeln wir eine Strategie, mit unserem Denken, Fühlen und Verhalten das Glück zu erhaschen und es auch für die Gemeinschaft fruchtbar zu machen.

30. März
Das Leben antwortet uns

Mit negativen Gedanken belaste ich nicht nur mich, unterdrücke ich nicht nur die Freude in mir, sondern ich verschmutze auch die seelische Atmosphäre um mich. Das mag sonderbar klingen, wenn man nur die materialistische Seite des Daseins beachtet. Das Leben behandelt mich so, wie ich mich verhalte. Wenn ich ein Mensch bin, der um jeden Preis frei sein will, mich nicht binden will, dann werde ich vielleicht bald keine verbindlichen Beziehungen mehr erleben. Meine Mitwelt spiegelt mir mein Verhalten. Leider rufen sich nur wenige Menschen am Morgen in Erinnerung, wie sie mit geringem Aufwand dem neuen Tag Glück und Freude abgewinnen. Ein kleines Ritual würde helfen: Man ziehe bewusst die Brille der Dankbarkeit an, stehe mit ihr auf. Das erfordert Disziplin. Ein äußeres Hilfsmittel erleichtert das Festhalten am Vorsatz: Wenn ich ihn mit dem Anziehen des Hemdes fasse, dann wird dieses mich im Laufe des Tages wieder an ihn erinnern. Alles, was ich anfasse, lade ich mit einem positiven Gedanken auf. Es sollen möglichst Gedanken der Freude sein!

31. März
Sich am Erfolg orientieren

Wohlstand kann zur Falle werden. Es geht eine Gefahr von ihm aus. Er schläfert Menschen ein, macht sie zu Minimalisten. Der „Held in mir" verkümmert oder wird abgetrieben. Erfolgreiche Menschen machen immer das Beste aus der jeweiligen Situation. Denken Sie immer wieder: „Ich gebe nicht auf, sondern suche nach Lösungen und Auswegen." Theodore Roosevelt hat einmal gesagt: „Tu, was du kannst, mit dem, was du hast, dort, wo du bist." Seine Einsicht geht vom genannten „Ist-Zustand" aus, wird in der konkreten Wirklichkeit, „im Hier und Jetzt", als praktisches Werkzeug gebraucht. Diese Haltung ist nicht einfach angeboren, wir können sie entwickeln und angewöhnen. Mit meinen Gedanken leite ich diesen Entwicklungsprozess ein. Denke ich oft zu negativ? Lassen wir immer wieder das Wort „nicht" los!

1. April
Verletzungen loslassen

Verzeihe ich Personen, die mich in der Vergangenheit verletzt haben, dann befreie ich mich aus ihren Fesseln. Segne ich sie, erlöse ich sie. So nehme ich „das Heft wieder in die Hand". Der andere Mensch hat mich aus seiner eigenen Verletzung heraus misshandelt. In ihm verborgen war und ist ein guter Kern, der nicht zum Durchbruch kam. Die Bedürftigkeit des anderen Menschen ist es, die verletzt und Schaden anrichtet. Ich lasse es nicht zu, dass er weiter Macht über mich hat, ich bestimme selbst, was ich will. Und so finde ich heraus, was mir dient und hilft. Ich werde anderen Menschen nur etwas gönnen, wenn ich auch zu mir schaue und mir Gutes tue. Dies schließt den anderen Menschen nicht einfach aus. Im gemeinsamen Genießen liegt doppelte Freude!

2. April
Andere Menschen nicht überschätzen

Gewöhnlich sehe ich aber von vielen Menschen nur die Außenseite, ihre „Schale" oder „Maske". Und begegne ich Menschen, die scheinbar „auf der Sonnenseite" des Lebens stehen, kommen schnell Gefühle hoch, die mich fragen lassen: „Warum kann ich nicht an ihrer Stelle sein?" Aber ich vergesse dann, wie ich eben nicht alles von ihnen weiß. Kann ich bis in die Tiefe ihres Wesens blicken? Lebt nicht jeder Mensch mit Sorgen, Ängsten und Nöten? Überspielen nicht viele Menschen sie? Wenn ich nur die „Fassade" sehe, dann sehe ich den anderen Menschen eben nicht ganz oder sehe nur einen Teil von ihm. Außerdem darf ich mir auch einmal überlegen, ob der andere Mensch nicht vielleicht mich so ansieht, weil er mich beneidet. Diese Frage kann bewirken, dass ich mehr Verständnis für ihn aufbringe, dass ich ihn liebe, auch wenn mir vielleicht seine Art nicht unbedingt entspricht. Und erlange ich meine „Selbstverwirklichung" immer auf Kosten anderer Menschen, dann kann mich dies in Beziehungsarmut führen oder Schuldgefühle verursachen.

3. April
Soziale Kompetenz einüben

Will ich, dass eine andere Person mich attraktiv findet? Dann fühle ich mich attraktiv! Das kann Jahre dauern, bis ich es glaube, aber ich schaffe es. Ich übe ein, mich anzunehmen. Ich darf so sein, wie ich bin, was nicht heißen muss, dass ich mich überhaupt nicht mehr verändern soll. Dazu gehört auch ein gesundes Körpergefühl: Ich spüre meinen Körper, meine leiblichen Bedürfnisse. Wer keinen Sport treibt, der gönne sich wieder einmal eine Massage, öfters ein Wellness-Wochenende. Entscheidend ist aber, dass ich auch immer wieder ganz zur Ruhe komme und meinem Dasein einen Sinn abgewinne. Gelingt es mir, regelmäßig in Zeiten der Stille ganz bei mir zu sein, gebe ich der Seele die Kraft, die sie braucht. Es geht mir gut, wenn ich mich kenne. Deshalb ist es sinnvoll, wenn ich mich von Zeit zu Zeit in einen Mitmenschen hineinversetze und mir überlege, wie er mich sieht. Wie reagiert er auf mich? Was genau sagt er mir? Warum reagiert er so? Und warum sagt er das?

4. April
Ein Tag ohne Freude und Lachen
ist ein verlorener Tag

Lachen entspannt, Lachen schenkt Lebensfreude, Lachen macht glücklich! Lachen werde ich einleiten durch meine Entscheidung zur Freude. Ein Tag, ohne sich an den Schönheiten der Welt zu freuen, ist auch ein verlorener Tag. Kann man auf Knopfdruck fröhlich sein und lachen? Wohl kaum, werden viele denken. Und doch: Konzentriere ich mich auf das wesentliche Leben, achte ich auf das, was ich will und was mir gut tut, wage ich meine Bedürfnisse zu befriedigen, dann schaffe ich damit eine Grundlage für Heiterkeit und Frohsinn. Auf den ersten Blick ist der Zusammenhang nicht sichtbar. Wenn es mir gut geht, dann bin ich bereit, die schöne Seite des Lebens zu sehen, dann lebe ich eben im Hier und Jetzt. Dies wiederum ist die Grundlage für Fröhlichkeit und für Humor. Erinnern wir uns gelegentlich an komische Situationen! Lassen wir Humor und Heiterkeit zu!

5. April
Wir leben oft in Scheinwelten

Der moderne Mensch erlebt die Welt „nur" noch. Er fühlt sich selten bis ins Innerste von ihr berührt. Alles geht mehr oder weniger an ihm vorbei. Warum? Vielleicht ist es die technische Welt, sind es die elektronischen Medien, die ihn zur Passivität erzogen haben. Es „passiert" einfach, es geschieht etwas auch ohne das eigene Mitwirken. So ist es immer wieder wohltuend, wenn man hört, wie Menschen Initiative ergreifen, wie sie sich engagieren in der Gesellschaft, in der Familie, im Freundeskreis. Menschen sind glücklich, wenn sie begreifen: „Von mir hängt es ab! Ich bin gemeint! Ich will etwas tun!" Eben: Leben ist Teilhabe und Teilnahme. Eine gewisse Zeit kann ein Mensch ohne Vitamine leben, eine gewisse Zeit kann ein Mensch ohne Beziehungen leben, dann wird er krank und vereinsamt (vielleicht, ohne dass er es sofort bemerkt). Nur ein Leben in und mit der Gemeinschaft kann uns Menschen weiterbringen. Wer sich zurückzieht, wer sich abschottet, der verliert das wahre Leben immer mehr. Leben ist auch Herausforderung. Diese verlangt etwas vom Menschen. Und bekanntlich kann nur gefördert werden, wer sich fordern lässt.

6. April
Sich einen Ruck geben!

Ich sehe oft in meinem beruflichen Alltag, wie verbindliche Beziehungen gerade dann Menschen tragen, wenn es schwierig wird im Leben. Der Mensch sehnt sich im Grunde seines Wesens nach solchen Beziehungen. Alles wahre Leben ist Begegnung und Beziehung. Ich greife dies deshalb nochmals auf, weil es meines Erachtens in unserer Gesellschaft nicht genug betont werden kann. Wir haben doch alles von den anderen Menschen gelernt! Was wir sind, das wurden wir durch andere. Warum sollen wir diese Möglichkeit nicht weiterhin nutzen? Wir wachsen, indem wir immer wieder neue Kontakte knüpfen und uns Begegnungen ermöglichen. Dafür müssen wir uns immer wieder „einen Ruck geben". Beziehungen und Begegnungen provozieren Auseinandersetzungen. Und Auseinandersetzungen ermöglichen Selbsterkenntnis. Sie ist die Grundlage, auf der ich Wohlbefinden und Glück aufbauen kann. Ich kann nur glücklich sein, wenn ich mich kenne, denn nur, wenn ich mich kenne, weiß ich, was ich für mein Glück brauche.

7. April
Bei sich ankommen

In einem ganzheitlichen Welt- und Menschenbild, das diesem Buch zugrunde liegt, ist der erste Gedanke eine Zusammenfassung der Voraussicht des neuen Tages, geschenkt von der geistigen Führung. Ich kann darauf achten lernen. Deshalb ist es wichtig, dass ich mir vor dem Aufstehen ein paar Minuten für das Ankommen in der irdischen Welt reserviere. In dieser Zeit soll die geistige Führung in Erinnerung gerufen werden. Oben habe ich darüber geschrieben, dass wahre Begegnungen die ganze Wirklichkeit offenbaren. Zur wahren Realität des Daseins zähle ich auch die Dimension des Geistes und des geistigen Lebens. Dabei wirken Worte schöpferisch! Achte ich einmal bewusst darauf, welches Wort ich am Morgen als erstes ausspreche, dann komme ich dieser Dimension näher. In einer inspirierten Schrift, im Johannesevangelium, im Hauptbuch der Christen steht gleich zu Beginn: „Am Anfang war das Wort" (Joh 1,1). Was ein Mensch ausspricht, das lebt in ihm. Er hört sich selbst. Erst so kommt der Gedanke ganz bei ihm an.

8. April
Die Macht der Worte

Teile ich einem Menschen schriftlich mit, dass ich ihn liebe, so kann diese Mitteilung niemals die Dichte und Fülle haben, die sie in ausgesprochener Form hat, wo mein ganzes Wesen mitschwingt und vom anderen als tiefere Wahrheit gespürt wird. Durch das Wort offenbart sich der innere und wahre Mensch. Ohne Worte sterben Menschen innerlich, bald auch äußerlich. Der Mensch braucht die Sprache, er sehnt sich nach dem Wort. Das Wort gibt ihm Halt, Vertrauen. Ich bin überzeugt: Sogar die großen Probleme hängen mit dem fehlenden Wort oder der gestörten Kommunikation zusammen. Wer die Worte „ich liebe dich" immer wieder hört, dabei die Liebe spürt, der wird verändert. Deswegen ist die Liebe das Wichtigste im Leben. Sie wird gefunden, wenn Menschen ohne Bedingungen lieben. Viele haben heute Angst vor spontanen Reaktionen. In unserer Gesellschaft haben sich viele angewöhnt, Gefühle zu verbergen. Nur in wenigen Augenblicken, wenn sie sich ganz sicher fühlen, wagen sie über ihre Gefühle zu sprechen. Wer ein gesundes Selbstvertrauen hat, der kann Spontanität zulassen. Er ist nicht immer und nicht nur von der Meinung der anderen abhängig.

9. April
Die Kraft der Versöhnung nutzen

Wie haben sich Menschen verliebt? In den meisten Fällen sprang und springt der Funke über mit einer spontanen Tat: Dichter haben wunderbare Zeilen darüber gefunden, Sänger haben sie besungen. Es begann mit einem wachen Augenblick: „Es begann zu regnen. Ich bot ihr Platz unter meinem Regenschirm …" Der andere Mensch wurde wahrgenommen. Deshalb frage ich mich: Wo, wie und wann will ich Menschen begegnen? Ich schreibe mir mögliche Antworten auf. Bin ich wach genug, um den anderen in seiner Situation zu erkennen? Der wache Moment war ein Ja zum anderen Menschen. Persönliche Begegnungen sind das Salz des Lebens. Ich nutze alle Möglichkeiten, anderen Menschen zu begegnen. Wer lieben lernt, der sucht nach einer entsprechenden Sprache. Und wo ganze Völker sich um Verständigung und Achtung füreinander bemühen, da wird Frieden herrschen, da wird ein gutes Zusammenleben möglich. Wie viel Streit gibt es doch durch Missverständnisse! Und wie viel Frieden bringen Verzeihung und Versöhnung? Frieden und Versöhnung werden sich durchsetzen, wenn der einzelne Mensch sich mit sich selbst versöhnt. Wenn er Verzeihung annimmt und zu seinen Grenzen steht.

10. April
Sich selbst vertrauen

Leben ist Veränderung. Nur wer für Veränderungen offen ist, braucht keine Angst vor dem Leben zu haben. Bejahende Worte wirken gestaltend und schöpferisch! Doch gibt es Menschen, die eilen von Seminar zu Seminar, von einem Workshop zum nächsten und finden keine Befriedigung. Sie suchen zu sehr äußerlich. Sie meinen, es müsste im äußeren Leben eine Veränderung eintreten. Sie sind noch nicht bei sich selbst angekommen. Von Zeit zu Zeit spürt der Mensch, dass er eine Veränderung oder eine Weiterbildung braucht. Das ist gut. Wie will er im Voraus wissen, ob eine Veranstaltung ihm etwas bringt oder nicht? Oft muss er seinem Gefühl vertrauen. Das meine ich hier nicht, sondern: Wer sich und dem Leben vertraut, der wird viel besser spüren, was er braucht. Er braucht immer weniger eine äußere Anleitung, weil er viel mehr sich selbst vertrauen lernt. Darum geht es in diesem Buch. Eine Veränderung lässt sich nicht erzwingen. Wer Demut aufbringt und wartet, der empfängt vom Leben zur rechten Zeit das, was ihn auffordert, die nötigen Schritte einzuleiten.

11. April
Auf seine Bedürfnisse achten

Die Grundlage für ein Leben mit mehr Vertrauen ist das Beachten der verschiedenen Bedürfnisse. Wenn ich das Bedürfnis nach Liebe und Geborgenheit, nach Sinn und Freude, nach geregelten Mahlzeiten und Austausch, nach Naturerfahrungen und nach Abstand von beruflichen Belangen längere Zeit unterdrücke, dann fehlt mir etwas. Bekanntlich wird ungenießbar, wer nichts mehr genießt. Der Körper braucht gesunde Ernährung, Schlaf und Bewegung. Wer viel leistet, der darf sich auch etwas gönnen. Vielen von uns fällt das immer noch schwer. Viele sind zur Sparsamkeit erzogen worden. Oft sind es ja wirklich verantwortungslose Typen, die das Geld vergeuden. Auch die Seele verlangt nach Zuwendung und Inspirationen, nach Sinn und Freude. Der Geist des Menschen lebt sich im schöpferischen Gestalten, in Kunst, Kultur, Wissenschaft und Religion aus. Dort erkennt er sich.

12. April
Mit Grenzen Freude verbreiten

Es war einmal eine alte Frau, die zwei große Schüsseln hatte. Sie hingen von den Enden einer Stange herab, die sie über ihren Schultern trug. Eine der Schüsseln hatte einen Sprung, während die andere unversehrt war und immer eine volle Portion Wasser fasste. Am Ende der langen Wanderung vom Fluss zum Haus der alten Frau war die eine Schüssel aber immer nur noch halb voll. Zwei Jahre lang geschah dies jeden Tag: Die alte Frau brachte immer nur anderthalb Schüsseln Wasser mit nach Hause. Die ganze Schüssel war natürlich sehr stolz auf ihre Leistung, aber die arme Schüssel mit dem Sprung schämte sich wegen ihres Fehlers und war traurig, dass sie nur die Hälfte dessen verrichten konnte, wofür sie geschaffen worden war. Nach zwei Jahren, die ihr wie ein endloses Versagen vorkamen, sprach die Schüssel zu der alten Frau. „Ich schäme mich so wegen meines Sprungs, aus dem auf dem ganzen Weg zu deinem Haus immer Wasser läuft." Die alte Frau lächelte. „Ist dir nie aufgefallen, dass auf deiner Seite des Weges Blumen blühen, aber auf der Seite der anderen Schüssel nicht? Ich habe auf deiner Seite des Weges Blumensamen gesät, weil ich mir deines Fehlers bewusst war. Nun gießt du sie jeden Tag, wenn ich nach Hause laufe. Zwei Jahre lang durfte ich so diese wunderschönen Blumen pflücken und den Tisch damit schmücken. Wenn du nicht genau so wärst, wie du bist, würde es diese Schönheit nicht geben, die mein Haus schmückt und bereichert."

13. April
Freude schenken – Freude erfahren

Unendlich viel Freude darf ich verbreiten, wenn ich jeden Tag eine gute Tat tue, einem Menschen Freude schenke. Dann werde ich in 60 Jahren über 20 000 Menschen eine Freude bereitet haben. Dies löst eine Kettenreaktion aus, meine Taten vermehren sich unendlich. Unterschätzen wir nicht die Wirkungen, die von uns ausgehen und andere Menschen beeinflussen. Schon ein Lächeln, das wir verschenken, bedeutet für einen anderen Menschen ein Stück Erlösung. Kein Mensch kann alles und kein Mensch kann nichts. Jeder hat Begabungen und seien sie auch noch so unscheinbar. Jeder von uns kann die Welt bereichern und ein wenig mehr Glück und Freude verbreiten. Sehe ich den anderen in Liebe, dann sehe ich ihn so, wie er ist. Jede verschenkte Freude und jedes gute Wort kehren irgendwann zu mir zurück.

14. April
An sich glauben

Lebenserschwerend:

Lebensförderlich:

Ich muss immer mehr haben.

Ich darf mich freuen an dem,
was hier ist und was ich
schon habe.

Wenn ich dieses oder jenes
noch hätte, wäre ich glücklicher.

Ich bin glücklich, weil ich jetzt
das genieße, was ich habe.

In Zukunft geht es mir besser.

Mir geht es jetzt gut.

Morgen gönne ich mir …

Heute gönne ich mir …

Das schaffe ich nie!

Heute beginnt der erste Schritt
zu meinem Ziel.

Andere sollen es tun …

Ich tue, was ich kann.

Das kann ich nicht!

Das will ich noch lernen.

Andere können das besser.

Man braucht mich …

15. April
Sich im Alltag bewähren

Ein Mensch suchte einmal in der Abgeschiedenheit des Himalayas einen Guru auf, von dem es hieß, er habe die Erleuchtung erlangt. Der Mann fand nach langer Suche das Kloster. Dort war aber nur ein Mönch, der den Mist mit einer Karre aus dem Stall holte. Man ließ ihn eine halbe Stunde warten, dann führte man ihn zum Meister. Es war der Mönch, der den Stall ausgemistet hatte. Die kleine Geschichte macht deutlich, wie der wahrhaftige („göttliche") Mensch nicht vor dem Alltag, nicht vor der gegenwärtigen Situation flüchtet. Wer im Kleinen nicht zuverlässig ist, ist es auch im Großen nicht. Schon im Zusammensein wird erfahren: Keiner erhält in der Regel einen anspruchsvollen Job, ohne sich vorher in einfacheren Arbeiten bewährt zu haben. Erleuchtung beginnt im Hier und Jetzt oder gar nie.

16. April
Manchmal müssen wir kämpfen ...

Ich entwickle Lust am fairen Kampf. Ich kann nicht immer gewinnen, ich werde nicht immer verlieren. Niederlagen sind Teiletappen auf meinem Weg. Sie gehören dazu. Ich gönne auch dem anderen Menschen den Sieg. Das macht mich wiederum für andere zum angenehmen Mitmenschen, weil sie sich dann nicht mehr so sehr vor mir fürchten. Zudem schenkt mir dieses Verhalten Gelassenheit. Ein Mann hat einmal gesagt, er habe als Junge lernen müssen, gerade am Tisch zu sitzen, nicht wie ein „hingeschmissenes Fragezeichen". Eine klare und treffende Formulierung! Sie zeigt mir: Ich achte auch auf mein Erscheinungsbild. Eine aufrechte Haltung signalisiert ein aufrechtes Wesen. Dieses wird geschätzt und geachtet. Durch diese Haltung spüre ich meine Kraft und Stärke erst wirklich. Wenn ich wie ein König behandelt werden will, muss ich mich auch wie ein König benehmen und so aussehen.

17. April
Ich sage mir täglich:

Ich bin von der Welt gewollt und geliebt.

Mich gibt es nur einmal. Ich bin einzigartig.

Ich habe eine Aufgabe und eine absolute Berechtigung im Dasein.

Ich besitze eine Würde, die nicht an eine Leistung gebunden ist.

Ich gehe meinen eigenen Weg.

Ich habe das Recht, mich darzustellen, mich zu entfalten.

Ich trage die Kraft zur Veränderung in mir.

Ich bin aufmerksam und wach. Ich lebe im Hier und Jetzt.

Ich erhalte zur rechten Zeit, was gut für mich ist.

18. April
Warum immer das letzte Wort haben?

Viele von uns konzentrieren sich auf die eigenen Vorteile und wollen gewinnen. Schwäche darf dabei nicht gezeigt werden. Man will immer Recht haben, dabei vergisst man, wie viel einfacher es wäre, dem anderen Menschen zu verzeihen. „Nur keine Schwäche zeigen" ist uns eingeredet worden, dabei zeigt die Realität: Ein Lächeln, eine Entschuldigung befreit und erlöst. Auch ich kränke vielleicht Menschen. Wer sich nicht entschuldigen kann, der sollte sich überlegen, ob ihm die Demut fehlt. Heute sind wir schon so weit, dass eine ehrliche Entschuldigung Menschen verunsichert. Viele sind überfordert damit. Sie können sich nicht mehr vorstellen, dass ein Mensch zu seinen Grenzen stehen kann. Sie vermuten. Ob einer eine harte Schale und einen weichen Kern hat oder ob sich hinter der weichen Schale ein harter Kern versteckt, in jedem Fall wird ein Mensch durch Humor erlöst.

19. April
„Der Kuchen ist ausgezeichnet!"

Es gibt keine dringendere Pflicht, als im gegenwärtigen Moment zu leben! In einer Geschichte wird erzählt, wie man einem sterbenden Mönch ein Stück Kuchen bringt, weil dieser gerne Kuchen isst. Während er die Speise genießt, wartet man gespannt auf seine abschließende Weisheit. Doch der Meister der Spiritualität sagt nur: „Der Kuchen ist ausgezeichnet!" Mir sagt die Geschichte: Hier geht es nicht einfach darum, dass ich das Leben immer nur genießen soll, sondern die Botschaft lautet: Seien Sie bei dem, was Sie tun. Leben Sie zur rechten Zeit das, was in dieser Zeit ansteht, was gut ist, was gefordert wird, was sein darf. Ich will im Grunde meines Wesens beständig nach Weisheit streben. Die Schüler wollten dies, sonst hätten sie sich kaum um den weisen Mönch versammelt. Davon aber erzählt die Geschichte nichts. Wie oft schlinge ich beispielsweise die Nahrung in mich hinein und bin schon in Gedanken bei der Arbeit. Ich gönne mir den Genuss nicht. So werde ich auch anderen nichts gönnen. Was ich einem anderen Menschen nicht gönne, das kann ich auch mir nicht gönnen. Was ich einem anderen Menschen gönne, gönne ich auch mir selbst. Wenn ich einen anderen Menschen nicht lieben kann, kann ich auch mich nicht lieben. Liebe ich ihn, liebe ich auch mich. Solange ich noch einem anderen Menschen Schmerzen zufüge, füge ich mir (auch) noch Schmerzen zu. Was ich anderen verzeihe, kann ich auch mir verzeihen.

20. April
Wir sind behütet

Jeder von uns ist gewollt und wird bedingungslos von einer höheren Macht bejaht und geliebt. Selbst wenn ich durch Menschen immer wieder Ablehnung erfahre: Die geistige und ewige Macht, die mir das Leben geschenkt hat und schenkt, bejaht mich in jedem Augenblick. Es gibt aber immer auch Menschen, die mich bejahen und mir wohlgesinnt sind. Sie sind etwas von dieser Macht. Oder anders gesagt: Die höhere Macht zeigt sich mir durch diese Menschen. Ärgere ich mich über einen Menschen, ruhe ich nicht in mir selbst. Geht es mir gut, bringe ich Verständnis für seine Lage auf, sogar für seine Schwäche, und habe Geduld. Meine Stärke zeigt sich im Mitgefühl. Ich erlaube mir, dem anderen Menschen zu verzeihen! Umgeben wir uns mit Menschen, die uns wohlgesinnt sind. Wenn ich mich geliebt fühle, kann ich andere lieben.

21. April
Wach bleiben!

Ein Schüler wurde nach vielen Jahren zum Meister vorgelassen, um ihm eine Frage zu stellen. Es war in einer Zeit und Gegend mit heftigen Regenfällen. Noch bevor der Schüler dem Meister die Frage stellen konnte, wollte dieser vom Schüler wissen: „Wie hast du deinen Schirm hingelegt, mit der Spitze nach welcher Seite? Nach links oder rechts, nach außen oder nach innen?" Der Schüler war über diese unwichtige Frage so verblüfft, weil er gehofft hatte, endlich auf seine Frage eine Antwort zu erhalten, dass er zugeben musste: „Ich weiß es nicht." Da sagte der Meister zu ihm: „Dann gehe hin und meditiere weitere sieben Jahre, dann wirst du es wissen!" Unsere Aufmerksamkeit ist gefragt. Im alltäglichen Leben beginnt die Erleuchtung. Ja, die vielen alltäglichen Aufgaben und Begegnungen schenken uns viel mehr für unseren spirituellen Weg, als wir uns vorstellen können. Bewusst leben schenkt Vertrauen ins Leben. Durch bewusstes Leben bauen wir dieses Vertrauen auf.

22. April
Weg vom Gas

Leider gelingt es uns nicht immer, dem neuen Moment auch eine neue Chance zu geben. Wir verschlafen ihn, weil wir noch in der Vergangenheit festkleben. Sind wir ganz wach, können wir immer wieder innehalten. Beim Autofahren würde das bedeuten: einmal wieder weg vom Gas. Bremsen! Die richtige Geschwindigkeit einhalten. In Zeiten der Stille und Besinnung finden wir Sinn. Wer Sinn sucht, erntet Vertrauen ins Leben und übt dieses Vertrauen ein. Glück und Freude werden uns nicht einfach geschenkt. Wir müssen etwas dafür tun. Der Mensch findet Sinn und Freude, wenn er sich selber für ein Leben mit mehr Sinn und Freude entscheidet und entsprechend handelt. Freude durch Sinn „er-fahren". Auch und gerade heute sucht der Mensch in der modernen Welt ein spirituelles Leben, das ihm Sinn schenkt. Wir dürfen der geistigen Führung immer vertrauen!

Vertrauen einüben!

Ja sagen zum
eigenen Lebensweg

23. April
Die Welt lieben

Der moderne Mensch ist viel unterwegs. Viele von uns reisen gern und oft. Unbekannte Orte ziehen uns magisch an, der Reiz der fremden Kulturen zieht viele in ihren Bann. Gerade der junge Mensch sehnt sich nach der „weiten Welt" und will sie gleichsam erobern. Welche Sehnsucht steckt dahinter? Einfach nur die Abenteuerlust, die Faszination des Fremden, die Begegnung mit dem Unbekannten? Das mag alles mitspielen. Ich meine aber, es geht um mehr. Wie ich darauf komme? Gerade in der Sprache der Poesie spiegeln sich Empfindungen, die zu unseren Sehnsüchten gehören. „Ich habe den Menschen gesehn in seiner tiefsten Gestalt, ich kenne die Welt bis auf den Grundgehalt. Ich weiß, dass Liebe, Liebe ihr tiefster Sinn, und dass ich da, um immer mehr zu lieben, bin. Ich breite die Arme aus, wie ER getan, ich möchte die ganze Welt, wie ER, umfahn." (Christian Morgenstern) Der Dichter wollte auch die ganze Welt „umfahn", aber nicht mit einem Auto oder einem anderen technischen Hilfsmittel, sondern mit dem Herzen. Die Liebe zu allem und allen ist in uns veranlagt.

24. April
Verantwortung übernehmen

Auch im alltäglichen Leben muss es scheinbar immer schneller gehen. Viele leiden unter Hektik und Stress. Letzteres Wort ist erst im vergangenen Jahrhundert entstanden. Alles hat bekanntlich seine Kehrseite: Durch das Handy sind wir immer und überall erreichbar, einige von uns müssen deshalb auch immer erreichbar sein ... Das Auto ermöglicht uns Mobilität, doch wir verpesten damit die Luft und wenn wir nicht aufpassen, leiden wir unter Bewegungsmangel. Nun ist die Welt so, wie sie ist. Ich habe sie nicht selber gemacht, ich kann sie auch nicht einfach (allein) ändern. Ich werde Millionen Menschen nicht überzeugen können, auf das Auto oder auf das Flugzeug zu verzichten, selbst dann nicht, wenn es für sie gut möglich wäre. Doch dies darf mich nicht davon abhalten, Verantwortung für mein Leben zu übernehmen. Bin ich auch nur ein kleines Glied in einer großen Kette, damit bin ich ein wesentlicher Teil des Ganzen. Ich staune, wie immer mehr Menschen heute erkennen: „Auf mich kommt es an! Wenn viele Menschen viele kleine Schritte tun, dann wird die Welt verwandelt."

25. April
Wie können wir
mit dem Stress umgehen?

Ich versuche, als moderner Mensch in dieser Welt möglichst glücklich zu leben, ohne dabei mein Gewissen und damit meinen wahren Willen zu unterdrücken! Dazu gehört, dass ich mich auch den Herausforderungen des modernen Lebens stelle. Wie kann ich sinnvoll mit der Technik umgehen? Wie kann ich heute gut leben? So versuche ich auch, mit Stress umzugehen. Viele Menschen sind heute „im Stress". Haben Menschen nicht schon früher hart gearbeitet? Es taucht die Ahnung auf, dass der Stress des modernen Menschen mit anderen Faktoren zu tun hat. Denn in den westlichen Industrienationen haben wir ja viel mehr freie Zeit als früher. Kann es sein, dass wir auch viel mehr wollen? Hinzu kommt die Technik. Sie bietet uns viele Vorteile. Manchmal kommt sie uns aber vor, als würde sie uns die Zeit mit der einen Hand geben und mit der anderen Hand wieder nehmen. Sie schenkt und raubt uns gleichzeitig unsere Zeit. Man denke an Fernsehen, Internet und Handy, die uns auch in die weite Welt entführen. Viele Informationen brauchen wir nicht wirklich.

26. April
Wie wir Zeit vergeuden

Oft ist es der Reiz, eine Sendung zu sehen. Am Schluss derselben sind wir enttäuscht und haben das Gefühl, unsere Zeit vergeudet zu haben. Sogar nutzlose Nachrichten werden durch professionelle Methoden so aufpoliert, dass sie uns als wichtige Mitteilungen erscheinen. Es ist längst bekannt, dass gerade das Medium Fernsehen den Menschen einschläfert und träge macht. Wer dagegen solche Zeiten durch kreative Betätigungen ersetzt, findet Befriedigung und Freude. Die Zeit, die ihm bleibt, ermöglicht es ihm, ruhig und bewusst zu leben. Er kann bei dem sein, was er gerade tut. Er lebt im Augenblick und kostet ihn aus. Er hat Zeit zum Innehalten. Der heilsame Gegenpol zu einem Leben, in dem wir von Eindruck zu Eindruck eilen und diese Eindrücke ja nicht wirklich verarbeiten können, ist gerade ein bewusstes Innehalten.

27. April
Besinnung

Es ist dies ein Wort mit einer großen Bedeutung: „Besinnung". Alles, was wir in unserem Leben erreicht haben, hängt mit diesem Wort zusammen. In diesem Wort ist das Wort „Sinn" enthalten. Wie könnte man „Besinnung" umschreiben? Vielleicht mit dem Wort „Innehalten". Ein Mensch, der sich besinnt, hält inne. Er überlegt, wo er steht, was er tut, wie er lebt, was er getan hat, was er noch tun will. Ein Mensch, der sich besinnt, braucht dazu Ruhe und Abstand. Es liegt ihm die einfache, aber wirkungsvolle Formel zugrunde: Freude durch Sinn. Wer sich besinnt, der findet zu sich selbst, der findet letztlich auch das, was ihm Freude bereitet. Ich habe im Zusammenhang mit dem Gedicht von Christian Morgenstern das Interesse des wachen Menschen an der Welt erwähnt. Damit verbunden ist doch auch der Wille des gesunden Menschen, diese Welt mitzugestalten.

28. April
Was ist der Sinn des Daseins?

Ist es wirklich nur eine pauschale Behauptung, wenn ich schreibe: Der Mensch ist ein Wesen, das Sinn sucht? Kann der Mensch glücklich leben, wenn er den Sinn seines Daseins nicht kennt? Macht es nicht gerade unser Wesen aus, dass wir fragen, suchen und forschen können? Und bei all diesen Tätigkeiten begleitet uns doch immer die Frage: Was ist der Sinn des Daseins? Welche Rolle spielen wir Menschen im großen Ganzen? Achten wir in diesem Zusammenhang auf den Genius der Sprache, der uns eine Verwandtschaft zwischen „Wissen" und „Gewissen" offenbart. Gerade heute wird auf den unterschiedlichen Gebieten des menschlichen Lebens deutlich, wie wir nicht alles tun dürfen, was wir tun können oder könnten. Weist der erwähnte Genius nicht darauf hin, dass unser Wissen immer vom Gewissen geleitet und begleitet werden soll? So spüren in unserer Zeit mehr und mehr Menschen in ihrem Gewissen, dass wir die Erde nicht nur ausbeuten und zerstören dürfen, sondern bewahren, pflegen und heilen wollen.

29. April
Innehalten

Wer innehält, wer sich besinnt, der braucht Ruhe. Er muss innerlich zur Ruhe kommen. Es ist klar, dass ihm die äußere Lautlosigkeit, die in diesem Buch „Stille" genannt wird, dabei hilft. Nehmen wir an, ein Mensch findet die Möglichkeit, mit Abstand sein Leben zu überdenken. Er zieht sich dafür einen halben Tag, einen ganzen Tag oder gar mehrere Tage zurück, sucht einen Ort auf, an dem er nicht gestört wird und sein Leben überdenken kann. Gelingt es ihm, sein gegenwärtiges Leben bis zu einem gewissen Grad loszulassen, dann wird in ihm aufsteigen, was er sich im innersten Wesen wünscht, wonach er sich sehnt. Er wird sich selbst auf die Spur kommen. Zuvor lassen wir die Alltagsgedanken los und stimmen uns durch ein Ritual auf die Besinnungsphase ein. Wie angetönt ist dabei eine stille Umgebung wichtig. Es soll uns möglichst nichts ablenken. Wer diese Besinnung einübt, der wird bald folgende Früchte ernten: Er wird mit mehr Geduld und mit mehr Selbstbeherrschung seinen Pflichten nachgehen. Er wird ein höheres Maß an Achtsamkeit gewinnen und ausgeglichen leben. Ja, sogar Heiterkeit und Gelassenheit können sich einstellen.

30. April
Wahrheit, Schönheit, Güte

In der Stille reift der Charakter des Menschen heran. Und in der bewusst eingeübten Besinnung in der Stille, die wir pflegen, arbeiten wir selber an der Ausgestaltung unseres Charakters und damit erwacht unsere einmalige Persönlichkeit. Es entspricht einer Erfahrung, dass ein Mensch, der mit Sinn lebt, der durch die Besinnung Sinn einübt, eine innere Verwandtschaft zur Wahrheit, zur Schönheit und zur Güte entwickelt. Das Ergebnis dieser Art der Besinnung ist ein Wille, den ich so zusammenfassen könnte: Erkennen Sie Ihr wahres Selbst im Wahren, Schönen und Guten. Erfahren Sie es durch das Erleben des Wahren, des Schönen und des Guten. Erfüllen Sie Ihr Selbst mit Wahrheit, Schönheit und Güte. So finden Sie Frieden. Ich bin überzeugt: Wer in der Welt die Wahrheit, die Schönheit und die Güte sieht, der sieht sie richtig.

1. Mai
Wissenschaft und Religion

Teil 1

„Das Paradies ist im Himmel", behaupten einige. Nicht selten werden Himmel und Paradies in einem Atemzug genannt, was bedeutet, dass sich Menschen das Paradies auf Erden nur schwer vorstellen können. In der jüdisch-christlichen Vorstellung beginnt der Weg des Menschen mit dem Sündenfall und der Vertreibung aus dem Paradies. Im letzten Buch der Christen, in der sogenannten „Geheimen Offenbarung" taucht am Ende dieses Weges eine Stadt auf. Eine Stadt wurde und wird von Menschen geschaffen. Die Aussage ist klar: Die Menschen sind berufen, die neue Welt mitzugestalten. Dies wollte und will uns auch der Mystiker sagen: Auf unsere Einstellung kommt es an. Wir entscheiden, ob wir im Himmel oder in der Hölle leben. Beide beginnen in unserem eigenen Wesen. Selbstverständlich will ich damit nicht leugnen, dass unser Umfeld oder andere Menschen uns „das Leben zur Hölle" machen können. Viele meinen heute, Religion sei veraltet. Das stimmt nicht, sie ist zeitlos: „Die Wissenschaft ist nur eine Episode der Religion. Und nicht einmal eine wesentliche." (Christian Morgenstern)

2. Mai
Wissenschaft und Religion

Teil 2

Der heutige Mensch glaubt fast alles, was „wissenschaftlich" daherkommt. Doch in ganz vielen Fällen handelt es sich lediglich um Thesen. Und wir dürfen nicht vergessen, dass jede Art der Wissenschaft letztlich von einem Menschen- und Weltbild ausgeht, das von einer bestimmten Religion geprägt worden ist und wird. Das, was heute „Wissenschaft" genannt wird, ist letztlich auch immer ein Teilaspekt der Betrachtung des ganzen Lebens. Religion gab es schon lange vor unserer Art, das Leben wissenschaftlich zu betrachten. In Zukunft wird die heutige Art von Wissenschaft für uns keine Rolle mehr spielen. Schon in unserer Zeit wird deutlich, dass wir am Anfang eines spirituellen Bewusstseins stehen, das mehr und mehr Menschen wieder zu einer ganzheitlichen Wahrnehmung des Daseins führt. Religion stiftet uns an, Menschen zu lieben, mindestens einem Menschen von Herzen zu sagen: „Du bist der Mensch, der am meisten Freude in mein Leben bringt."

3. Mai
Überglücklich leben?

Teil 1

Kürzlich im Urlaub wurde in einem Kreuzworträtsel ein anderes Wort für „überglücklich" gesucht. Ich hielt einen Moment inne, überlegte mir, wie ein moderner Mensch die Steigerung von „überglücklich" bezeichnen würde. Im ersten Moment dachte ich ehrlich gesagt an „Ekstase". Doch dieses Wort schien weder zu stimmen noch zu passen. Schließlich konnte nur ein Wort die Lücken füllen: „selig". Ich war erstaunt, dass auch in unserer Zeit dieses Wort im Alltag, in einer profanen Zeitschrift auftaucht. Würde man es nicht eher im religiösen Gebiet vermuten? Steckt wohl eine Ahnung dahinter, dass Seligkeit wirklich höchstes Glück bedeutet? Was ist Seligkeit eigentlich? Da schwingt doch eine gewisse innere Ruhe mit. So sehnt sich der Mensch nicht nur nach Aktion. Er findet Erfüllung im ruhigen Dasein, auch in der Beschaulichkeit. Aber nur ein Mensch, der seine Kräfte eingebracht hat, kann diese innere Ruhe erreichen. Er ist dann im wahrsten Sinne zufrieden.

4. Mai
Überglücklich leben?

Teil 2

Die tiefste Seligkeit, die ein Mensch vielleicht auf Erden erleben kann, ist das Gefühl, das er empfindet, wenn er in einer Gemeinschaft für eine Sache seinen berechtigten Beitrag einbringen kann. Seligkeit ist gewiss ein Geschenk, Gnade. Doch sie ist auch das Ergebnis einer eigenen Kraftanstrengung. Seligkeit bedeutet: sich selbst oder seine Kräfte verschenken. Die Kraft, die Sie verschenken, kommt zu Ihnen zurück. So auch das wahre Gebet, mit dem wir anderen helfen: Hingabe im Gebet bewirkt Seligkeit als Geschenk. Wer betet, bereitet sich auf das eigentliche Leben vor. Im echten Gebet verschenkt sich der innere Mensch oder er bereitet sich darauf vor, etwas der Welt oder den Menschen zu schenken. Oder aber er öffnet sich, um etwas zu erhalten, damit er es weitergeben kann. Wer schenkt, empfängt. Dadurch entsteht wahre Freundschaft. Und diese verdichtet sich eben zur Seligkeit.

5. Mai
Gehe durch das Labyrinth!

Ich darf in jedem Augenblick auf die geistige Führung vertrauen, auch wenn ich in gewissen Zeiten scheinbar nichts spüre. Vielleicht hält sie sich dann mit Absicht zurück, damit ich mich umso mehr öffne. Der Mensch lebt dann im Einklang mit sich und der Welt, wenn er beide Seiten pflegt: Rückzug, Gebet und Meditation oder Stille und Hingabe, Beziehung und Gemeinschaft oder aktives Mitwirken. Ich nehme mir jeden Tag Zeit für Gebet und Meditation. Ich vertraue auf die geistige Führung und danke meinen Begleitengeln. Dabei bete ich immer auch für andere Menschen. Ich stelle mir ein Labyrinth vor, dessen Weg mich zur Mitte führt. Nichts geschieht ohne Grund. Immer gehe ich den Weg, der für mich bestimmt ist. (Wer in der Nähe eines Labyrinths lebt, kann dieses abschreiten und die Gedanken dazu innerlich festhalten.)

6. Mai
Wie das Zusammenleben funktioniert

Teil 1

Bei der Ausfahrt zur Raststätte kam es beinahe zu einem Unfall, weil einer mich rechts überholt hat. Es wird mir wieder bewusst, wie wichtig es ist, sich an die Verkehrsregeln zu halten. Ja, unter Umständen hängt das Überleben davon ab! Was für den Straßenverkehr gilt, gilt auch für das ganze Leben. Ohne Regeln kann das Zusammenleben nicht funktionieren. Wir tun gut daran, unsere Kultur zu pflegen. Darin eingeschlossen sind die Wurzeln der Kultur, die Errungenschaften, die uns ein gutes Zusammenleben ermöglichen, die heute aber oft nicht mehr beachtet werden: Ich meine die Werte, die Tugenden, und ich wage auch, in diesem Zusammenhang auf die zehn Gebote hinzuweisen. Man kann heute feststellen, dass Wertediskussionen ausbleiben. Man sagt: „Jeder soll nach seiner Fassung selig werden." Das geht leider nicht, wenn es ohne gemeinsame Wertvorstellungen geschieht.

7. Mai
Wie das Zusammenleben funktioniert

Teil 2

Vielleicht gehören Sie zu den Menschen, die das Auto als „notwendiges Übel" sehen? Viele von uns, beispielsweise Handwerker, die darauf angewiesen sind, können es nicht mehr aus der Welt wegdenken. Vielmehr prägt es unser Leben, vielleicht mehr, als wir uns gewöhnlich vorstellen. Wer selber ein Auto fährt, der weiß: Es genügt oft nicht, wenn man oder frau sich an die Verkehrsregeln hält, man tut gut daran, nach Möglichkeit auch auf die anderen Fahrzeuglenker zu blicken. Der menschliche Faktor bleibt immer bestehen. Andere können einen Moment lang nicht aufmerksam sein, schon ist es geschehen! Ich muss also auch für sie und auf sie schauen. An diesem alltäglichen Beispiel sehen wir, wie Zusammenleben gelingt, wenn der einzelne Mensch sich nicht nur um sich selbst dreht. Wenn ich mich nicht so wichtig nehme, dann achte und beachte ich den anderen Menschen oder die anderen Menschen. Dann werden sie mich bereichern, manchmal auch herausfordern. Zudem geben mir oft andere Menschen eine Rückmeldung, die mir zur Selbsterkenntnis verhilft.

8. Mai
Die innere Ausfahrt

Wenn es mir gelingt, die Botschaft des Augenblicks zu verstehen, bin ich bei mir, komme ich zur Ruhe. Es lohnt sich also, gerade in schwierigen Zeiten, wenn ich spüre, dass es mir nicht gut geht, kurz innezuhalten, um die gegenwärtige Situation zu überblicken. Aber wie gelingt mir das? Das geht nur, wenn ich mich selbst nicht beständig als „Nabel der Welt" sehe. Der Volksmund irrt sich selten. Er spricht: „Ich könnte vor Wut (oder auch vor Schmerzen) aus der Haut fahren!" Warum tun wir es nicht? Folgende Übung könnte ich mir angewöhnen: Bin ich wütend oder unzufrieden, gereizt oder verärgert, dann versuche ich, aus meinem Körper auszutreten und mich von außen anzuschauen. So behalte ich auch bei meiner „Ausfahrt" das Heft in der Hand. Ich stelle mir die Frage: Was geschieht jetzt? Warum fühle ich mich nicht wohl? An meine Stelle setze ich eine andere Person, die und deren Verhalten ich beobachte. Dann merke ich, dass meine Situation vielleicht gar nicht so dramatisch ist. Ich kann auch bei einem Streit innehalten und versuchen, mich in die andere Person hineinzudenken: Warum reagiert sie so? In jedem Fall öffne ich mich für ein Zusammenwirken. Dazu brauche ich Demut.

9. Mai
Demut

Vielleicht erteilt uns das Leben manchmal Lektionen, bei denen wir wenigstens bis zu einem gewissen Grad solche Demut und Bescheidenheit lernen. Mir fällt dazu das Erlebnis von Jack London ein. Er war Korrespondent in Korea zur Zeit des russisch-japanischen Krieges. An einem Abend versammelte sich die Dorfbevölkerung vor seinem Haus. Er glaubte, die Menschen seien gekommen, um ihn, den berühmten Schriftsteller, zu sehen. Doch alle Menschen waren nur gekommen, um den Mann mit dem künstlichen Gebiss zu sehen. Denn so etwas gab es bei ihnen nicht. Jack London nahm also geduldig mehrere Male seine Zähne aus dem Mund und setzte sie wieder ein. Jedes Mal klatschten die Menschen über dieses „Wunder"! Ja, wir können oft mit Kleinigkeiten Menschen zum Staunen bringen. Seine Erfahrung zeigt aber auch, dass wir heute auch schätzen dürfen, was wir haben. Viele Erleichterungen verdanken wir Erfindungen, die Menschen sich ausgedacht haben. Doch es müssen nicht immer Werke sein, welche die „Welt" aufhorchen lassen. Schon in alltäglichen Gesten der Aufmerksamkeit, in persönlichen Zuwendungen erfahren wir viel Freude.

10. Mai
Gelassenheit

Papst Johannes XXIII ist zwar schon lange tot und hat im letzten Jahrhundert gelebt. Doch seine Lebensweisheiten sind gerade heute sehr aktuell und gleichzeitig zeitlos. In seinen „guten Vorsätzen" finden wir die Worte, dass wir nicht versuchen sollten, die Probleme unseres Lebens auf einmal zu lösen. Besonders bemerkenswert scheint mir auch der Gedanke zu sein, dass wir einüben, etwas zu tun, wozu wir eigentlich keine Lust haben. Neben allen anderen Empfehlungen wirkt diese befreiend. Das klingt zuerst sehr uncool. Wir möchten doch Lust und Glück im Leben erfahren. Doch so sehr wir uns Glück wünschen, die Realität ist oft anders … Und so ist es gut, dass wir lernen, die Widerstände und Widrigkeiten des Lebens zu akzeptieren. Wahres Glück finden wir ja nicht, indem wir „immer nur Zuckerwatte essen". Gerade auch die nicht immer angenehmen Pflichten des Alltags lassen uns die schönen Momente sehen und genießen.

11. Mai
Sich nicht so wichtig nehmen

Teil 1

Es hilft uns auch, wenn wir erkennen, dass wir in einem größeren Zusammenhang leben und wirken. Dabei geht es nicht immer nur um uns. Das Leben ist ein Geben und Nehmen. Wer sich selbst nicht so wichtig nimmt, der kann mit Gelassenheit und Heiterkeit durchs Leben gehen. Das beste Beispiel ist der eben erwähnte Papst. Von ihm gibt es die bekannte Anekdote: Ein junger Bischof suchte einmal Rat bei ihm. Er fühlte sich in seinem Amt überfordert. Er dachte, sein Amt nicht bewältigen zu können. Johannes XXIII sagte zu ihm: „Als ich zum Papst gewählt wurde, bin ich erschrocken von der Würde dieses Amtes und ich konnte eine Zeitlang überhaupt nicht mehr schlafen. Einmal bin ich kurz eingenickt, da erschien mir ein Engel im Traum und ich erzählte ihm meine Not. Daraufhin sagte der Engel: ‚Giovanni, nimm dich nicht so wichtig.' Seitdem kann ich wunderbar schlafen."

12. Mai
Sich nicht so wichtig nehmen

Teil 2

Bereits nach dem Aufwachen müsste zur täglichen Morgenmeditation folgender Vorsatz gehören: „Heute achte ich bewusst auf die Bedürfnisse und auf die Botschaften der Menschen, die mir begegnen." Dadurch übe ich ein, mich selbst nicht so wichtig zu nehmen. Die Folge wird sein, dass ich durch dieses Verhalten wirklich „wichtig" werde. Denn ich diene dann den Menschen und der Welt. Es mag erstaunlich klingen, aber durch diese Einstellung bleiben wir innerlich jung. So ist es kein Zufall, dass einmal ein alter Papst das Konzil einberufen hat, mit dem er frischen Wind in die Kirche hereinlassen wollte. Hingabe verjüngt uns. Wir haben Angst, uns verbrauchen zu lassen. Doch wenn unsere Kräfte fließen, bleiben wir innerlich jung. Übrigens werde ich dann mit viel Freude und Dankbarkeit belohnt, ja, reich beschenkt.

13. Mai
In die Beziehung investieren

Wenn das Zusammenleben gelingt, dann fühle ich mich wohl. Das gute Zusammenleben muss immer neu eingeübt werden, es wird uns nicht einfach geschenkt. Wie können wir unseren Beitrag leisten? Mir ist in vielen Gesprächen immer wieder aufgefallen, dass Menschen sich öffnen, wenn sie sich angenommen und bejaht fühlen. Hier dürfen wir einander heilend begegnen. Was geschieht denn eigentlich in einer guten oder wahren Begegnung? Menschen nehmen sich Zeit füreinander. Es war für mich immer wieder überraschend zu sehen, wie ein Mensch nicht nur sein Problem formuliert, sondern auch die Lösung kennt und offenbart, wenn ich ihm mit wirklichem Wohlwollen begegne, wenn ich ihn ausreden lasse und ihm genau zuhöre. Er wird sich mir dann offenbaren, wenn er mir vertraut. Vertrauen ausstrahlen kann ich aber nur, wenn ich spirituell lebe. Ich nehme die Haltung des betenden Menschen ein.

14. Mai
Das Gute im anderen Menschen sehen

In der Gegenwart spiritueller Menschen werden wir heil und ganz. Die Spiritualität des Herzens gibt mir die Möglichkeit, dem anderen Menschen zu dienen. Indem ich ihn als ganzes Wesen sehe, indem ich das Gute in ihm sehe, öffne ich ihn, lasse ich zu, dass er seinem heilen Wesen begegnen kann. Voraussetzung für das gute Zusammenleben ist und bleibt aber ehrliche und genaue Kommunikation. Es ist erschreckend, wie wenig Menschen die Wahrheit sagen oder sie sich eingestehen. Viele lügen sich und andere an oder „beschönigen" die Wahrheit. Dieses Verhalten vergiftet oft das Klima, ohne dass man die Ursache kennt. Wer wirklich innerlich frei ist, sich frei fühlt, hat keinen Anlass mehr, die Unwahrheit zu sagen. Er hat vielmehr den Mut, ganz offen und direkt zu kommunizieren.

15. Mai
Die geistige Führung spüren

Ich habe über den Engel geschrieben, der dem Papst erschienen ist und ihm Vertrauen vermittelt hat. Man muss nicht Papst sein, um Engel zu spüren, was die große Fülle an Literatur über Engelerfahrungen von Menschen heute zeigt. Doch wie kommt es zu solchen Erfahrungen? Ich glaube, sie stammen von Menschen, die den Mut zur Stille aufgebracht haben oder aufbringen. Hinzu kommt, dass solche Menschen sich auf ein ganzheitliches Weltbild einlassen, das eben auch die geistige Wirklichkeit nicht ausschließt. Viele Probleme hätten wir heute nicht, wenn Menschen den Mut zur Stille aufbringen würden. Und nur ein ganzheitliches Weltbild wird dem wahren Menschen gerecht. Dazu zähle ich auch die Wirklichkeit der geistigen Wesen, die in allen Zeiten und Kulturen erkannt worden sind. Auch im christlichen Glauben spielen sie eine wesentliche Rolle. Engel waren zugegen, als Gottes Sohn zur Welt kam. Sie führen uns in diese Welt hinein. Sie sind besorgt, dass das göttliche Ich in uns lebt. Sie sind die „Geburtshelfer" des göttlichen Wesens in uns. Und sie sind betrübt, wenn wir es nicht leben lassen, wenn wir unsere Talente und Fähigkeiten brachliegen lassen, wenn wir nicht mehr an uns glauben und keine Veränderung mehr zulassen.

16. Mai
Gott wird Mensch

Teil 1

Was am Christentum überzeugt, ist die Menschwerdung Gottes. Das macht diese Botschaft so plausibel, das überzeugt so. Denn Gott hat diese Welt ja nicht erschaffen, um zu sehen, wie sie wieder vergeht. Vielmehr greift er durch die Engel ein. Und bei diesem Eingreifen ist es letztlich unvermeidlich, dass er selber Mensch wird, um uns Menschen zu zeigen, was Menschsein bedeutet, was wir tun dürfen, wer wir sind; um für uns durch die Welt etwas Ewiges zu gewinnen. Er ist aber auch gekommen, um auf geheimnisvolle Art und Weise bei uns zu sein, uns zu begleiten auf all unseren Wegen. Die Menschwerdung Gottes: (ein) Gott aus Fleisch und Blut. Zum Anfassen. Ein Gott, der Leben gibt. Doch das Licht, das in Christus brannte und brennt, will auch in den Wesen brennen, die sich mit ihm verbinden: „Lasst eure Lampen brennen", sagt Christus. Es gibt Menschen, die sind tatsächlich innerlich lebendig und beweglich. Man spürt das Feuer, das in ihnen brennt. Sie lieben. Weil sie lieben, besitzen sie Ausstrahlung. Sie sind offen. Sie interessieren sich für andere Menschen und für die Welt. Dies lässt ihr Licht leuchten.

17. Mai
Gott wird Mensch

Teil 2

Jede Liebestat „zündet ein Licht an", das von Engeln aufgegriffen und zur Blüte gebracht wird. Wir Menschen dürfen Mitarbeiter der Engel sein und werden. Christus gibt uns dazu die Kraft. Der Gott, der Mensch geworden ist, sich in Christus gezeigt hat und zeigt, müsste das Generalthema eines jeden Menschen sein. Weil die Menschen nicht mehr zu Gott fanden, ist er zu ihnen gegangen, ist er zu uns gekommen, kommt er immer zu uns. Weil Menschen nicht mehr zu Gott fanden, wurde er Mensch und verband sich darüber hinaus durch die Auferstehung mit der ganzen Welt. Gott ist treu. Gott ist uns ganz nah, näher, als wir es uns vorstellen können, er liebt uns durch und durch. Wenn wir uns für ihn öffnen, werden wir seine Gegenwart spüren. Gott wurde Mensch. Und seine göttliche Kraft wird in uns geboren, wenn wir durch Liebe und Hingabe unser Herz zur Krippe formen.

18. Mai
Sich die Zeit einteilen

Vermutlich haben Sie das Lied „Im Wagen vor mir fährt ein junges Mädchen …" von Henry Valentino gesungen. Der Sänger denkt sich in einen Fahrer hinein, der einmal Zeit hat und wohl gerne das „junge Mädchen" kennenlernen würde. Die Fahrerin vor ihm denkt allerdings ganz anders und fühlt sich eher genervt. Oft ist es jedoch leider so, dass wir nicht so viel Zeit haben. Jedem Autofahrer, jeder Autofahrerin ist das schon einmal passiert. Man ist spät dran. Ausgerechnet an diesem Tag fährt einer im Schneckentempo vor uns. In gewissen Fällen kann man nicht überholen, beispielsweise im Spätsommer, wenn der Mais so hoch ist und man nicht sieht, oder wenn es ganz einfach zu gefährlich ist. Könnte das auch wieder ein Bild für eine spirituelle Seite in unserem Leben sein? Der spirituelle Mensch teilt sich seine Zeit ein. Er nimmt sich Zeit für das Zusammensein mit Menschen, weil er weiß, dass alles wirkliche Leben sich in Begegnungen und Austausch vollzieht. Er plant immer genug Zeit ein.

19. Mai
Menschen im Alltag erlösen

Eine Frau hat mir einmal erzählt, wie eine andere, ihrer Ansicht nach sehr hübsche junge Frau mit ihrem Freund hinter ihr in der Warteschlange an der Kasse „ausgeflippt" ist. Sie soll ihren Ärger lautstark und mit einem unschönen Unterton allen mitgeteilt haben: „Die könnten doch auch einmal eine zweite Kasse bedienen!" Die Frau, die mir die Geschichte erzählte, wandte sich daraufhin zu ihr um: „Sie sind doch eine so hübsche Frau, warum genießen Sie denn jetzt diese Zeit nicht einfach mit Ihrem Freund?" Die junge Frau war so verblüfft, dass sie zuerst darauf gar nicht reagieren konnte. Es kam zu einem kurzen Gespräch, das die junge Frau mit der Frage beenden wollte: „Haben Sie das mit dem Hübschsein wirklich ernst gemeint?" Nach der überzeugenden Bejahung stellte sich endlich ein erlösendes Lächeln auf dem Gesicht der jungen Frau ein. Eine Alltagssituation. Doch sie zeigt: Mit wenigen (aber aufrichtigen) Worten können wir Menschen bis zu einem gewissen Grad erlösen. Wir ermöglichen ihnen Abstand von ihrer Versteifung.

20. Mai
Das Wesentliche erspüren

Wie gut, wenn man Zeit hat, nicht unter Zeitdruck steht. „Zeit haben?" Warum haben wir heute scheinbar immer weniger Zeit? Doch wohl, weil wir mehr Möglichkeiten haben! Der spirituelle Mensch hat wirklich mehr Zeit, weil er das Wesentliche vom Unwesentlichen unterscheiden kann und so seine kostbare Zeit nicht vergeudet. Wie er das Wesentliche erkennt? Eben indem er spirituell lebt, das heißt, durch Meditation und Stille wahrnimmt, was er wirklich braucht und will. Er öffnet seinen Geist für das, was im Leben zählt, was er als göttliches Wesen braucht und was diesem göttlichen Wesen dient. Er hält sich nicht an Belanglosigkeiten auf. Das Wesentliche ist das einfache Leben. Dazu gehören: Natur, Freundschaften, Stille. Er weiß, dass er nicht alle Informationen braucht, die ihm die verschiedenen Medien vor die Nase halten. Wichtiger sind für ihn Zeiten der spirituellen Lektüre. Solche Zeiten der Stille lassen die Seele atmen. Die Frucht der Meditation ist eine bewusste Lebensgestaltung. Hat ein Mensch einmal den Wert der Stille, der Andacht erfahren, weckt dies die Absicht, den Tag zu planen, um nicht von Eindruck zu Eindruck eilen zu müssen, um Phasen des Innehaltens zu haben.

21. Mai
Was uns wirklich
Lebensqualität schenkt

Viele von uns haben (in der westlichen Wohlstandsgesellschaft) immer noch zu wenig Geld, weil die Bedürfnisse immer mehr zunehmen, weil sie immer mehr wollen. Denken wir nur einmal daran, wie vieles, das für unsere Eltern Luxus war, heute von uns als „normaler Lebensstandard" angesehen wird. Für viele von uns ist die jährliche Auslandsreise, zum Teil in ferne Länder, eine Selbstverständlichkeit geworden. Es ist noch nicht lange her, da haben viele Menschen ihr Dorf kaum verlassen. Damit schreibe ich keine neue Erkenntnis, aber es ist gut, wenn wir uns immer wieder daran erinnern. In der Zeit, in der wir uns überlegen, was wir noch wünschen und wollen, könnten wir uns überlegen, was wir schon haben. Wir würden dann Freude durch Dankbarkeit erfahren. Sicherlich dürfen wir uns an den besonderen Momenten des Daseins freuen, zum Beispiel auf die lange geplante Reise, auf ein Konzert oder was auch immer. Aber wir leben dann gut, wenn wir uns im Alltag an den Kleinigkeiten freuen, die uns guttun. Im ganzen Leben gesehen sind nicht die großen Highlights entscheidend, sondern die vielen Augenblicke der Freude. Sie schenken Lebensqualität.

22. Mai
Das Leben teilen

Es ist merkwürdig: In den westlichen Industrienationen sind die meisten Menschen durch staatliche Vorsorgen abgesichert wie noch nie. In Gesprächen mit Menschen höre ich zum Thema „Geld" immer wieder, wie das für ihr Leben „nicht die Hauptsache" sei. Dennoch drehen sich die Gedanken der Menschen immer wieder ums Geld. Viele machen sich Sorgen und überlegen sich, wie sie ihr Vermögen vermehren können. Wer nur noch sich selbst sieht, der wird auf sich selbst zurückgeworfen. Er kann letztlich auch aus Stolz irgendwann keine Hilfe mehr annehmen. Er kann sich ja aber auch nicht selber aus dem „Sumpf" ziehen. Somit wird er untergehen. Im Teilen des Lebens finden wir dagegen Erfüllung und Freude. Wir begegnen einander, profitieren voneinander, sei es im beruflichen Alltag oder im Zusammensein in unserer freien Zeit.

23. Mai
Die Aufgabe bejahen

Ich lasse mich nicht zu einem bloßen Leistungsträger degradieren, ich halte Abstand von einem Weltbild, das den Menschen nur über seine Leistung definiert. Das wiederum kann bedeuten: Ich bejahe meine Aufgabe. Ich muss nicht meinen, eine anspruchsvollere Aufgabe würde mir gerechter werden. Jede Aufgabe hat einen Sinn im Zusammenwirken der Menschen. Ich darf darauf vertrauen, dass ich zur rechten Zeit am richtigen Ort bin. „Nicht stehen bleiben" bedeutet nicht, dass ich beständig eine andere Tätigkeit ausprobieren soll. Im Gegenteil: Der spirituelle Mensch bewährt sich bei einer Tätigkeit. Ich kann auch in meinem Beruf meine Kompetenzen erweitern. Lebe ich spirituell, dann spüre ich, wann ich wo gebraucht werde und meine Kräfte einbringen soll, dann spüre ich auch, wann eine Veränderung angebracht ist. Ich werde die Gelegenheit ergreifen, eine anspruchsvollere Tätigkeit auszuüben. Denn gerade durch das Pflegen der Spiritualität erhalte ich Kraft, zur rechten Zeit einen Schritt weiterzugehen. Neben dem Beruf gibt es noch viele Möglichkeiten, sich für die Gemeinschaft zu engagieren, die Liebe zu leben.

24. Mai
Innere Zufriedenheit

Ich staune immer wieder, wenn ich Menschen beobachte, die sich nach einem schweren Unfall im Rollstuhl fortbewegen. Sicher haben es solche Menschen oft nicht einfach. Einige von ihnen zeigen nicht, dass sie leiden und sich durch Krisen kämpfen. Doch es gibt Menschen, so unglaublich das klingen mag, die trotz ihrer Situation Glück erfahren und sich als „glücklich" bezeichnen. Solche Menschen beeindrucken uns. Es ist letztlich eine simple psychologische Wahrheit: Hadere ich mit meiner Situation, dann bekämpfe ich sie, dann ist sie mein Gegner. Ich kann meinen Gegner letztlich nur spirituell besiegen, wenn ich ihn zum Freund mache. Ich kann den inneren Frieden nur finden, wenn ich Freundschaft mit mir, mit meiner Situation, mit meinem ganzen Wesen schließe.

25. Mai
Ich kann auch von
schwierigen Situationen lernen

Aber auch im Alltag erfahren wir immer wieder, dass es Situationen gibt, in denen wir innerlich unzufrieden sind. Da ist eine Aufgabe, die sich so gar nicht in unsere Befindlichkeit einfügt. Eine lästige Pflicht, die wir zu erledigen haben. Hier lohnt es sich, kurz „Abstand einzuhalten“. Ich überlege mir kurz: Warum kann ich jetzt nicht bei dem sein, was ich zu tun habe? Was hindert mich daran, im Augenblick zu leben? Dann lasse ich das diffuse Gefühl los, etwas anderes zu tun. Ich sage mir vielmehr: „Okay, selbst wenn ich den tieferen Sinn dieser Aufgabe zurzeit nicht einsehe, ich bin offen und lasse sie zu. Vielleicht erfahre ich durch ihre Erledigung etwas, lerne ich etwas. Oder ich diene damit anderen Menschen. Offenbar muss es so sein, wie es ist. Ich vertraue dem Augenblick, ich bejahe ihn.“

26. Mai
Loslassen

Abstand einhalten bedeutet manchmal auch: loslassen. Das müssen Eltern, wenn ihre Kinder größer werden. Der spirituelle Mensch überlegt sich, was er loslassen soll. Jeder Mensch hat bis zu einem bestimmten Grad sein eigenes Leben. Auch in einer Partnerschaft braucht es eine gesunde Balance zwischen Nähe und Distanz. Ich kann meinen Partner, meine Partnerin erdrücken, ich kann mich innerlich so von ihm oder von ihr entfernen, dass die Beziehung zerbröckelt. In einer Zeit, in der die Leistung stark beachtet und betont wird, dreht sich alles um das eigene Ich. Im Alltag will sich der Mensch behaupten oder gar „durchsetzen". Gerade im wirtschaftlichen Zusammenleben hat Erfolg, wer sich durchsetzen kann. Dieses Verhalten prägt auch das übrige Leben mehr, als wir uns vorstellen. Der Mensch geht von seiner Wahrnehmung, von seiner Empfindung, von seinem Geschmack aus. Oft fehlt die Zeit, um innezuhalten und sich die Frage zu stellen: „Was denkt der andere Mensch darüber? Wie fühlt er sich jetzt?" Der andere Mensch, der Mitmensch, ist nicht eine Verlängerung meines Ichs, er ist ein eigenständiges Wesen, dessen Wille frei ist. Ich kann seine Liebe weder einfordern noch erzwingen. Nur indem ich den anderen Menschen liebe, gebe ich ihm eine Chance, mich zu lieben, gebe ich ihm die Möglichkeit, dass er mich lieben kann.

27. Mai
Wüstenzeiten

Teil 1

Im Laufe des Lebens erkennt selbst der erfolgreichste Mensch, dass es Lebensmodelle gibt, die er nicht leben konnte, die vielleicht unter Umständen eine Alternative gewesen wären. Ich bin Menschen begegnet, die waren „mit Leib und Seele" bei dem, was sie taten; sie gingen ganz in ihrer beruflichen Tätigkeit auf. Und doch spürte ich bei ihnen eine Sehnsucht, etwas ganz anderes zu tun. Keiner kann alles leben. Wir müssen uns entscheiden. Dann erfährt jeder von uns Zeiten, in denen scheinbar nichts mehr geht. Die Herausforderung fehlt. Gerade die sogenannte „Midlife-Crisis" zeigt, dass der wahrhaftige oder spirituelle Mensch Sinn sucht. In diesen Zeiten fühlen wir uns kraftlos. Einige würden am liebsten ganz neu anfangen, etwas ganz anderes machen. In „öden Zeiten" will der Mensch sich verändern und meint, nur durch eine andere Tätigkeit Erfüllung zu finden. Er spürt eine Sehnsucht in sich. Im Grunde nimmt er wahr, dass er als Mensch verschiedene Bedürfnisse hat, die sich allerdings nie alle befriedigen lassen. Die „Wüstenzeiten" gehören zu unserem Dasein. Sie lassen uns wachsen und reifen. Auch in der Natur gibt es im Winter eine solche Ruhe.

28. Mai
Wüstenzeiten

Teil 2

Wir brauchen letztlich diese Phasen des (scheinbaren) Stillstandes, um uns auf aktivere Zeiten einzustimmen oder vorzubereiten. Alles wächst und reift in der Stille. Der spirituelle Mensch bleibt wach und sieht in den „Wüstenzeiten" eine Herausforderung, sich im einfachen Dasein zu bewähren. Er hat die Kraft, diese Phase nüchtern zu überwinden, muss sich weder durch Drogen oder durch Unterhaltung ablenken lassen. Hier darf wohl auch erwähnt werden, wie eine künstlerische Tätigkeit in solchen Zeiten Kräfte zur Entfaltung bringen kann, die im Verborgenen darauf warten, geweckt zu werden. Das Wesen der Liebe ist immer um uns, ob wir es sehen oder nicht, ob es Tag oder Nacht ist. Wir sind immer im Inneren dieses Wesens. Ich stelle mir vor, wie ich in seinem Licht bin und lebe. Das Licht umgibt mich und schenkt mir Geborgenheit. An einem sonnigen Tag spüre ich das Licht der Sonne auf meiner Haut und auf meinem Gesicht. Mit geschlossenen Augen danke ich der Sonne für mein Leben und für alles Leben.

29. Mai
Mit den Engeln leben

Ein spiritueller Mensch geht auch innerlich mit den Jahreszeiten bewusst mit. Er nimmt intimer wahr, was sich da bei ihrem Wechsel vollzieht. Mag es für den heutigen Zeitgenossen fremd klingen, aber tiefe Menschen haben immer um die geistigen Mächte hinter den Jahreszeiten gewusst. Heute werden diese Erfahrungen wieder neu entdeckt. Jede Jahreszeit hat ihren eigenen Engel, den spüren Menschen, die einen spirituellen Weg gehen. Und interessanterweise offenbart sich dieser Engel auch durch die Natur, nur wissen das Menschen gewöhnlich nicht. Sie sehen beispielsweise im Herbst die Blätter von den Bäumen fallen. Hier wirkt der Engel, der für die Vergänglichkeit, für Reinigung sorgt. Im Frühjahr offenbart sich der Engel des Neubeginns, der Auferstehung. Im Sommer lässt der Engel die Früchte reifen; im Winter verantwortet der Engel Ruhe und zartes Keimen. Man kann mit diesen Wesen Kontakt aufnehmen, so innerlich sein Wesen weiten. Bis in den physischen Bereich spürt der sensible Mensch die Nähe dieser Wesen. Sie sind Meister der selbstlosen Liebe, geben ihre Kräfte hin. Was ist selbstlose Liebe? Unbewusste oder überbewusste Liebe zu unserem himmlischen oder guten Ursprung, zu unserer Heimat im Geiste. Ich versuche jeden Tag, den Engel der Jahreszeit zu spüren.

30. Mai
Freiheit erobern

Die Einsicht, dass wir uns die Freiheit täglich erobern müssen, stammt von Goethe. Auch viele seiner Aussagen sind heute noch gültig und können uns mehr Lebensqualität schenken. Der geniale Denker und Dichter war noch nicht mit dem Auto unterwegs. Vielleicht hat er gerade deshalb noch Zeit gehabt für Lyrik und Poesie, für eigene Forschung und für tiefe Gespräche, welche uns zum Beispiel Eckermann überliefert hat. Heute ärgern sich Menschen, wenn sie die Straßenbahn verpassen und zwei Minuten auf die nächste Bahn warten müssen. Zur Zeit von Goethe musste einer vielleicht zwei Monate auf die nächste Postkutsche warten. Nutzen wir die gesparte Zeit wirklich sinnvoll? Freiheit ist bekanntlich viel mehr als Mobilität. Wir spüren, dass alle Menschen sich nach Freiheit sehnen und sie verdienen. Zwar heißt es in der allgemeinen Erklärung der Menschenrechte in Artikel 1: „Alle Menschen sind frei und gleich an Würde und Rechten geboren." Doch wissen wir allzu gut, dass es in der Wirklichkeit oft schlimm um die Freiheit und Würde der Menschen steht. Ja, diese werden nicht selten mit Füßen getreten. Wir müssen sie täglich nicht nur für uns, sondern für alle Menschen erobern, dabei stoßen wir immer wieder an unsere Grenzen.

31. Mai
Heilwerden durch wahre Freiheit

Wahre Freiheit achtet die Würde des einzelnen Menschen. Dieser findet sie in Wachsamkeit und Offenheit. Der freie Mensch will die Wahrheit suchen, wird sich nicht von Zwängen oder durch Nichtwissen einschränken lassen. Der Mensch lässt sich von der ganzen Wahrheit befreien, weshalb ein lebenslanges Suchen und Interesse an allem und allen nötig ist. Die Religionen geben Antworten auf die großen Fragen nach der tieferen Wahrheit, nach den tieferen Wahrheiten. Hier wird klar, dass Religionsfreiheit ermöglicht, dass der Mensch sich frei in seiner inneren Wahrheit bewegen darf. Diese Religion des Menschen hat mit seinem ganzen und wahren Wesen zu tun. Religiös leben bedeutet richtig verstanden: heil werden an Leib und Seele. Nur so sind die vielen Heilungen in den Evangelien zu verstehen. Diese wahre Freiheit ist die Grundlage, die es dem Menschen ermöglicht, Heilwerdung zu erfahren.

1. Juni
Freiheit und Moral

Wir Menschen sehnen uns nach Freiheit. Wir staunen über Berichte, denen zufolge Menschen unglaubliche Kräfte entwickelt haben, um in Freiheit leben zu können. Einige haben übermenschliche Strapazen auf sich genommen, um einem menschenunwürdigen Leben zu entfliehen. Auf der anderen Seite kann Freiheit Menschen auch überfordern, wenn sie im Zusammenhang mit Wohlstand auftaucht. So kommen Menschen auf verrückte Ideen und bringen sich selber in Lebensgefahr, indem sie die Grenzen des Möglichen ausloten. Eine absolute Freiheit im äußeren Handeln kann es nicht geben. Immer wieder erkennen wir, dass es Freiheit ohne Verantwortung und ohne Moral nicht geben kann. Ein oberflächliches Bewusstsein der Freiheit dehnt sich in unserer Zeit auf alle Gebiete des menschlichen Daseins aus. So erstaunt es nicht, dass diese Auffassung von Freiheit oft auch das Zusammenleben belastet.

2. Juni
Freiheit und Liebe

Die Freiheit spielt heute gerade im zwischenmenschlichen Bereich eine große Rolle. Wahre Liebe ist beständig. Deshalb gehört die Treue dazu. Ich rede hier von Liebe, nicht von Sexualität, auch wenn diese im Zusammenhang mit Liebe erfahrbar wird. „Lockere Beziehungen" können in vielen Fällen die Würde des Menschen verletzen und ihn zum Objekt der Begierden und der Triebe degradieren. Mag die Frau dem Mann verzeihen können, wenn er aus Gelegenheit und Abenteuerlust einmal mit einer anderen Frau – wie man so sagt – „schläft" (vielleicht ist dieses Wort gar nicht so falsch …). Die Bibel, eines der wohl anerkanntesten Weisheitsbücher der Welt, bezeichnet den Sexualverkehr gerade mit dem Wort, das dem Schlafen entgegengesetzt ist: mit „Erkennen". Somit vertritt sie die Einsicht, dass Menschen, die sich lieben, die füreinander bestimmt sind, sich erkennen. Wenn also Menschen sich lieben, sind sie wach. Oder anders gesagt: Liebe ist viel mehr als Sexualität, wahre Liebe ist die Erkenntnis des anderen Menschen, die Erkenntnis, dass eine höhere Macht zwei Menschen zusammengeführt hat oder zusammenführt.

3. Juni
Falsche Freiheit

Wiederholt sich dieses „Schlafen" aber, dann fühlt sich seine Ehefrau bald einmal als „fünftes Rad am Wagen". Denn der Mensch spürt ja, dass wahre Liebe immer auf ein Ganzes hinzielt. Der betrogene Mensch fühlt sich bald als Lückenbüßer oder Lückenbüßerin, als „Nummer zwei". Umgekehrt kann ein Fremdgehen der Frau bewirken, dass sie sich irgendwann ausgenützt fühlt, wenn sich der geheime Liebhaber später wieder zurückzieht. Wir kennen das alles aus unzähligen Dramen in der Realität und in vielen Filmen! Jedes Fremdgehen verursacht letztlich Schmerzen. Selbst wenn sich ein Paar das Fremdgehen gegenseitig zugesteht, werden sich irgendwann Rivalitäten, Neid und Spannungen bemerkbar machen. Denn die Liebesgemeinschaft zerfällt so zu einer bloßen Zweckgemeinschaft, in der berechnet wird. Wo aber Berechnungen durchgeführt werden, da herrscht bald Kälte. Es ist eben dann nicht mehr die ganze und wahre Liebe, die sich Menschen im innersten Wesen ersehnen.

4. Juni
Freiheit als Tugend

Interessanterweise wird seit der Epoche des deutschen Idealismus die Freiheit auch in einigen Aufzählungen der Tugenden genannt. In der Antike finden wir sie noch nicht. Vermutlich hängt dies unter anderem damit zusammen, dass damals das kollektive Bewusstsein bei den Menschen noch stärker ausgeprägt war. Aber auch mit der Epoche, die Idealismus genannt wird, setzt sich das Bewusstsein der Freiheit des Individuums nicht einfach schlagartig durch. Vielmehr wurde sie ab dieser Zeit immer deutlicher als Ideal gesehen. Was hat nun aber Freiheit mit den Tugenden zu tun? Ist Freiheit eine Tugend? Macht sich da die Empfindung bemerkbar, dass Freiheit missbraucht werden kann? Wir sehen heute deutlich, dass das Gefühl der „Freiheit" nicht selten mit Unverbindlichkeit verwechselt wird. Als konkretes Beispiel habe ich eben die Partnerschaft(en) und das Fremdgehen genannt. In jedem Fall ist es schwer zu beurteilen und oft eine Ermessenssache, wann die Freiheit endet und die Unverbindlichkeit beginnt.

5. Juni
Vom Sinn der Arbeit

Einige Menschen weigern sich heute, einer Arbeit nachzugehen. Ich kann nach den Begegnungen und den Gesprächen bei vielen von ihnen nicht sehen, dass sie glücklicher wären als andere. Im Gegenteil: Einige von ihnen greifen zu Drogen, um eine wohl vorhandene Leere zu füllen. Dies bringt mich zur Einsicht, dass der Mensch nur bis zu einem bestimmten Grad aus dem Lebensgefühl der Unverbindlichkeit Glück schöpfen kann. Auch wer sich von Sozialsystemen tragen lässt, findet kein Glück, wie ich immer wieder bei der Begleitung von Menschen erfahre. Denn im Grunde wollen die Menschen etwas zur Gemeinschaft beitragen. Wer kennt es nicht: An gewissen Tagen haben wir keine Lust, zur Arbeit zu gehen. Doch gerade die „Pflicht" kann uns ein Maß an Geborgenheit und Sicherheit vermitteln. Denn die alltäglichen Pflichten bilden einen Rahmen und bewirken, dass wir immer wieder herausgefordert werden. Wir müssen uns also nicht beständig um uns selbst drehen. Eben: Wir nehmen uns dann nicht so wichtig und merken, dass wir mit unserem Beitrag der Welt dienen.

6. Juni
Freiheit, die mit
der Wirklichkeit rechnet

Sind wir wirklich frei? Gibt es die absolute Freiheit? Nicht nur Frauen, aber sie vielleicht im vermehrten Maße, sehnen sich nach Kindern, nach einem Zuhause, nach „einer richtigen Familie". Verbunden damit sind aber alltägliche Pflichten. Und viele, die heute ihr Kind oder ihre Kinder in der Tageskrippe abgeben, um den beruflichen Werdegang nicht aufgeben zu müssen, leben mit Stress und verpassen einiges, was sie mit den Kindern erleben und sogar durch sie lernen könnten. Andererseits ist es nach Jahren der „Kinderpause" nicht einfach, wieder in die Berufswelt einzusteigen. Bekanntlich ist jede Entscheidung „für etwas" immer auch eine Entscheidung „gegen etwas". Und entscheiden müssen wir uns immer. Das ist gleichsam der Preis für die Freiheit. Daran sehen wir, dass wir nur im relativen Sinn frei sind. Hängen wir niemals unser ganzes Herz an ein materielles Ding oder materielle Dinge, an eine bestimmte Methode oder an eine Sichtweise. Denn alles auf Erden ist vergänglich. Freiheit erfahren wir gerade, wenn wir uns von Ballast befreien.

7. Juni
Wie sehe ich die Welt?

Da geht es um viel mehr als um ein Lebensgefühl. Da geht es um mein Wesen, mein Leben und meine Zukunft! Denn woran ein Mensch „sein Herz hängt", das wird sich ihm offenbaren, das wird aber auch sein Wesen prägen und letztlich ausmachen. Gehe ich als ganzer Mensch („mit dem Herzen") in der physisch-materiellen Welt auf, dann werde ich auch „nur" diese erkennen. Ich werde diese als ganze Wirklichkeit ansehen, höchstens noch ahnen, dass es „noch mehr" gibt. „Hänge ich mein Herz", das heißt mein ganzes Wesen, mein Denken, Fühlen und Wollen, meine Ahnung und meine Wahrnehmung an „Gott" als geistiges Wesen, wird er sich mir offenbaren, wenn ich nur genug Geduld, Demut und Offenheit aufbringe. So ähnlich verhält es sich auch im alltäglichen Zusammenleben: Bin ich einem Menschen treu, vermittle ich ihm Geborgenheit und Sicherheit, liebe ich ihn aufrichtig und ehrlich, so fallen Ängste von ihm ab und er wird mir sein wahres Wesen offenbaren. So lerne ich, ihn in seiner Größe, Einmaligkeit und Würde zu erkennen.

8. Juni
Freiheit, die uns
die Mitte finden lässt

Wenn der Mensch zufrieden leben möchte, beginnt er über sein Leben nachzudenken. Ich könnte auch schreiben: Ein Mensch findet das Glück nicht im Stress und in einer Umgebung, die ihn äußerlich und innerlich nicht zur Ruhe kommen lässt. Er muss ja Zeit haben, in Stille und im Abstand vom alltäglichen Leben seine Wünsche zu eruieren und die nächsten Schritte zu planen. In solchen Zeiten merkt er, wo sich in seinem Leben Einseitigkeiten eingeschlichen haben. Denn seine Wünsche und Sehnsüchte offenbaren ihm, was er vergessen oder verdrängt hat. Wer das menschliche Wesen und seine Mitwelt beobachtet, dem fällt auf: Überall gibt es Gegensätze. Diese sind aber nicht alle im Kampf miteinander. Vielmehr ergänzen sie sich: Wir haben schon im körperlichen Bereich zwei Augen, zwei Ohren, zwei Arme. Wir leben in Tag und Nacht. Wir leben als Mann oder Frau. Auch im Zusammenleben finden wir diese Zweiheit. Wir brauchen die Mitte zwischen einem Rückzug aus der Welt und einer Hinwendung zu derselben. Ein spiritueller Mensch findet die Balance zwischen Kontemplation und Aktion.

9. Juni
Stille

Kürzlich las ich ein Buch, in dem es um das Thema „Stille" ging. Interessant schien mir dabei, wie der Autor im Buch immer mehr das Thema „Spiritualität" behandelt. Es wird klar, dass wir den Menschen und uns selbst keine Stille verordnen können, wenn wir keine Motivation dazu entwickelt haben. Und eine solche bietet eine zeitgemäße Spiritualität. Alles andere wäre eine Forderung, einfach herumzusitzen. Kein gesunder Mensch würde einen Grund finden, dies zu tun. Ich meine hier selbstverständlich nicht das gemütliche Zusammensein am Abend, wo man sich entspannt. Mir geht es darum, dass der Mensch sich gerade heute eine bewusste Auszeit nehmen soll, in der er sich für die Stille und für die Meditation entscheidet. Spiritualität zeigt uns den Sinn der Stille. Jede echte Spiritualität mündet ins Schweigen und in die Stille ein.

10. Juni
Freiheit und Selbsterkenntnis

Teil 1

Das, was unsere Persönlichkeit ausmacht, ist der Schnittpunkt zwischen dem wahren Ich und der Welt. Erleuchtung ist damit die Geburt des wahren Selbst. Deshalb finden wir sie nicht im „kleinen Ich", im Ego. Wir finden sie durch die Welt, in der Hingabe an die Welt, in der Offenheit für die Welt. Indem ich meine Kräfte fließen lasse, durch Interesse, Liebe, Mitleid, erfasse ich mein wahres Ich. So wird das Göttliche im eigenen Wesen erfahrbar. Wahre Freiheit erfährt der spirituelle Mensch nicht dadurch, dass er tun und lassen kann, was er als Einzelner will. Der wahrhaftige und zur Liebe fähige Mensch weiß sich eingebunden in eine Gemeinschaft, deren Wohl ihm am Herzen liegt. Der freie Mensch will damit die Motive seines Denkens, Fühlens und Wollens kennen. Kurz: Er strebt nach Selbsterkenntnis. Diese empfängt er durch die Hinwendung zur Welt, zur Gemeinschaft. Er lernt sich selbst durch die Mitwelt kennen. Sie hält ihm gleichsam einen Spiegel vor die inneren Augen.

11. Juni
Freiheit und Selbsterkenntnis

Teil 2

Das Ich erwacht in und an der Welt. Hier sind wir bei dem Geschehen, das in der christlichen Religion als „Kommunion" gefeiert wird. Es wird unter anderem gefeiert, wie sich der Mensch mit seinem höheren Ich verbindet. Indem der gläubige Mensch Christus, den wahren Menschen, in sich aufnimmt, erwacht der wahre Mensch in ihm. Christus hat gesagt: „Die Wahrheit wird euch frei machen" (Joh 8,32). Er ist ja die Wahrheit und hat die Wahrheit verkündet. Dabei dürfen wir nicht vergessen, dass er sich in diesem Zusammenhang auch als „Weg" bezeichnet. Gemeint ist, dass Christus uns in die Wahrheit einführt. Dabei meint er nicht eine Theorie, sondern ein konkretes Leben und ein Wesen. Er schenkt sich uns als Wahrheit. Sein Leben, sein Wesen und sein Wirken sind Wahrheit. Wir sind und werden (erst noch) frei, wenn wir die Wahrheit annehmen und leben, wenn wir in der Wahrheit leben. Die Wahrheit ist also, dass wir frei sind, wenn wir lieben.

12. Juni
Sich befreien lassen

Christus ist in der Vergangenheit Erlöser und Heiland genannt worden. Heute könnte man ihn auch „Befreier" nennen. Er befreit uns von Unwahrheit, von Schuldgefühlen und von Angst. Er lässt uns aufrecht gehen, weil er uns seine bedingungslose Liebe schenken will und kann. Vielleicht finden Menschen so einen besseren Zugang zu Christus. Er befreit uns ja auch davon, dass wir uns beständig im Kreis drehen, indem wir unser Ego pflegen und so den Anschluss an die wahre Fülle des Lebens verpassen. Der wahrhaftige und nach Wahrheit strebende Mensch ist schließlich der starke Mensch. Er lässt sich nicht von irgendwelchen dunklen Mächten beherrschen. Er ist Herr über sein Wesen, über sein Ich. Er liebt und ist zur Liebe fähig. In dieser Stärke zeigt sich uns die Persönlichkeit des Menschen, offenbart sich uns sein wahres Wesen. Sich „beherrschen" können zeigt den Grad der Freiheit an. Er herrscht über sich, ist nicht mehr fremdgesteuert.

13. Juni
Was ist Wirklichkeit?

Wer kann die Wirklichkeit im absoluten Sinne definieren? Immer neue Theorien tauchen auf. Und wer hat schon einmal ein Atom mit Augen gesehen? Ich will dies hier nicht leugnen. Wir sind schockiert über die Auswirkungen der Kernspaltung, wenn es zu einem Unfall kommt. Alle Geschöpfe leiden dann. Aber ich frage: Machen die Atome schon die ganze Wirklichkeit aus, besteht die Welt aus Atomen? Zieht eine ganzheitliche Definition des Lebens nicht auch die „Zwischenbereiche" in Betracht? Besteht das Leben der Welt also nicht gerade aus dem, was zwischen den Atomen ist? So gesehen wäre die Welt Klang und Schwingung. Diese „Vibration" verdichtet sich zum Sinn, zum Wort. Ein Symbol für das menschliche Ohr ist die Muschel, die auch das weibliche Geschlechtsorgan symbolisiert. Das Wort Gottes kommt in unser Wesen, wie damals der Geist sich mit Maria verbunden hat. „Maria in uns" will das Göttliche gebären. Das Wort Gottes reift in uns als Perle heran.

14. Juni
Befreiung der Sinne

Im „stillen Gebet", in dem wir die heilende Gegenwart Gottes oder Christi spüren, da werden wir wirklich befreit, „erlöst" von Täuschung; da hören oder spüren wir Wahrheit. Gerade in der Liturgie, in der heiligen Handlung, ist alles echt, keine Übertragung, keine optische Täuschung. Da öffnen uns Engel die inneren Augen für die Gegenwart Christi. Das haben Menschen früher noch gewusst, das wird in unserer Zeit wieder entdeckt und erfahren. Und so werden die Sinne wieder befreit, entschlackt, geschult. Durch sie hört der Mensch das höhere Wort, das göttliche Wort, sieht der Mensch das höhere Bild, Christus, der vom Priester gezeigt wird. Das „heilige Schauspiel" führt zum tieferen Verstehen, zum Begreifen der ewigen Welt des Geistes. Diese Feier befreit den inneren Menschen.

15. Juni
Der Lichtkeim in uns

Christus hat die Menschen auf das Senfkorn hingewiesen. Es ist kleiner als die anderen Samen, wächst aber schnell und kann als Pflanze recht hoch werden. Das kleine göttliche Ich im Menschenwesen gleicht einem Senfkorn. Es ist der Dunkelheit und dem Bösen dieser Welt ausgesetzt. Aber ganz konkret besinne ich mich mehrmals am Tag auf diesen Lichtkern in mir. Keine Macht wird ihn zum Erlöschen bringen. Er bleibt standhaft, stellt sich dem Bösen entgegen. Und ich stelle mir auch vor, wie in jedem Menschen ein solches kleines Licht brennt. Ich trete kurz in Kontakt mit den Lichtpunkten der anderen Menschen, spüre, wie alle miteinander verbunden sind. Es bringt wenig, wenn ich das Böse verdränge, damit bekomme ich es nicht in Griff. Es lebt gerade davon, dass es unbemerkt bleibt. Ich überwinde es mit anderen, in der Gemeinschaft, indem wir es begrifflich fassen, indem wir ihm unser Licht entgegenstellen. Dies geschieht dadurch, dass ich bewusst Gemeinschaft pflege und in ihr Mitgefühl für andere entwickle, dass ich die Kraft der Vergebung nutze.

16. Juni
Alles wahre Leben ist Begegnung

Bereits vor der Verkündigung Christi hat der Prophet Jesaja die mystische Wahrheit ausgesprochen, dass das göttliche Licht in uns verborgen ruht (Jes 58,8). Und indem es hervorbricht, werden die Wunden des Menschen vernarben. Licht strahlt aus, im Wort „Licht" versteckt sich im Deutschen das Wort „ich". Auch Jesaja spricht davon, wie der Lichtmensch das Brot an die Hungrigen austeilt, wie er den Obdachlosen in sein Haus aufnimmt. Bücher werden eine Spiritualität immer nur vertiefen oder ergänzen, tragen und pflegen. Das ist schon viel. Aber hinter den Buchstaben wirkt das lebendige Wesen, wirkt die Beziehung zu ihm. Auf diese kommt es an. Alles wahre Leben ist Begegnung. Wahre Spiritualität geht deswegen von Mensch zu Mensch. Sie findet statt in den alltäglichen Begegnungen. Wo Menschen sich füreinander interessieren, da werden Kräfte zum Leben erweckt. Durch diese Kräfte wirkt dann die höhere Macht. So machen sich Menschen zu Quellen. Wie wunderbar ist doch die Einsicht, dass wir Quellen sein könnten!

17. Juni
Vom Segen der Natur

Was wäre die wunderbare Natur, wenn wir keine Sinne hätten, wenn wir keinen Sinn für sie hätten? Wir sehen die Farben der Blumen, wir bewundern sie auch in den Steinen, wir riechen den Duft der Kräuter, wir genießen das frische Obst! Wir können in vielen Fällen unser Auto in der Garage stehen lassen, denn das Paradies ist ganz nah! Das Paradies ist nicht zu verwechseln mit dem Schlaraffenland, das heute interessanterweise keine große Rolle mehr spielt. Ich vermute, das hängt mit unserer Wohlstandsgesellschaft zusammen, wo über dreißig Prozent der eingekauften Nahrungsmittel im Abfall landen. Wir bemerken unser Schlaraffenland gar nicht mehr, es ist für uns zur Selbstverständlichkeit, zum Alltag geworden. Das „Paradies" ist für Menschen, die gesund denken und empfinden, mehr als ein Schlaraffenland, in dem gebratene Würste an den Bäumen hängen. Diese würden uns bald zum Halse heraushängen. Das Paradies ist für den ehrlichen Menschen dort, wo er eine Antwort findet auf die tieferen Fragen des Daseins. Es ist dort, wo er die Welt mitgestalten kann, wo er gebraucht wird und sich dadurch bejaht fühlt.

18. Juni
Wo ist Ihr Paradies?

Einige behaupten sogar: Der kürzeste Weg ins „Paradies" führt in den eigenen Garten. Andere pflastern jeden Zentimeter zu, weil Gartenarbeit für sie ein Gräuel ist … Es ist aber so, dass viele Menschen in der Garbenarbeit einen Ausgleich finden. Gartenarbeit erdet auf jeden Fall den Menschen. Und Erdung ist immer die Voraussetzung für eine gesunde Spiritualität. Für den irdischen Menschen gibt es keinen Himmel ohne Erde. Tatsächlich kommt das Wort „Paradies" aus dem Griechischen und man hat damit einen Garten oder einen Park bezeichnet. Auf jeden Fall hat man sich einen begrenzten Bereich vorgestellt, den wir heute noch im Volksmund haben: „Trautes Heim, Glück allein!" Doch wenn Ihr Paradies woanders liegt, dann finden Sie es nur, wenn Sie empfänglich dafür sind. Wo ist Ihr Paradies? Und welcher Weg führt Sie dorthin? Sicher gehören Tageslicht, gesunde Lebensmittel, Bewegung, Sinn und eine Aufgabe, Ausgleich, Ausdrucksmöglichkeiten, Freundschaften und Inspirationen dazu.

19. Juni
Mehr Tageslicht!

Viele Menschen leiden heute an Übergewicht und finden im Leben keinen Sinn. Andere finden in ihrer Arbeit keine Erfüllung. Wieder andere begnügen sich mit dem Schein der Unterhaltung. Ihre Fähigkeiten und Talente liegen brach. Ich betone das Tageslicht, weil wir in den künstlichen Räumen verkümmern. Man kann ja schon mit äußeren Experimenten nachweisen, dass beispielsweise Pflanzen besser gedeihen, wenn ihre Erde vormals dem Sonnenlicht, der ganzen Atmosphäre ausgesetzt war (im Gegensatz zu Pflanzen, deren Erde längere Zeit vom Sonnenlicht abgeschottet war). Auch der Mensch ist und bleibt mit der ganzen Natur verbunden. Er ist ein Naturwesen. Er wird depressive Stimmungen überwinden, indem er sich dem Tageslicht aussetzt. Die Kräfte der Erde wirken auf ihn ein, das Wasser, die Luft und die Wärme, die ihn durchdringen, beleben sein Wesen, seinen Leib, seine Seele und seinen Geist.

20. Juni
Körper und Seele

Nicht umsonst hat man früher den Leib der Erde, die Seele dem Wasser, den Geist der Luft und das Ich dem Feuer zugeordnet. Wer nur schon eine Stunde pro Tag in die Natur geht, der spürt, wie diese sein Wesen heilt und die Seele zur Ruhe kommen lässt. Komme ich zum Thema „gesunde Lebensmittel", so fällt auf, wie heute Zeitschriften darüber wie Pilze aus dem Boden schießen. Die Menschen spüren, dass die mit künstlichen Zusatzstoffen versehenen Lebensmittel ihnen nicht wirklich guttun. Die Zusatzstoffe sind zudem eine Ursache für das eben genannte Übergewicht. Was aber bedeutet eigentlich „Übergewicht"? Wenn wir das Wort ansehen, fällt uns dazu die Antwort schon ein: Der Körper ist zu schwer. Kann das auch in einigen Fällen bedeuten: Die Seele ist zu leicht? Fehlt vielen Menschen nicht die Nahrung für die Seele? Gleichzeitig steigen wir zu oft in den Wagen, viele von uns bewegen sich zu wenig. Ist das nicht ein Bild dafür, dass sich der Mensch auch innerlich bewegen will? Man könnte es auf die Formel bringen: Weil er sich äußerlich nicht mehr bewegen muss, vergisst er, sich innerlich zu bewegen. Zur Aufgabe zähle ich das, was mir Freude macht, wofür ich gerne meine Kräfte hingebe. Das kann auch eine Tätigkeit in der Freizeit sein.

21. Juni
Vom vernünftigen Umgang
mit den eigenen Ressourcen

„Schaffe ich es noch?" Gerade im zunehmenden Alter lassen die Kräfte nach. Damit verbunden sind Ängste: Kann ich meine Leistung noch erbringen? Man kann von einem Menschen nicht erwarten, dass er mit sechzig noch dieselbe Leistung erbringt, die er als Zwanzigjähriger erbracht hat. Aber vielleicht muss der ältere Mensch auch andere Prioritäten setzen und der Erholung und Regeneration in der Freizeit mehr Beachtung, mehr Gewicht zumessen. Viele entdecken, was im Leben wirklich zählt. Sie nehmen sich Zeit für die Enkel oder für einen Spaziergang. Wenn es die Gesundheit erlaubt, engagieren sie sich in einem Verein oder in einer sozialen Institution. Oder sie haben nach der Pensionierung endlich Zeit für ihr Hobby. In einigen Fällen scheinen ältere Menschen gleichsam die Zeit abzusitzen. Besonders wenn sie zuvor ganz auf den Partner fixiert waren und dieser nicht mehr lebt. Deswegen ist es sinnvoll, dass der Mensch schon in stabilen Zeiten ein Eigenleben hat und eine Aufgabe oder eben eine Lieblingsbeschäftigung, die ihm einen Rahmen gibt.

22. Juni
Was Ihrer Seele guttut

In jedem Alter sollten wir eine Tätigkeit haben, die uns mit Freude erfüllt, die unser Herz erwärmt. Wir Menschen sind mehr als bloße Leistungserbringer. Unsere Gemütskräfte wollen gepflegt werden, sonst verdorren wir innerlich. Auch in diesem Zusammenhang hat der spirituelle Mensch einen Vorteil. Er fühlt sich nicht wie einer, der in der Warteschlange steht und wartet, bis er abberufen wird. Er wird vielmehr seine ihm auf Erden verbleibende Zeit für eine sinnvolle Sache nutzen. Er pflegt die Spiritualität oder sucht sich eine Form derselben, die ihm entspricht. Er betet für seine Kinder und Großkinder. Er muss nicht mit einer Ungewissheit leben, sondern bereitet sich bewusst auf den Schwellenübertritt vor. Er darf dies im Glauben tun, „drüben" empfangen und liebevoll aufgenommen zu werden. Man hat einmal einen tiefen Menschen gefragt, was er sich nach dem Tod wünscht. Er hat geantwortet: „Ich möchte einmal erwartet werden."

23. Juni
Sinne und Sinn

Teil 1

Alle „Sinne" ermöglichen Sinn. Gehen wir davon aus, dass für die Geschmacks- und Riechempfindungen die Nerven oder Nervenbahnen verantwortlich sind, dann würden wir Schmecken, Riechen und Empfinden einem Sinn zuordnen. Auch der Tastsinn könnte dazugehören. Sogar die Wärme, das Wärmegefühl wäre da zu nennen. Doch schon dieses teilt sich auf in ein körperliches und seelisches „Wärmeempfinden". So sprechen wir davon, dass wir uns für „eine Sache erwärmen". Oder man denke an das geflügelte Wort des „Sich-riechen-Könnens". Übrig blieben der Sehsinn, der Hörsinn. Hinzu kämen: Ich-Sinn, Wort- oder Begriff- oder Denksinn und Bewegungssinn. Eine differenzierte Aufzählung beachtet die seelische Komponente des Wärmesinns und ergänzt die Sinne durch Gefühlssinn, Willenssinn, Erinnerungssinn, Vertrauens- oder Glaubens- oder Hoffnungssinn. Es wird in gewissen Aufzählungen auch ein „Gleichgewichtssinn" genannt. Wir empfinden uns ja nur durch die Polarisierung als „Ich". Ob der „Liebessinn" erwacht, hängt davon ab, ob ein Mensch dem großen „ICH BIN" der Liebe begegnet. Wer gesund, mit Sinn und mit allen Sinnen lebt, die Wahrheit sucht, der wird sie in der Liebe zu allen Wesen finden. Er wird und er will lieben.

24. Juni
Sinne und Sinn

Teil 2

Bewegungssinn: nicht stehen bleiben. Innerlich und äußerlich seinen Weg (weiter-)gehen. Für wen oder was „kann ich mich erwärmen"? Was motiviert mich zum Leben? (Siehe auch unten!) Denk-, Sprach- oder Begriffssinn: nur gute und positive Gedanken zulassen, andere sofort loslassen. Gleichgewichtssinn: die gesunde Mitte suchen und finden. Ich-Sinn: die eigenen Talente und Begabungen erkennen, fördern und gebrauchen, um so der Welt das zu geben, was nur ich geben kann. Willenssinn: handeln in der Welt, das heißt, die erkannten Talente und Begabungen fruchtbar machen, zur Entfaltung bringen, die Welt gestalten und veredeln. Wärmesinn: sich selbst spüren. Bei sich sein. Ruhe und Andacht, Meditation und Kontemplation. Gesichtssinn: wach sein, das eigene Wesen erkennen und als göttliches Wesen mit Gott verbunden sein. Wir leben im Einklang mit uns und der Welt, wenn wir alle Sinne berücksichtigen.

25. Juni
Sinne und Sinn

Teil 3

Wie können wir mit Sinn leben? Indem wir in Bewegung bleiben, weiter suchen, dem Körper Bewegung erlauben, gute Gedanken denken. Schlechte Gedanken immer sofort loslassen, die Atmosphäre nach schlechten Gedanken sofort durch ein Gebet reinigen, durch positive Gedanken wandeln. Indem wir gute Worte laut aussprechen, die Mitte einüben. Das gesunde Maß anstreben. Indem wir überlegen, wie wir unsere Fähigkeiten für das Wohl der Menschheit einsetzen und zur Entfaltung bringen können. Indem wir selbstlos handeln, spontan, aus Liebe, engagiert, aus der Notwendigkeit heraus. Und indem wir den Augenblick bejahen. Bei uns sind, Gebet und Meditation pflegen, uns zurückziehen und im Herzen vergangene Taten und zukünftige Absichten bewegen. Christus hilft uns: Wir dürfen uns in seiner Gegenwart geborgen und getragen fühlen. In der Gemeinschaft sein Wirken deuten und feiern. Wem dies gelingt, wer die Alltagsgedanken loslassen kann, der lebt im Augenblick und übt ein, im Augenblick zu leben. Er wird sich die Fähigkeit aneignen, sich sofort auf die Gegenwart des höheren Wesens, des geistigen Kerns in sich zu besinnen, wenn ungute oder trübe Gedanken sich bemerkbar machen. So lebt er frei und mit Gelassenheit.

26. Juni
Christus in uns

Für den spirituellen oder gläubigen Menschen ist Christus im eigenen Wesen eine Realität. „Nicht mehr ich lebe, sondern Christus lebt in mir" (Gal 2,20). Unser innerstes Wesen ist mit der ganzen Welt verbunden. Diese Wahrheit zeigen auch die unzähligen Christophorus-Darstellungen, die den Menschen gleichzeitig als Christus- und Weltenträger zeigen. Im inneren Wesen sind wir zur universalen Liebe veranlagt. Je mehr wir lieben, desto mehr schließen wir Frieden mit der Welt und mit uns selbst. Wer also so im ganzheitlichen Sinne mit allen Sinnen lebt, der erfährt den wahren inneren Frieden! Er spürt auch, wie er ein gesundes Maß an Einsamkeit braucht. In der Einsamkeit ist jeder Mensch „all-ein", im besten Fall erwacht der Keim zur Liebe zum All, zum Ganzen. Einsamkeit ist der Preis für seine Individualität, für sein einmaliges und wahres Wesen, für sein Ich. Wer sich selbst nicht ertragen kann, wird auch andere nicht ertragen können. In der Einsamkeit übernimmt der Mensch Verantwortung für sein ganzes Leben und Dasein. So schließt er Frieden mit sich selbst, indem er Frieden mit der Welt schließt.

27. Juni
Hingabe

Je mehr ein Mensch die Welt „unter sich" liebt, verehrt, desto mehr öffnet sich sein inneres Wesen für die Welt „über ihm". Ein tiefer Mensch hat darum einmal gefragt: „Warum machen heute so viele Menschen keine Gotteserfahrung mehr?" Und er hat die Antwort darauf gefunden: „Weil die Menschen sich nicht mehr so weit zur Erde bücken." Das Kind in der Krippe an Weihnachten zeigt: Gott bückt sich ganz tief, um bei uns zu sein. Was für ein Gottesbild! Wann sind – gemäß den inspirierten Urkunden – die Menschen Jesus, dem Christus, später dem Auferstandenen begegnet? Die Weisen aus dem Morgenland waren unterwegs. Nach der Auferstehung waren die Jünger wieder unterwegs nach Emmaus. Da ging er mit ihnen und öffnete ihnen selber die Augen für seine Gegenwart, noch bevor sie ihn erkannten. Als sie noch fragend und suchend unterwegs waren. Wann können heute Menschen ihm begegnen? Wenn sie unterwegs sind. Dabei waren sie ja nicht nur äußerlich unterwegs, sondern haben sich innerlich verändert, indem ein Gespräch mit neuen Einsichten sie bewegt und gewandelt hat. Es ging und geht also um eine geistige Bewegung.

28. Juni
Kein Paradies,
aber ein gepflegter Garten

Die materialistische Welterklärung untergräbt die Würde des Menschen und verhindert Entwicklung, Veränderung und Fortschritt. Der Engel der neuen Zeit ist der „Zeitgeist, der Menschen für eine spirituelle Zeit öffnet". Dieser Engel gibt uns die Kraft, dass wir die Natur wieder vermehrt achten, schützen und pflegen. Der auferstandene Christus erscheint Maria als Gärtner. Der Christ soll die Erde zu einem „gepflegten Garten" gestalten. Wer aber nur die materielle Welt gelten lassen will, der bleibt bald stehen. Wer immer meint, für sich das „Paradies" gefunden zu haben, der wird sich bald die Frage stellen: „Und die anderen?" Kann ich für mich allein glücklich sein? Er wird früher oder später im Herzen eine Unruhe spüren. Ich vertrete die Ansicht, dass wir hier auf Erden kein irdisches Paradies haben können. Auch wenn wir im Wohlstand leben, wenn wir eine moderne Medizin haben. Wir stoßen doch immer wieder an Grenzen. Es gibt kein Leben ohne eine dunkle Seite.

29. Juni
Keiner ist überflüssig!

Auch das Wort „Überfluss" bringt ein Charaktermerkmal unserer Zeit zum Ausdruck. Trotz Wirtschaftskrise leben sehr viele Menschen heute noch in den Industrienationen im Überfluss. Gleichzeitig leiden viele unter einem Sinndefizit. Könnte da ein Zusammenhang bestehen? Nicht wenige Psychologen sind dieser Ansicht. Die Sprache hilft uns oft weiter: Das Wort „Überfluss" lässt „überflüssig" anklingen. Kann es sein, dass es wiederum einen Zusammenhang gibt? Wer nicht mehr gebraucht wird, empfindet sich als überflüssig. Er weiß bald nicht mehr, für wen oder was er leben soll. Sicher gibt es Menschen mit Fantasie, die, auch ohne einer beruflichen Tätigkeit nachzugehen, ein sinnvolles Leben führen können. Aber sie bleiben Ausnahmen. Denn damit verbunden ist der Wille, sein Leben wirklich selber zu gestalten. Es gelingt wohl nur, wenn der Mensch einen Sinn gefunden hat.

30. Juni
Wo kommt Hilfe her?

Nicht wenige Menschen erleben gegenwärtig Zeiten der inneren Leere. Sie fühlen sich wie im Griff einer dunklen Macht, die sie nicht richtig beschreiben können. Sie leben vor sich hin, lustlos, traurig, ohne Motivation, ohne Kraft, ohne Freude. Dabei geht es ihnen – äußerlich gesehen – gut. Sehr viele Menschen müssen nicht darben, haben eine schöne Wohnung, fahren mehrmals im Jahr in den Urlaub. Doch was fehlt ihnen denn? Sie sehen keinen Sinn im Leben. Sie haben sich immer nur auf die materielle Ebene konzentriert, das rächt sich nun. Nie haben sie sich ernsthaft die Frage nach dem Woher und dem Wohin gestellt. Oder sie haben sich diesbezüglich mit einer oberflächlichen Antwort zufriedengegeben. Das Staunen der Kindheit haben sie immer mehr abgelegt. Sie haben die Welt der Engel und die Wirklichkeit der Engel vergessen. Diese darf immer wieder neu eingeübt und erfahren werden, wenn der Mensch sich öffnet für die spirituelle Ebene, für das Wirken der Engel. Sie führen uns in die Tiefe. Wer sich bewusst Zeit nimmt, die Vielfalt der Natur zu sehen und zu schätzen, wer sich in Zeiten der Stille auf die helfende Nähe der Engel besinnt, der wird ihren „zarten Flügelschlag" spüren.

1. Juli
Die geistige Führung erfahren

Ganz konkret erfahren wir die geistige Führung, wenn wir kranke oder einsame Menschen besuchen. Was wir für traurige Menschen tun dürfen, sollten wir besonders für kranke Menschen tun: Legen wir ihnen die Hände auf, bitten wir den Heiligen Geist herbei, dann werden die Engel die Menschen aufrichten und stärken. Bitten wir auch besonders den Erzengel Rafael, er möge den kranken Menschen heilend berühren. Einmal besuchte ich im Spital einen Mann, der schon lange krank war. In diesem Spital gibt es elektronische Läden, die sich bei gewissen Wärme- und Lichtverhältnissen öffnen oder schließen. Ich habe dem Mann gesagt, dass ich für ihn im Gottesdienst beten werde, und habe es auch getan. Bei meinem Besuch sagte er mir: „Plötzlich haben sich in dieser Zeit die Läden geöffnet und das Licht kam herein. Da wusste ich: Du hast an mich gedacht und für mich gebetet." Das hatte ich auch getan. Es war dem Mann, als hätte ein Engel ihm Licht geschickt.

2. Juli
Nicht klagen, sondern
an das Gute denken

Merkwürdig, wie viele Menschen sich beklagen, über das Leben schimpfen, sich an Kleinigkeiten aufhalten. Sie versetzen sich selber in eine negative Stimmung. Solchen Menschen helfe ich schon, indem ich ihnen zuhöre. Immer wieder löse ich eine positive Kettenreaktion aus, indem ich sie – im geeigneten Moment – vielleicht indirekt darauf hinweise, dass es weniger darauf ankommt, das Dunkle zu bekämpfen, sondern dass es vielmehr unsere Aufgabe sein kann, das Lichtvolle zu verstärken. Wir können einander zum positiven Denken motivieren, indem wir das Gute suchen und betonen. Und was immer wir als Gutes tun, es kommt irgendwann auf uns zurück. So gesehen verwandelt sich auch ein scheinbares Missglück in eine Chance, die verpasste Straßenbahn wird zur Begegnungsmöglichkeit oder einfach zum Innehalten, zu einem Zeitfenster, in dem ich mich mit einem Gebet stärken lasse. Jeder diesbezügliche Akt kann zur Bewusstseinserweiterung führen.

3. Juli
Michael mit der Waage:
die Mitte suchen

Teil 1

Ich sammle mir einen Vorrat an, der mich in dunklen Zeiten trägt, der mir dann Seelenruhe gewährt, ja der es mir ermöglicht, dass ich auch in schwierigen Lebenssituationen Freude und Freunde finde. Menschen durchschauen die Machenschaften des Bösen, indem sie ihr Bewusstsein steigern, erheben. Das erhobene Bewusstsein, was sieht es, was nimmt es wahr? Es ahnt oder spürt das Wirken der Engel. Mit diesen guten und lichtvollen Wesen können Menschen sich verbinden. Wir erlösen das Böse, wenn wir mit den Engeln zusammenarbeiten. Mit der Wiederentdeckung der Engel geht ein Bewusstsein einher, das das menschliche Wesen mit der mehrschichtigen und damit ganzen Wirklichkeit der Welt verbindet. Wer sich nämlich an das richtige Wesen wendet, der wird auch kompetente Hilfe erfahren. Er gleicht einem Menschen, der nicht zu irgendeinem Arzt geht, sondern zu dem, der sich auf dem Gebiet auskennt, Erfahrungen hat mit der Krankheit, die ihn leiden lässt. Der Erzengel Michael war und ist es, der uns im Kampf gegen das Böse beisteht. Ihn dürfen wir um Hilfe bitten im Kampf gegen das Böse, das uns leiden lässt, das uns vom wahren Leben abhält, indem es uns zur Gier und zum einseitigen Leben drängt und verführt.

4. Juli
Michael mit der Waage:
die Mitte suchen

Teil 2

Immer geht es um die gesunde Mitte. Die Mitte zwischen Anspruch und dem, was mir schon geschenkt worden ist. Die Mitte zwischen Ich und Du. Die Mitte zwischen Selbstverantwortung und Fremdbestimmung, die ja auch zur Realität gehört. Ganz konkret kann das bedeuten: Ich achte darauf, dass ich mich täglich mindestens zwei Stunden im Tageslicht aufhalte! Ich kaufe gesunde, frische, möglichst nicht verarbeitete oder mit Zusatzstoffen versehene Lebensmittel! Ich bewege mich oft! Ich suche mir eine sinnvolle Betätigung. Sollte die berufliche Arbeit mich zurzeit nicht erfüllen, engagiere ich mich in der Freizeit für ein soziales Anliegen. Ich achte auf Ausgleich zur beruflichen Tätigkeit. Was macht mir Spaß? Ich bringe mich durch eine kreative Betätigung zum Ausdruck! Ich lese spirituelle Literatur und bilde mich weiter. Ich suche mir eine Inspirationsquelle.

5. Juli
Das Schöne in der Nähe sehen

Ein Mensch, der heute, im technischen Zeitalter, den Fuß aufs Gaspedal drückt und so beschleunigt, dass es ihn in den Sitz drückt, macht er eine spirituelle Erfahrung? Wenn nicht: Könnte es sein, dass er sich nach einer solchen sehnt? In unserer Zeit werden innere und äußere Grenzen überschritten. Solche Grenzerfahrungen sind Ausdruck für ein Bedürfnis: Wir wollen uns verändern und unseren Horizont erweitern. Wir wollen in Bewegung bleiben. Und manchmal ist es ja wirklich so, dass wir ausbrechen wollen, ausbrechen aus dem Erstarrten und Festgefahrenen. Dass der Mensch gerne reist, weist wohl auch auf das Bedürfnis hin, innerlich in Bewegung zu bleiben. Es gibt zufriedene Naturen. Sie leben im Einklang mit sich und der Welt. Viele von ihnen haben sich ein solches Leben erobert. Sie haben ihr zufriedenes Dasein eingeübt. Andere sind noch auf der Suche nach Glück. Den inneren Frieden werden wir nicht in der äußeren Welt finden. Und viele Schönheiten warten in der nächsten Umgebung, von uns gefunden zu werden. So können wir die Mitwelt schützen.

6. Juli
Die technische Welt,
die uns umgibt

Teil 1

Wer hat schon jemals untersucht, wie Wortbildungen unser alltägliches Leben prägen und bestimmen? Ohne Zweifel gehen großen Erfindungen Gedanken und Worte voraus. Die Idee wurde in ein Wort gekleidet, um sich der Welt verständlich zu machen. Unsere moderne und technische Welt prägt aber wiederum uns Menschen. Worte wie „Gnade", „Sühne" oder „Sünde" verschwinden. An ihre Stelle treten „Machbarkeit", „Gas geben", „Ein- und Ausschalten", „Zeitplan". Die technische Welt erzieht Menschen zu „entseelten Wesen". Und sind es nicht gerade künstliche Dinge, die uns immer und überall begegnen und begleiten? Wird nicht unsere ganze Welt geprägt und beherrscht von ihnen? Die Wortprägungen des technischen Zeitalters setzen sich in den Seelen fest und beschreiben immer mehr Seelenvorgänge. Die Seele bildet den Übergang zum Geist. Ist dieser Übergang getrübt, dann verliert der Mensch den Anschluss an seinen göttlichen Geist. Indem er nur noch im Leib oder als Leib lebt, verschreibt er sich der Vergänglichkeit.

7. Juli
Die technische Welt,
die uns umgibt

Teil 2

Der Engel des Ausgleichs will uns heilen und führt uns in die Natur. Dort können Bäume den unsichtbaren Teil des Menschenwesens spiegeln. Wurzeln, Stamm und Krone werden dann gleichsam zum Bild für Leib, Seele und Geist des Menschen. Der Mensch spürt bei der Betrachtung des Baums, wie er verwurzelt sein will. Beobachtet er einen Baum im Jahreslauf, erkennt er die Engel hinter den Jahreszeiten. Er braucht diese Naturbeziehung. Besitzt er sie, dann hat er auch einen kräftigen Stamm. Achtung vor dem Leib ermöglicht eine gute Grundlage für Seele und Geist. Und der kräftige Stamm wiederum bildet die Grundlage, um die „Früchte", die guten Taten ernten zu können. Durch Wurzeln bleibt der Baum verankert. Der Mensch braucht eine geistige Heimat. Dann wird sie sich auch um das gesunde Leben des Leibes kümmern. Und dann wird der Geist sich entfalten, er wird sogar anderen Lebewesen Schutz, Heimat und Halt bieten. So wie der Baum den Vögeln die Äste zur Verfügung stellt, damit diese ihre Nester bauen können. Der Baum nimmt durch Wurzeln und Blätter Kräfte auf, Wasser, Mineralien und Licht. So braucht der Mensch Kräfte der Erde, braucht er auch Inspirationen „von oben".

8. Juli
Der Glaube des Menschen

Wie kann der Mensch heute glücklich leben? Der Mensch sucht nach Sinn. Deshalb ist er religiös. In den verschiedenen Religionen finden wir Einsichten und Weisheiten, die uns Sinn und damit Glück vermitteln. Doch der Glaube ist untrennbar verbunden mit der Freiheit des Menschen. Auch die Liebe gibt es nur mit der Freiheit. Und die Liebe lässt uns hoffen. Im christlichen Glauben fasst das „Credo" die wesentlichen Glaubenssätze zusammen. „Credo" bedeutet: „Ich glaube". Wenn ich Menschen begleite, die bei einem Todesfall Abschied von einem lieben Menschen nehmen müssen, die sonst nicht mit der Gemeinschaft der Glaubenden verbunden sind, dann fällt mir immer wieder auf: Sie sehnen sich nach dem Glauben. Sie würden gerne glauben. Doch es wird klar: Der Glaube ist ein Prozess. Nur wer sich längerfristig und verbindlich um eine Beziehung zu den göttlichen Wesen bemüht, der wird diese deutlich wahrnehmen, der gewinnt eine innere Sicherheit, was den Glauben anbetrifft. Er wird dann sozusagen vom Glauben getragen.

9. Juli
Glaube, Liebe, Hoffnung

Ich möchte in diesem Zusammenhang auf eine bewährte Glücksformel hinweisen, die von einem bemerkenswerten Geist stammt. Sie lautet: „Glaube, Liebe, Hoffnung." Nur drei Worte, doch wenn wir länger über sie nachdenken, begreifen wir ihren Wert. Diese Formel kann bewirken, dass wir sinnvoll leben. Ein sinnvolles Leben ermöglicht uns ein gesundes Dasein. Die Formel bewirkt weiter, dass wir gesund denken, fühlen und wollen. Ich schreibe absichtlich „gesund". Es gibt richtiges Denken im Sinne der Logik, das uns vom wahren Leben entfremdet. Wer gesund denkt, der achtet auf seine Gedanken. Er überlegt sich, was er denkt, welche Gedanken ihm guttun und der Welt dienen. Ebenso beherrscht er sein Fühlen und Wollen. Alles, was unserem Dasein Sinn verleiht, hängt mit der Seelenkraft zusammen, die wir „Glauben" nennen. Jeder Mensch, selbst der Atheist, glaubt an etwas. Ohne Hoffnung gehen wir zugrunde. Die Hoffnung lässt uns leben und an eine Zukunft glauben. Und jeder gesunde Mensch weiß: Ohne Liebe kann der Mensch eigentlich nicht wirklich leben.

10. Juli
Vom Wert der Liebe

Die drei göttlichen Tugenden sind miteinander verbunden. In der christlichen Symbolik werden sie mit Kreuz (Glaube), Herz (Liebe) und Anker (Hoffnung) gezeigt. Der christliche Denker Paulus, der die Worte geprägt hat, schreibt weiter: „Für jetzt bleiben Glaube, Hoffnung, Liebe, diese drei; doch am größten unter ihnen ist die Liebe" (1 Kor 13,13). Paulus betont mit Recht die Liebe. Sie macht unser Dasein lebenswert. Höchstes Glück findet der Mensch durch die Liebe. Ich weiß selbstverständlich auch, dass es Liebe fast nie ohne Verletzungen gibt. Keine Rose ohne Dornen! Bereits im Wort „Leidenschaft" verbirgt sich das Wort „Leiden". Es beginnt schon mit der Sehnsucht nach einem Menschen. Doch wer Angst vor Verletzung hat, der wird sich nie ganz auf das Leben einlassen können. Der Mensch will lieben. Erfüllung findet der Mensch gerade in der Liebe und durch die Liebe. Verletzungen gehören zum Leben. Es geht darum, dass wir lernen, mit ihnen umzugehen. Durch die aktive Kraft der Verzeihung lassen wir Erlösung zu. Indem wir immer wieder verzeihen, geschieht Heilung. Das ist nicht immer einfach, ja in manchen Fällen sehr schwierig. Doch letztlich gibt es keine Alternative. Wer nicht verzeiht, der bleibt in seinem Groll. Er schadet sich selbst.

11. Juli
Die Liebe ist der
Endzweck des Universums

Die gelebten Tugenden machen uns zu einer Persönlichkeit, die Menschen heilend berührt. Wer viel geliebt hat und liebt, der wird Menschen mit seiner Kraft erreichen und ihnen Wärme und Freude schenken können. Die Menschen fühlen sich wohl in der Gegenwart von liebenden und wahrhaftigen Menschen. Ich habe oben über die Sinne geschrieben. Der Leser, die Leserin wird bemerkt haben, dass dabei „Glaube" und „Hoffnung" in einen Zusammenhang mit ihnen gebracht worden sind. Bei der Liebe müsste man sagen: Sie wird immer neu durch den Menschen entstehen. Mag er Glaube und Hoffnung mehr oder weniger von der Welt erhalten (haben), die Liebe hat für ihn nur Wert und Bedeutung, wenn er sie im gegenwärtigen Augenblick erfährt oder verschenkt. Der Liebessinn entsteht durch den Menschen selber. Alle Sinne sind wie Flüsse, die in das Meer der Liebe einmünden. Die Liebe ist der Endzweck des Universums.

12. Juli
Das Tempo des gesunden Menschen

Viele von uns sitzen immer wieder in einem Auto. Sei es, wie schon erwähnt, weil sie den Wagen für die Ausübung ihres Berufes brauchen, sei es, weil sie in der Freizeit die Freiheit und die Mobilität schätzen und genießen. In unserer Zeit bewegen wir uns mit einer enormen Geschwindigkeit: im Auto, im Flugzeug, in der Eisenbahn. Ich selber bin oft und gern auch mit dem Fahrrad unterwegs. Das alles sind technische Hilfsmittel. Werde ich dann von einem Raser überholt, denke ich manchmal: „Gut, so magst du fünf Minuten früher zu Hause sein. Hoffentlich kannst du diese Minuten dann auch genießen und sogar sinnvoll verbringen." Ich habe mich auch schon dabei ertappt, dass ich mir eingebildet habe: „Vor wem oder was flüchtet er?" Menschen können auch in den Lärm flüchten. Die äußere Umgebung ist heute an vielen Orten erfüllt von Lärm. Und in diesem Lärm gelingt es unserer Seele kaum, die Stille wirklich zu erfahren. Im Urlaub in den Bergen oder am Meer, in den frühen Morgenstunden, wenn die letzte Disco geschlossen worden ist, atmet die Seele in der Stille auf. Viele spüren dann, wie gut sie ihnen täte. Doch im Alltag geht diese Empfindung bald wieder verloren, es sei denn, man würde sich bewusst solche Zeiten reservieren und entsprechende Orte aufsuchen.

13. Juli
Vom Wert einer Gemeinschaft

„Unruhig ist mein Herz, bis es ruht in dir, o Herr." Die Worte stammen vom christlichen Denker Augustinus, der in der katholischen Kirche als Heiliger verehrt wird. Es ist die innere Sehnsucht des Menschen nach einer Verbindung mit einem höheren Ganzen, das in den Religionen als Wesen, als Gott beschrieben wird. Religion bedeutet „Zurückverbindung". Wenn wir Menschen kein Produkt des Zufalls sind, was heute kein vernünftiger Mensch bei längerem Nachdenken glauben kann, dann sind wir geschaffene Wesen. Dann verlangen wir im tiefsten Wesen nach dem Wesen, das uns das Leben geschenkt hat. Und wie der körperliche Mensch wenigstens zu Beginn seines Daseins auf seine Mutter oder einfach auf einen Menschen angewiesen ist, so verlangt der Geist des Menschen nach dem All-Geist, nach Gott. Ich wage aus meiner Erfahrung heraus zu behaupten: Kein Atheist wird jemals das wahre Glück finden, weil er sich selbst nicht richtig erkennen kann.

14. Juli
Die erlöste Gemeinschaft

Alles hängt mit allem zusammen. Wie wir leben, wie wir denken, was wir über andere sagen, alles hat etwas mit unserem eigenen Wesen zu tun. Was in der Seele des Menschen lebt, zieht ein äußeres Befinden an. Ja, die Seele sucht sich ja oft in der Außenwelt eine zu ihr passende Umgebung. Sucht sie diese äußere Umgebung auch nicht bewusst, sie schafft eine Grundlage, um eine Verbindung mit ihr einzugehen. Ich könnte auch lapidar sagen: Mein Weltbild formt mein Selbst. Und umgekehrt geht mein Selbst eine Verbindung zu dem ein, was eine Verwandtschaft mit meinem Denken und Empfinden hat. Gute Gedanken können mich glücklich machen, schlechte Gedanken werden mich beschweren oder gar zerstören. Ein Mensch, der sich eingebunden fühlt in eine erlöste Gemeinschaft, und so bezeichne ich eine gesunde christliche Gemeinschaft, hat nicht „nur" Menschen um sich, die ihn in seiner Würde und Einmaligkeit achten, sondern er hat sie auch mit sich. Sie vermitteln ihm Glück.

15. Juli
Von der Heilkraft der Gebete

Wenn wir füreinander und miteinander beten, dann bleibt dies nicht ohne Wirkung. Wie oft bezeugen Menschen, dass ihnen das Gebet geholfen hat. Sind wir als moderne Menschen nicht ein wenig zu sehr von uns und unseren Möglichkeiten überzeugt, dass wir meinen, nicht mehr beten zu müssen? In Jahrhunderten haben Menschen gebetet, weil sie um die Kraft der Gebete gewusst haben. Von Gebeten geht eine wirkliche Heilkraft aus. Sie lassen den wirken, der „Heiland" genannt wurde und wird. Nur so sind die unzähligen Spontanheilungen zu erklären. Da geht es nicht um Magie, da geht es darum, dass das heile Wesen Christi die gestörte Verbindung zwischen Leib und Seele aufhebt und korrigiert. Und selbst wenn dies im einen oder anderen Fall nicht (mehr) möglich ist, wird eine Beziehung zu diesem Wesen Kraft, Glück und Harmonie schenken. Dann wird ein Mensch auch mit Einschränkung wahre Freude und Sinn erfahren. Wer lange über Christus meditiert hat, der erkennt: Mit Christus ist der Sinn des Lebens Mensch geworden.

16. Juli
Der gangbare Weg

Jeder Mensch kann durch Christus Sinn erfahren und durch eine Beziehung zu und mit ihm auf eine ganz einzigartige Weise sinnvoll leben und sinnvoll sich einbringen. Wer in der Beziehung zu Christus bleibt, der wird in der dunkelsten Stunde seines Daseins die Gegenwart des Auferstandenen erfahren. Gerade dann wird Christus dem Menschen nah sein können, weil er die Erfahrung dieser Einsamkeit mit uns Menschen geteilt hat und teilt. Wenn er von sich sagt: „Ich bin der Weg", dann bedeutet dies im Zusammenhang mit der Auferstehung, für die wir ja kein anderes Faktum haben, das ihr auch nur annähernd entspricht, doch gerade: Wege können zuwachsen, man denke an Waldwege, wenn sie nicht mehr beschritten werden. Durch die Auferstehung „beschreitet Christus gleichsam beständig den Weg des Menschen" und ermöglicht diesem, dass er den Weg selber gehen kann, dass dieser Weg offen bleibt und ihn zum Ziel führt.

17. Juli
Zur Ruhe kommen

Ein von Christus berührter Mensch wird niemals resignieren und will nicht stehenbleiben, weil sein Herz unruhig ist. Betrachten wir dazu ein Labyrinth. Es gibt bekanntlich zwei Arten von Labyrinthen: solche, die uns durch regelmäßige Richtungsänderungen zum Ziel führen, andere, die uns in Sackgassen führen und uns beschwerlich den rechten Weg suchen lassen. In vielen christlichen Gemeinschaften werden heute solche angeboten, die uns auf direktem Weg zum Ziel führen und uns gleichzeitig beim Begehen die Möglichkeit schenken, zur Ruhe zu kommen. Indem wir also den Weg weitergehen, finden wir gleichzeitig zur Besinnung. Wir lernen vertrauen, dass uns der Weg führt, dass wir auf dem rechten Weg sind. Der Christ glaubt, dass er einen Weg geht, der ihn zum wahren Ziel führt. Er geht seinen Weg in der Gewissheit, dass er von Christus, dem Seelenführer, begleitet wird. Man kann ein solches Labyrinth beschreiten und dabei denken, dass man von Christus beständig geführt wird.

18. Juli
Von spirituellen Weisheiten profitieren

Der spirituelle Mensch schöpft aus den Weisheiten und den Einsichten der weisen und großen Denker, die einen Weg nach innen gegangen sind. Er bleibt durch Meditation und Gebet mit der göttlichen Führung verbunden, die es ihm ermöglicht, mit Sinn und Hoffnung zu leben. Der spirituelle Mensch findet wahres Glück und lebt mit tiefer Freude. Der spirituelle Mensch schaut sich gelassen und mit Heiterkeit am Morgen im Spiegel in die Augen und lacht sich selber an. Er besinnt sich auf die vielen Erfahrungen, die ihm das Leben ermöglicht hat. Und er besinnt sich sofort auf die schönen Seiten im Leben. Er kann dies, weil er jeder Zeit den besonderen Wert abgewinnt. Das bedeutet: Er kann in der Gegenwart leben. Er ist aufmerksam für den jeweiligen Augenblick im Vertrauen, dass er nie allein ist. Er macht sich niemals „Sorgen auf Vorrat", was bedeutet: Er lässt negative Gedanken immer wieder los oder ersetzt sie durch positive Assoziationen.

19. Juli
Unsere Sehnsucht

Unruhig ist mein Herz, weil ich mich beständig nach Gott sehne. Ich brauche regelmäßig Zeiten der Stille, durch die ich die Gegenwart Gottes erfahre. Indem ich mich auf sein Dasein besinne, kann er sich mir erst mitteilen. In einer Radiosendung habe ich in diesem Zusammenhang einmal über das sogenannte „stille Gebet" gesprochen. Darauf rief ein Mann an und sagte, er fände keine Zeit dafür. Er war auch der Meinung, dass er Gott noch nie erfahren habe. Selbstverständlich gibt es verschiedene Methoden, das Gebet zu pflegen, die Beziehung zu Gott zu vertiefen. Doch liegen heute viele Erfahrungen vor, dass dieser gerade in der Stille, in der bewussten Meditation erfahren wird. Für mich ist es deshalb auch Gnade, dass ich eine Beziehung zu Christus pflegen darf. Er ist für mich gleichsam die Brücke zu Gott, dem Vater. Der Heiland schenkt mir Heil für Leib und Seele. Er hat eine gesunde Spiritualität gelebt und verkündet. Sein Wirken war in völliger Harmonie mit seinem Handeln. Seine Spiritualität macht uns glücklich!

20. Juli
Begleitengel

Betrachten wir einmal Menschen, die in einer Beziehung mit ihren Begleit- oder Schutzwesen (Engeln) leben. Die Vorstellung, dass wir Menschen, jeder und jede von uns, durch solche Wesen begleitet werden, schenkt uns nicht „nur" Vertrauen, sondern auch Würde! Denn diese Engel begleiten uns. Unser Denken und Handeln muss für sie wie Licht und Schatten sein. Positive Gedanken, positive Gefühle und Handlungen (aus Liebe) sind geistige Lichtstrahlen. Begegne ich einem Menschen, begegne ich auch seinen Engeln. Sie sehen mich fragend an und stellen mir gleichsam die Frage: „Was tust du mit dem menschlichen Wesen, das uns anvertraut worden ist?" Oder auch: „Wie behandelst du dieses Menschenkind?" Umgekehrt würde in dieser Vorstellung das Licht vergehen, würde es dunkel im seelischen Bereich, wenn ich einen Menschen verachte oder ihm gar Schaden zufüge. Meine Begleitengel würden Dunkelheit und Traurigkeit verspüren.

21. Juli
Vom Segen des tätigen Menschen

Von Menschen, die in ihrem Leben nicht stehen geblieben sind, die sich immer wieder neu den Herausforderungen gestellt haben, geht eine Kraft aus, die wir in vielen Fällen als „heitere Leichtigkeit" bezeichnen. Sie haben eine Reife erlangt, die sich uns als eine in sich ruhende Persönlichkeit zeigt. Gerade bei älteren Menschen erfahren wir Reife, die mit einer inneren Freiheit verwandt ist. Man spürt bei solchen Menschen: Sie haben ihren Auftrag erfüllt. Sie haben sich diese Freiheit durch ein Leben der Hingabe und der Mitgestaltung der Welt erobert. Wir erleben sie als Wesen, welche uns mit Ruhe und Befriedigung berühren. Wir lernen, dass wir diese selber erlangen, indem wir unsere Pflichten erfüllen. Warum überzeugen uns diese Menschen? Die Frucht ihres Lebens hat sie zur folgenden Einsicht geführt: Sie haben erkannt, dass sie immer noch mehr lieben können und wollen. Der spirituelle Mensch will immer mehr lieben; seine Liebe erweitert sich, weitet sich aus auf alle Wesen, weil er sich ja kontinuierlich öffnet für die göttliche Liebe, die in sein Wesen einströmt.

22. Juli
Mit Gelassenheit
die Zukunft annehmen

Zudem erkennen wir bei solchen Menschen eine geistige Wachheit und Beweglichkeit, die sie sich erhalten haben. Man hat einmal den Kabarettisten Willy Millowitsch gefragt, warum er im hohen Alter noch so viel arbeite. Er soll darauf die Antwort gegeben haben: „Arbeite ich, ist meine Kopf-Telefonzentrale besetzt. Höre ich auf zu arbeiten, rufen alle Organe an, um mir mitzuteilen, dass etwas nicht richtig funktioniert." Geistiges Wachsein verbunden mit einer dem Alter entsprechenden Tätigkeit kann Gesundheit bedeuten! Schließlich werden Menschen leichter Abschied nehmen, wenn sie in ihrem Leben ihren Auftrag erfüllt haben. Wer bewusst lebt, wer dankbar ist, der kann mit Gelassenheit in die Zukunft blicken. Ein alter Mann hat mir beim Tod seiner Frau gesagt: „Wir hatten es lange gut. Wir wussten, dass der Tod einmal kommt." Die beiden Menschen haben ihr Zusammensein bewusst gelebt, sich geschätzt und waren dankbar. So werden sie befähigt, die Phase der (vorübergehenden) Trennung zu bewältigen.

23. Juli
Der Erde treu bleiben

Der spirituelle Mensch bleibt der Erde treu. Er flüchtet nicht aus dieser Welt, weil er diese durchdrungen weiß von einer geistigen Wirklichkeit. Der Materialist ist es, der vor dieser wahren Wirklichkeit und damit vor der ganzen Wahrheit flieht. Eine gesunde Spiritualität macht den Menschen tüchtig und bewirkt, dass der Mensch hier auf Erden Verantwortung übernimmt und seine Pflichten treu erfüllt. Er kann dies, weil er eine Inspirationsquelle hat. Deshalb bleibt er in keinem Alter stehen. Selbst wenn es einer von uns so weit gebracht hat, dass er den inneren Frieden gefunden hat, dass er in vollkommener Harmonie mit sich und der Welt leben kann, dann bleiben ihm die Herausforderung und die Aufgabe, diese Befindlichkeit auch den anderen Menschen zu ermöglichen. Gerade der Mensch, der sich selbst gefunden hat, findet damit die Einsicht, dass er anderen Menschen zum Frieden, zum Glück, zur Wahrheit, zur Liebe und zur Freiheit verhelfen möchte. Er findet sich selbst gerade in diesem Tun! Möglichkeiten, den Menschen so zu helfen, gibt es immer, findet der Mensch immer, wenn er wirklich sucht und will! Und im innersten Wesen will der Mensch, dass es auch seinen Mitmenschen gut geht.

24. Juli
Christophorus

Jeder Mensch sucht sich selbst. Diese tiefe und mystische Erfahrung zeigt, wie wenig der Mensch von sich weiß. Auf vielen Christophorus-Darstellungen wird dieser mit einer Weltkugel gezeigt. Jedes Wesen bleibt mit der Welt verbunden. Der gesunde und heile Mensch will äußerlich und innerlich in Bewegung bleiben, indem er die Welt versteht, nach Wahrheit sucht. Dieses Suchen des Menschen geht Hand in Hand mit der Suche nach seinem wahren Selbst. Wer diese Suche abbricht, der bricht den Kontakt zum eigentlichen Leben und damit zu seiner Bestimmung ab. Finden kann sich der, der immer neue Möglichkeiten sucht, sich zu entdecken. Das gelingt durch kontinuierliche Selbstbeobachtung und durch Offenheit für Rückmeldungen, die andere einem geben. Verantwortung hat mit einer Gesinnung zu tun, die Menschen offenbaren, die ohne Zögern ja zu einer Aufgabe sagen. Sie blicken nicht zurück, fragen nicht, ob und welche Vorteile das ihnen bringt. Sie tun das, was getan werden muss. Am Ende haben sie mehr als andere. Der Minimalist aber fällt in die Egoistenfalle und verdirbt.

25. Juli
Abschiede

Zum Leben gehören immer auch Abschiede. Wer spirituell lebt, der kann mit ihnen umgehen. In der katholischen Kirche gibt es ein Fest, Mariä Himmelfahrt, das Mitte August gefeiert wird. In dieser Zeit stellen wir in unserer Gegend oft fest, wie sich der kommende Herbst ankündigt, mit dem wir Abschied vom Sommer nehmen müssen. Nicht selten fallen die ersten Blätter von den Bäumen. Was für eine Verheißung: Noch bevor wir im November der Toten gedenken, den eigenen Tod in Erinnerung rufen, wird uns die Offenbarung angeboten, dass auch wir wie Maria „in den Himmel" aufgenommen werden. Mit diesem Himmel ist unsere wahre Heimat gemeint: das Leben in Fülle, die Erfahrung der göttlichen Liebe und der tiefsten Geborgenheit. Bekannt ist die kleine Geschichte, der zufolge ein Gast in einem Kloster übernachten darf und die Zelle eines Bruders sieht, die fast keine Gegenstände enthält. Erstaunt sagt der Gast zum Bruder: „Sie haben aber nicht viel …" Der Bruder sieht den Rucksack des Gastes und antwortet ihm: „Sie auch nicht." Darauf meint der Gast: „Ich bin ja auch auf der Durchreise." „Ich auch", meint der Bruder.

26. Juli
Die geistige Heimat

Vielen Lesern und Leserinnen des bekannten Buches *Der kleine Prinz* von Antoine de Saint-Exupéry wird aufgefallen sein, dass das Gespräch des Prinzen mit der Blume auf der Erde stattfindet. Eine Karawane zieht vorüber. Die Blume meint dazu, dass es ein Übel sei, dass die Menschen keine Wurzeln haben. Entscheidend ist der Faktor, dass die Szene auf der Erde spielt. Die Aussage wird durch das Bild der Wüste verstärkt. Hier auf Erden sind wir bis zu einem Grad entwurzelt und heimatlos. Viele von uns sehnen sich zwar nach einem vertrauten Ort, wo sie sein dürfen, wo sie Geborgenheit erfahren. Doch immer wieder spüren wir, dass uns dieser Ort doch nicht ganz genügt. Man könnte auch sagen: Der wahre und geistige Mensch in uns will „mit der Karawane weiterziehen". Das meint nicht, dass der Mensch keine irdische Heimat haben darf. Aber er braucht besonders eine geistige Heimat. Spirituell formuliert: Wenn ich mich täglich durch Gebet und Meditation von Gott berühren lasse, habe ich eine geistige Heimat. Er berührt und umarmt uns durch das Leben.

27. Juli
Das Leben weitergeben

Teil 1

Es gibt eine Verbindung zwischen dem (heute oft oberflächlichen) Wunsch des materialistischen Menschen, sich selbst zu verwirklichen, und dem unbewussten Verhalten, den Tod zu verdrängen. Tod und Leben hängen miteinander zusammen. Mit jedem Atemzug kommen wir unserem Tod näher. Früher war es für eine Frau lebensgefährlich, ein Kind oder Kinder zu gebären. Bei aller Problematik, welche aus der sogenannten „Bevölkerungsexplosion" resultiert, ist der Mensch darauf angelegt, das Leben weiterzugeben. Die künstlichen Verhütungsmittel sind bei genauer Betrachtung ein Zeichen der Kultur des Todes. Sie scheinen Menschen ein Leben in Freiheit zu ermöglichen, doch welchen Gehalt hat diese Freiheit? Sehnt sich der ehrliche und ganzheitlich lebende Mensch nicht danach, in einem Kind oder in Kindern seine Zukunft zu sehen? Ist nicht der Vater, die Mutter in uns veranlagt? Empfinden wir nicht tiefe Befriedigung, wenn wir Menschen ins Leben begleiten?

28. Juli
Das Leben weitergeben

Teil 2

Ein Mensch, der eigene Kinder ablehnt, um Zeit für sich selbst zu haben, kann sich täuschen. Er findet das wahre Selbst nur durch die Welt, in Hingabe an die Welt. Spätestens an der Todesschwelle wird sich der Mensch fragen: Was habe ich aus meinem Leben gemacht? Was bleibt davon übrig? Habe ich nur für mich selbst gelebt? Ehrliche Menschen stellen sich diese Fragen aber schon in jeder Phase des Lebens. Solche Fragen zeigen die Würde unseres Menschseins auf. Im Neuen Testament, dem Heiligen Buch der Christen, gibt es am Ende die Geheime Offenbarung. In dieser Urkunde geht es um ein Tier, das die Frau und das Kind bedroht. Gemeint ist, dass das göttliche Kind, der göttliche Kern in uns beständig bedroht ist. Das Tier in der Apokalypse ist das Tierische in uns. Es verhindert, dass der freie Geist sich entfalten kann. Wir sind dort Menschen, wo wir Kräfte hingeben, wo wir uns kreativ verwirklichen, wo wir aus Freiheit die Welt veredeln und mitgestalten, in den sozialen Handlungen. Der wahre Mensch sucht die Wahrheit und lebt in der Wahrheit.

29. Juli
Der Tod und die Liebe

Teil 1

Liebe und Tod sind wohl die stärksten Erfahrungen, die wir Menschen haben. In der Eucharistie muss ich immer wieder beim Gedächtnis des Todes und der Auferstehung Christi, bei der Hingabe seines Leibes auch an meine verstorbene Mutter denken. Oft habe ich mich gefragt, ob ich ihr auch oft genug gesagt habe, wie sehr ich sie liebe. Viele Menschen, die von einem lieben Angehörigen Abschied nehmen (mussten), werden vermutlich ähnlich empfinden. Was für ein tröstlicher Gedanke ist mir da einmal geschenkt worden: Christus wird es ihr jetzt sagen! Seine Liebe ist so stark, dass sie meine Liebe zur Mutter fortsetzt und noch weit übersteigt. In seiner Liebe wird sie meine Liebe spüren. Deshalb überdauert die Liebe den Tod. Dies verdanken wir Christus, dem Wesen der Liebe. Im Sanctus, im Lobpreis der gottesdienstlichen Handlung, verbinden wir uns mit den Engeln. Wir vertrauen, dass sie unsere Gebete vor Gott tragen. Die Engel werden unsere Liebe zu den Verstorbenen tragen.

30. Juli
Der Tod und die Liebe

Teil 2

Lesen wir die Bibel, gerade das Neue Testament, so erfahren wir, wie Engel bei den wichtigsten Stationen helfen: Bei Geburt (Verkündigung) und Tod (Kreuzigung) waren Engel zugegen. Sie schützen unser Kommen und unser Gehen. So hat ein Engel Jesus vor seinem Kreuzweg gestärkt. Wir dürfen vertrauen, dass der helfende Engel bei uns ist, wenn wir in Not geraten. Jemand hat einmal gesagt, der Tod sei eine Beleidigung für die Liebe. Auf jeden Fall wünschen sich Menschen, die sich lieben, ein Zusammensein für die Ewigkeit. So stark kann dieses Gefühl sein! Meine Mutter ist gestorben. Genau nach sieben Jahren hätten wir ihren 70. Geburtstag feiern können. Ich war sehr traurig. Und dann geschah es: Exakt sieben Jahre nach ihrem Tod kam mir „zufällig" wieder ein Brief von ihr in die Hände und ich las, dass sie immer mit mir verbunden bleibt. Man kann sich vorstellen, dass dies mir so vorkam, als würde meine Mutter zu mir sagen: „Ich bin mit dir weiterhin verbunden." Selbstverständlich schrieb sie im Brief auch, wie sehr sie mich liebt. Es war für mich, als hätte meine geistige Führung oder meine verstorbene Mutter mich zu diesem Brief geführt, um mich so zu trösten.

31. Juli
Das Erwachen des
spirituellen Bewusstseins

Wenn es wahr ist, dass es Gott und die geistige Wirklichkeit gibt, und vieles spricht für ein gesundes und vernünftiges Denken und Empfinden dafür, viel mehr, als dagegen spricht, dann sind die sittlichen Ideale hier zwar bloß Abbilder, doch in der geistigen Welt sind sie Wirklichkeiten! Oder anders gesagt: Sie sind gleichsam „die Luft, die unser geistiges Wesen atmen lässt". Somit sind sie Lebensnotwendigkeiten, wahres Leben. Je moralischer und sittlicher wir leben, je mehr wir selbstlos lieben und handeln, desto mehr fühlen wir unsere wahre Heimat, desto stärker fühlen wir uns geborgen. Spirituelle Menschen leben in Beziehung mit der geistigen Führung und mit den Verstorbenen. Mag das alles für Menschen, die sich dieser Ebene nicht öffnen können oder wollen, abenteuerlich klingen. Millionen Menschen haben diese Wirklichkeit erfahren und erfahren sie noch heute. Gerade in unserer Zeit macht sich vielerorts ein Erwachen des spirituellen Bewusstseins bemerkbar.

1. August
Vom Glauben zum Schauen

In der christlichen Tradition gibt es ein Gebet, Gott möge uns vom Glauben zum Schauen führen. Es gibt ja auch das Wort „Beschaulichkeit", darin zeigt sich uns das Wort „schauen". Beschaulichkeit meint Andacht. Sie setzt ein bewusstes Innehalten voraus. Indem wir beten, uns an Gott wenden, wenden wir uns immer dem Ganzen zu. Denn Gott ist in allem, alles ist in Gott. Ein echtes Gebet bleibt nicht im egoistischen Wünschen stecken. Hier brauchen wir Bescheidenheit oder Demut. Keiner würde ja als Gast in einem fremden Haus nur Forderungen stellen. Versuchen wir so zu beten, dass wir uns für die umfassende Wirklichkeit und die ganze Wahrheit öffnen. Eine gute Möglichkeit ist das Vaterunser. Solche Worte, bewusst gebetet, lassen das Göttliche in uns erkennen. In dieser Andacht, verbunden mit der Stille und dem Bewusstsein der Gegenwart Gottes, beginnen wir mit dem Herzen zu schauen, wird Gott bis zu einem gewissen Grad erfahrbar und „greifbar", auch wenn er letztlich der Unbegreifbare bleibt.

2. August
Wahre Beziehungen

Teil 1

Liebe ist doch letztlich Interesse am anderen Menschen. Deswegen muss es nicht überraschen, wenn ich meine: Ehrfurcht schenkt wahre Liebe. Warum? Nur was ich verehre, kann ich dauerhaft lieben. Alles andere fällt einmal von mir ab, weil ich das Interesse daran verliere. Auch wer Gott nicht mehr verehrt, liebt ihn nicht mehr, spürt ihn nicht mehr. Umgekehrt bedeutet Gott lieben ihn verehren. Ehrfurcht heißt: das Geheimnis achten. Jeder Mensch ist und bleibt ein Geheimnis. Ich kann nie alles über ihn wissen. Ich kann ihn nie im absoluten Sinne verstehen. Denn er ist ein freies Wesen. Somit entscheidet er bis zu einem gewissen Grad selbstständig. Ehrfurcht meint auch, dass ich diese seine Freiheit achte. Ich tue dies im Bewusstsein, dass der andere Mensch eine Tiefe besitzt, die mir immer ein wenig unbekannt bleibt. Eine Tiefe, die nur er hat, die der Welt etwas geben kann, das kein anderes Wesen vermag. Indem wir Gott im Christentum als Trinität, als Vater, Sohn und Heiligen Geist verehren, kommt eine Beziehung zum Vorschein. Somit ist jedes Wesen auf Beziehung hin geschaffen.

3. August
Wahre Beziehungen

Teil 2

Alles wahre Leben ist Begegnung. Am Anfang einer großen Liebe steht oft eine scheinbar zufällige Begegnung. Könnte es nicht sein, dass unsere Begleitengel uns die Idee eingaben, einen Umweg zu gehen, einen bestimmten Weg zu gehen, um so einem Menschen das erste Mal zu begegnen? Im Nachhinein staunen verliebte Menschen und haben nicht selten den Eindruck: Eine höhere Macht hat uns zusammengeführt. Begegnungen sind in einigen Fällen die Bedingung oder Grundlage für eine Beziehung. Ein Mensch mit Beziehungen wird herausgefordert. Das Zusammenleben ist nicht immer einfach; unterschiedliche Ansichten und Bedürfnisse prallen aufeinander. Ist es möglich, dass unsere Begleitengel uns so wachsen und reifen lassen? Indem wir Verantwortung für das gemeinsame Leben bejahen und übernehmen, kommen wir dem Wirken der Engel näher. Diese würden uns sogar eine Art „Metakommunikation" ermöglichen, was bedeutet: Indem wir uns an die Begleitengel wenden, horchen wir noch stärker auf das, was der andere Mensch uns sagen kann und sagen will.

4. August
Es liegt in Ihrer Hand!

In ganz vielen Fällen kann der Mensch mehr aus seinem Leben machen, wenn er Trägheit abstreift und ein Ziel oder sogar Ziele anvisiert. Durch eine rhythmische Lebensführung, die für Ausgleich sorgt, durch gesunde Ernährung und eine bewusste Gestaltung der Freizeit hat er eine solide Grundlage. Hinzu kommen alle spirituellen Hinweise dieses Buches. Sie verhelfen dazu, dass wir innerlich und äußerlich in Bewegung bleiben und nach Sinn und Freude streben. Dabei hilft uns das einfache, aber tiefe und wahre Wort von Christus: „Wer sucht, der findet" (Mt 7,8). Das ist keine billige Vertröstung und kein Versprechen, das ist wiederum ein Lebensgesetz. Die Suche des Menschen führt ihn zur Wahrheit. Oft ist der Weg beschwerlich, doch wer nicht aufgibt, empfängt als Frucht den Glauben an sich selbst. Gott kommt uns gleichsam entgegen. Dieser „Geist" ist es, der in unsere Wesen Offenheit und Interesse gelegt hat, mit denen wir Begeisterung erfahren, die wir aber auch verkümmern lassen, wenn wir nicht wach bleiben.

5. August
An sich glauben

Glauben wir an Gott, pflegen wir bewusst eine ganzheitliche Spiritualität, erfahren wir immer mehr, dass er an uns glaubt! So lernen wir, an uns selbst zu glauben, und ermöglichen uns neue Wege und neue Erfahrungen. Glaube hat wie Liebe etwas mit Freiheit zu tun. Gott zieht sich zurück, um uns die Freiheit zu ermöglichen. Doch entscheiden wir uns für die Wahrheit, erwacht das Göttliche in uns, erkennen wir uns selbst. Es liegt an uns. Dabei fällt mir die kleine Geschichte mit dem Vogel ein. Ein Schüler wollte einmal seinen Meister auf die Probe stellen. Er hielt in seinen beiden Händen einen kleinen Vogel versteckt: „Meister, in meinen Händen habe ich einen Vogel. Sag mir: Ist er tot oder lebt er?" Der Meister verstand die Absicht des Schülers. Hätte er ihm zur Antwort gegeben: „Er lebt", dann hätte der Schüler ihn zerdrückt und gesagt: „Nein, er ist tot!" Hätte der Meister gesagt: „Er ist tot", dann hätte der Schüler ihn fliegen lassen. Der Meister gab die richtige Antwort: „Es liegt in deiner Hand!" Es liegt in unserer Hand, was wir aus unserem Leben machen, ob wir dem Leben und den Menschen, ja allen Kreaturen dienen oder nicht.

6. August
Wem wir das
wahre Glück verdanken

Es ist interessant: Je mehr sich die Menschen vom Glauben verabschieden, desto mehr Probleme haben sie. Unsicherheiten, Ängste, Maßlosigkeit, Konkurrenzkampf, Leistung bis zum Burnout, Gier tauchen auf. Der religiöse Mensch wird belächelt, als „Weichei" angesehen, aber dem Lächelnden vergeht sein (letztlich doch nicht echtes) Lächeln bald. Welche Alternative hat er? Keine. Wer heute wahres Glück sucht, kommt an Christus nicht vorbei. Alles andere wäre meines Erachtens unseriös. Ich darf sagen, dass ich glücklich bin. Dieses Glück verdanke ich in erster Linie Christus. Kann es sein, dass Christus, „der glücklichste Mensch, der jemals über die Erde gegangen ist", so eine Aussage über ihn, auch uns zu glücklichen Menschen machen kann? Denn die Freundschaft mit Christus ist eine wirkliche Beziehung. Er öffnet mir die Augen für seine Gegenwart. Er geht neben mir. Er wirkt als Helfer, Rater und Heiler. Das kann jeder erfahren, der seine Gemeinschaft sucht. Ja, ich glaube, hier liegt der Ort, der uns Geborgenheit schenkt.

7. August
Im Hier und Jetzt

Der gesunde Mensch lebt im Hier und Jetzt, ohne seine ewige Heimat ganz zu vergessen. Denn der wahre Mensch ist ewig und geistig. Und dieser Mensch ist und bleibt mit Gott verbunden. In der christlichen Religion sprechen Menschen von Christus, der uns mit Gott verbindet. Ich muss mit ihm in einer Beziehung bleiben, will ich seine Nähe und Hilfe spüren. Es ist wie bei den Beziehungen mit Menschen: Wenn ich sie lange nicht mehr sehe, nichts mehr von ihnen höre, dann zerbricht die Beziehung, geht die Verbindung verloren. Denke ich mindestens einmal pro Tag an Christus, rede ich mit ihm, das heißt, bete ich, dann werde ich seine konkrete Wirkung für mich erfahren. Ein Bild für Christus war für die frühen Christen der Anker. Ich stelle mir vor, wie ein Anker mich festhält. Ich bin standhaft und ruhig. Ich lasse in Gedanken für einige Minuten den Anker hinunter. Ich bin mit der Erde verbunden. Aus der Erde strömt durch die Verbindung mit dem Anker Kraft in mein Wesen. Nach dieser Übung ziehe ich den Anker hoch und komme in der Welt an.

8. August
Für den Alltag

Ich darf vertrauen: Immer werde ich begleitet und bin behütet. Nichts geschieht ohne Sinn. Nie bin ich allein. Ich bin unter dem Segen der göttlichen Mächte. Alles wird gut. Ich bin dankbar. Ich bin zufrieden. Ich finde Freude durch den Sinn, den ich suche und finde, der mich Vertrauen einüben lässt und mir Geborgenheit schenkt. Sagen Sie sich täglich: „Ich weiß, dass ich geliebt werde." Denn wenn Sie es sich sagen, dann wissen Sie es. Und wenn Sie es wissen, dann spüren Sie es. Und wenn Sie spüren, wie Sie geliebt werden, dann werden Sie selber lieben. Wer liebt, der wird immer mehr geliebt. Wer geliebt wird, der erfährt Freude. Sie erkennen die Liebe, wenn Menschen Ihnen in die Augen blicken. In Liebe sehen Sie ihnen in die Augen. Oft blicken Menschen heute „aneinander vorbei". Das Auge ist doch das Organ der Selbstlosigkeit. Nutzen wir es in diesem Sinne, dann dient es uns zur Menschwerdung! Jede Begegnung mit einem Menschen kann ein Fest sein. Engel werden in der Kunst oft mit vielen Augen dargestellt. Sie helfen uns, das Wunder des Lebens zu sehen. Sie fordern uns auf, einander in die Augen zu sehen. Dieses Wunder erleben wir oft in alltäglichen Begegnungen, die uns bereichern.

Gelassen bleiben

9. August
Gelassen durchs Leben gehen

Letztlich ist es unsere Entscheidung, ob wir gelassen durchs Leben ziehen oder nicht. Unser Glücksempfinden hängt zu ungefähr neunzig Prozent von unserer Wahrnehmung ab, also nicht von den äußeren Faktoren. So erstaunt es nicht, dass viele Menschen mit wenig Wohlstand oft glücklicher sind. Es ist unsere Sicht, es sind unsere Gedanken, die uns den Blick auf das Schöne im Leben versperren, die uns vom Glück abhalten. Wir sehen die Welt letztlich so, wie wir sie sehen wollen! Wir sind für unsere Gedanken selber verantwortlich. Und sie steuern unser Leben und vor allem unser Wohlbefinden. Wer von uns möchte nicht mit heiterer Gelassenheit leben? In vielen Fällen stehen hinter den Wünschen verborgene Sehnsüchte. Vielleicht sind viele Menschen in den wohlhabenden Industrienationen nicht ganz glücklich, weil sie zu viel haben. Das klingt paradox, entspricht aber einer simplen Wahrheit: Wer keine Wünsche und Sehnsüchte mehr hat, trocknet innerlich aus, stirbt ab.

10. August
Von Lebensmeistern lernen

Meine Seele ist die Verbindung zur Welt. Sie stellt (oft unbewusst) die Fragen: Wer bin ich? Was will ich? Sie sucht ihre Stellung in der Welt. Man könnte auch sagen: Wir alle suchen das gute Leben, suchen Sinn und Glück. Oft weiß meine Seele nicht, wie sie fragen soll, um die richtige Antwort auf das zu erhalten, was sie sich im tiefsten Wesen wünscht. Sie ist deswegen vom Verlangen erfüllt, die richtige Frage zu stellen, um die richtige Antwort zu erhalten. Wir suchen nach Weisheiten und nach Menschen, die uns Glück und Gelassenheit vermitteln können. Vor langer Zeit hat einmal ein Schüler Buddha aufgesucht und ihm die Frage gestellt: „Was ist die wichtigste Frage und welche ist die beste Antwort darauf?" Buddha soll ihm darauf geantwortet haben: „Die wichtigste Frage ist die, die du mir jetzt stellst, und die beste Antwort ist die, die ich dir gerade gebe." Das bedeutet: Seien Sie ganz bei sich, im Jetzt und im Hier! Vertrauen Sie der Gegenwart! Und auch: Seien Sie offen für die Antwort, die Ihnen das Leben schenkt!

11. August
Den Augenblick annehmen
und das Schicksal bejahen

Wahre Freiheit erfährt der Mensch, wenn es seinen Mitmenschen gutgeht. Die Seele des Menschen sehnt sich nach neuen Erfahrungen, nach tragfähigen Beziehungen und vor allem nach Liebe. Wenn ich den geliebten Menschen nicht mehr suche, dann habe ich ihn bereits verloren. Wer unter Freiheit „Unverbindlichkeit" versteht, der verliert seine Wurzeln. Ohne Wurzeln lässt sich nicht gut leben. Wir können die wesentlichen Dinge im Leben niemals besitzen: Sie und ich können das Meer, den Sonnenuntergang, die Liebe, die Freundschaft, das Lächeln nicht kaufen … Aber Sie können es dankbar genießen. Und wenn Sie lieben, ein Lächeln verschenken, etwas Gutes tun, werden Sie immer etwas zurückbekommen. Wenn Sie den gegenwärtigen Augenblick nicht bejahen, nehmen Sie Ihr Schicksal nicht an. Wenn Sie Ihr Schicksal nicht annehmen, finden Sie keine Lebensfreude. Sie sind im inneren Kampf mit der Mitwelt und mit sich selbst.

12. August
Das falsche Sicherheitsdenken loslassen

Das Leben ist zu kurz, um nicht im gegenwärtigen Augenblick zu leben. Doch viele von uns sorgen sich um die Zukunft oder verklären die Vergangenheit. Mit ihren Sorgen werden sie weder die vergangene Zeit noch die zukünftige Zeit verändern. Es ist die einzige wahre Pflicht, dass wir – ganz wach und offen – im gegenwärtigen Augenblick leben, dann erkennen wir erst den richtigen Zeitpunkt für eine Veränderung. Wir müssen sie nicht erzwingen, sie lässt sich nicht erzwingen. Vertrauen wir dem Leben! Es gibt uns zum richtigen Zeitpunkt das, was wir brauchen. Jeder Wunsch hat etwas mit unserem Wesen zu tun. Doch muss es nicht unbedingt gut sein, wenn jeder Wunsch in Erfüllung geht. Wenn wir den Mut aufbringen, unsere Angst, unsere Zweifel, unser Sicherheitsdenken loszulassen, spüren wir, dass wir vom Leben getragen werden. Wichtig allein ist das Vertrauen ins Leben. Das Leben will und kann uns immer mehr geben, als wir uns erhoffen oder erträumen. Durch Offenheit und Loslassen kommen wir der wunderbaren Vielfalt und Einfachheit des Lebens näher. Wir leben dann mit allen Sinnen, wir sind weder belastet noch eingeschränkt von Dingen.

13. August
Das gesunde Maß

Viele machen sich Sorgen um die Zukunft. Sie grübeln nach, vergessen dabei, im gegenwärtigen Augenblick das Leben zu genießen. Im Buch der Sprichwörter, in der Bibel, lesen wir eine fast dreitausend Jahre alte Weisheit. Dort bittet ein Mann namens Agur, Gott möge ihm nicht zu viel und nicht zu wenig geben (Spr 30,8). Er sieht die Gefahren der Armut und des Reichtums. Der moderne Mensch vermag diese Weisheit zu erkennen, auch wenn er nicht mehr an Gott glaubt: Wer nicht hat, was er zum Leben braucht, der ist unzufrieden und wird unter Umständen krank. Doch wer zu viel hat, muss um seinen Besitz bangen. Er belastet ihn. Er hat Angst, dass er ihn verliert. So lebt der Arme mit Nöten, der Reiche mit Sorgen. Die meisten Glücksforscher stimmen mit den spirituellen Meistern von Ost und West überein, wenn sie zu dem Schluss kommen: Der Weg zum erfüllten Leben und damit zu einem glücklichen Leben fängt im Denken und Danken der Menschen an. Negative Gedanken machen krank. Danken macht glücklich, weil wir dann im Einklang mit uns und der Welt sind. Wir erkennen und anerkennen das Geschenk des Daseins. Wir denken positiv.

14. August
Nicht grübeln, leben!

Der Weg zu mehr Glück und Gelassenheit fängt im Alltag an: Wenn wir aufmerksam leben, können wir uns selber motivieren, die Freude am Dasein einzuüben. Dies gelingt, indem wir uns immer wieder Zeit nehmen, mit allen Sinnen die Mitwelt zu erfahren. Es müssen nicht immer faszinierende Naturschauspiele wie die Nordlichter oder die goldene Sonnenkugel am Abend über dem See sein, es kann auch der Regen sein, der auf das Dach fällt. Hören wir einfach den Tropfen zu und nehmen wir sie als Geschenk, welches der Erde Fruchtbarkeit bringt. Ein solches Hinlenken unserer Aufmerksamkeit ist besonders wichtig, wenn wir merken, dass wir wieder ins Grübeln kommen und über ein Problem nachdenken. Ralph Waldo Emerson hat bereits im 19. Jahrhundert die Stellung des Menschen in der Welt beschrieben: „Nur der Mensch muss immer aufschieben und erinnern. Er allein lebt nicht in der Gegenwart, sondern klagt über die Vergangenheit … oder er stellt sich, der ihn umgebenden Schätze nicht achtend, auf die Zehenspitzen, um die Zukunft zu erspähen. Er kann nicht eher glücklich und stark sein, als bis auch er mit der Natur in der Gegenwart lebt, jenseits der Zeit."

15. August
Lassen Sie sich etwas entgehen!

Es ist unsere Angst, neue Wege zu gehen, etwas zu wagen, einfach loszulassen! Sehr viele von uns sind auf der Suche nach dem ultimativen „Kick", sie sind begierig, die höchste Form der Lust zu erleben. Viele haben Angst, etwas zu verpassen. Dabei können sie nicht mehr auskosten, was sie haben. Deshalb sind die Worte von Eva Zeller sehr treffend: „Lass dir etwas entgehen." Lassen Sie sich immer wieder etwas entgehen, nutzen Sie diese Zeit, um sich zu verstehen und zu erkennen, was Sie geworden sind und noch werden wollen. Haben Sie das geklärt, dann erst können Sie gelassen in der Gegenwart leben. Vor allem ist es wichtig, dass wir uns nicht auf unsere Vergangenheit festnageln. Befreien wir uns aus der Opferrolle. Machen wir uns bewusst, dass Hindernisse uns Reife und Kraft ermöglicht haben. Reife heißt, die Angriffe, Hemmnisse und Widerstände des Lebens richtig einordnen und deuten zu können: Was wollen sie mir sagen? Wie dienen sie letztlich meiner Entwicklung?

16. August
... was in uns steckt!

Denken wir an die Wahrheit, die alle spirituellen Meister gelehrt haben. Der Psychoanalytiker Erich Fromm hat sie in eine zeitgemäße Sprache gekleidet: „Ohne Anstrengung und ohne Bereitschaft, Schmerz und Angst zu durchleben, kann niemand wachsen." Unsere westlichen Wohlstandsgesellschaften mit den Sozialwerken (nichts gegen sie!) haben den Nachteil, dass einige (träge) Menschen keine Ausdauer mehr aufbringen müssen. Andere werden durch Ängste blockiert. Sie können ihren Kräften nicht oder nicht mehr vertrauen. Wenn der westliche Mensch Gott bittet, er möge ihm die Kraft geben, die er braucht, dann besinnt er sich damit schon auf eben diese Kraft. Der östliche Mensch würde es so formulieren: „Was vor uns liegt und was hinter uns liegt, ist unbedeutend verglichen mit dem, was in uns steckt." Es ist ein Irrtum, wenn wir meinen, wir könnten es im Leben dahin bringen, nur noch Glück zu erfahren. Erst schwierige Phasen bilden den Boden, auf dem das Glück gedeihen kann.

17. August
Sich im Alltag bewähren

Wer im Leben kämpfen musste, kann erst die schönen Stunden wahrnehmen und auskosten. Mühsame Situationen und anstrengende Aufgaben sind Herausforderungen, die sehr oft Bedingungen sind, um die Freude des Daseins zu erfahren. Sie machen uns zu dem, was wir sind. Wem alles in den Schoß gelegt wurde, der kann nicht mehr schätzen, was er hat. Dies habe ich in vielen konkreten Fällen erfahren: Menschen, die nie um ihre Position kämpfen mussten, haben ihren guten Job hingeschmissen. Doch wie können wir im Alltag „überleben", ohne nur noch zu kämpfen? Vertrauen wir dem Leben und unserer geistigen Führung! Machen wir uns keine Sorgen auf Vorrat! Lassen wir negative Gedanken sofort los! Denken wir positiv! Denken wir an etwas, das uns freut! Gönnen wir uns etwas! Manchmal sind die Tage randvoll gefüllt mit Ansprüchen, die unser Herz nur wenig berühren. Pflücken wir an solchen Tagen so viele schöne Momente, wie wir können!

18. August
Wie wir im Alltag gut leben können

Was können wir tun? Wir können einem lieben Menschen eine SMS schreiben, eine halbe Stunde oder eine Stunde nach draußen gehen. Oder wir können uns im Zimmer ein paar Fotos vom vergangenen Urlaub ansehen. Oder wir können einfach die Augen schließen und auf eine Gedankenreise zu einem Ort gehen, an dem wir glücklich waren. Vielleicht wollen wir in einer Zeitschrift blättern, ein paar Seiten aus einem guten Buch lesen, mit jemandem ein gutes Essen vereinbaren, über Google einen Song hören, der uns gefällt. Wir dürfen auch einmal etwas in den Warenkorb legen, ein paar Entspannungsübungen durchführen, uns an ein schönes Ereignis erinnern, singen und/oder tanzen, ein Gedicht lesen oder selber eines schreiben, uns eine Rose schenken oder eine verschenken, ein Glas Sekt trinken, tief einatmen, das Wort „Ruhe" meditieren, Gedanken loslassen und uns im Licht und in der Wärme Gottes spüren.

19. August
Das Gute ist oft ganz nah

Wir suchen oft zu weit. Wir erkennen die Kostbarkeiten nicht, weil wir sie uns zu flüchtig ansehen. Vor allem betone ich die Wichtigkeit unserer Gedanken. Sind wir uns wirklich immer bewusst, dass wir Herr über sie sein könnten? Glauben wir nicht oft (unbewusst), dass wir ihnen ausgeliefert sind? Eine gute Hilfe bieten uns Klebezettel, auf denen wir aufschreiben, was uns glücklich macht, die uns immer wieder mit Freude anstecken. Das tut unserer Seele gut. Ähnlich verhält es sich mit unserem Körper: Man kann immer wieder gut den Zusammenhang zwischen äußeren und inneren Bewegungen beim Menschen erkennen. Wer spirituell lebt und sich immer wieder für die neuen Situationen im Leben öffnet, der bewegt sich in der Regel auch mehr. Beobachte ich Kinder, stelle ich fest, wie sie lachen, hüpfen, springen, tanzen. Sie sind in ihrem Wesen noch offen. Haben sie ein gesundes Umfeld, sind sie begierig, das Leben zu erfahren und zu lernen. Wenn sie gesunde Eltern haben, gehen sie zu Fuß oder mit dem Fahrrad zur Schule. Unsere technische Welt bietet uns eine Überfülle an Bequemlichkeiten an. Diese tun uns nicht immer gut.

20. August
Mit Leib und Seele zufrieden leben

Grundlage für ein glückliches Leben ist und bleibt der tägliche Aufenthalt im Freien. Zwei Stunden Tageslicht verbunden mit Bewegung in der Natur, zum Beispiel in einem nahen Wald, bringen den Menschen immer wieder ins innere Gleichgewicht. Es fällt mir immer wieder auf, wie Menschen dieses natürliche Bedürfnis ignorieren oder verdrängen. Sie schaden sich damit. Die Seele spürt sich durch den Körper. Werden die körperlichen Bedürfnisse unterdrückt, kann die Seele nicht zufrieden sein. Vor einiger Zeit war ich an einem milden Morgen unterwegs. Langsam wurde die Landschaft vom aufgehenden Licht der Sonne erhellt. Ein wunderbares Wolkenspiel zeigte sich, verschiedene Farbtöne tauchten auf und unzählige Vogelstimmen konnte man hören. Das Leben begann sich in den verschiedensten Wesen zu regen. Es war eine einzigartige Stimmung. Mir wurde bewusst: „Leben ist auch das, was du in der wunderbaren Schöpfung erfahren könntest, aber du bist mit anderem beschäftigt."

21. August
Die Welt mit neuen Augen sehen

Wir planen und planen. Im Sommer planen wir den Urlaub des kommenden Winters, am Morgen stellen wir uns vor, was wir am Feierabend tun, beim Mittagessen fragen wir uns, was wir am Abend essen … Wir suchen die lauten und schillernden Situationen, die uns einen Hochgenuss bieten sollen. Doch die wahren Momente, die uns im tiefsten Wesen berühren, liegen in der Stille, nicht im Lärm oder in der Bedrängnis derjenigen, die uns glaubhaft machen wollen, dass im Leben nur Geld und Macht zählen. Ihr Geld und ihre Macht vergehen, schneller als sie denken … Freude, Sinn und Gelassenheit finden wir vielmehr dort, wo wir das Leben mit neuen Augen sehen lernen, wo wir uns bewusst sind, was im Leben wirklich zählt: ein Leben im Hier und Jetzt, die Schönheit bewusst wahrnehmen, den geschenkten Augenblick auskosten. Die Natur heilt. Sie schenkt uns Heilung, wenn wir es zulassen, indem wir hören und spüren, was hinter den sinnlichen Erscheinungen webt und wirkt. Wie unendlich vielfältig ist doch die Natur – schon in unserer nächsten Umgebung! Ein Tag ohne Aufenthalt in der Natur ist ein verlorener Tag.

22. August
Die Kraft der Meditation:
der westliche Weg

Mir fällt immer wieder auf, wie wir eine innere Mitte benötigen. Ich meine damit: uns selber zu spüren. Deshalb braucht der gesunde Mensch eine tägliche Meditation. Diese ist eine innere und notwendige Aktivität. Sie ermöglicht es dem Menschen, ganz bei sich zu sein. Dies ist die Grundlage, um sein Wesen zu spüren, damit er auch seine Bedürfnisse erkennen kann. Nur der freie Mensch meditiert. Und Meditation befreit den Menschen von Zwängen. Um meditieren zu können, braucht der Mensch die Fähigkeit zur Hingabe. Diese ist es auch, die ihn lieben lässt. Was der Mensch verschenkt, macht ihn letztlich glücklicher als das, was er empfängt, weil er so seine Lebendigkeit stärker spürt. Hingabe und Liebe ermöglichen mir zudem Selbsterkenntnis: Ich spüre, wer ich bin, was ich tun kann. Die Reaktion meiner Liebe wird Freude sein, die ich so erfahre. Durch Liebe empfange ich also Freude. Beim westlichen (spirituellen) Weg geht es weniger um die Erleuchtung des Einzelnen als um den verbindlichen Weg des Miteinanders in Mitgefühl und Liebe. Ein schönes Beispiel bleibt der heilige Bruder Klaus, der immer wieder zwischen Gebet und Meditation ein Fenster geöffnet hat, um den Menschen Rat zu geben und zu helfen.

23. August
Die Kraft der Meditation:
der östliche Weg

Die Bhagavad Gita, die alte Weisheitslehre, kann man mit Recht eine Lehre der Tat nennen. Sie lobt die Tätigen. (Dabei soll es dem Menschen um die Liebe zur Tat gehen, nicht um Erfolg oder um ein Resultat.) Erleuchtung ist ja gerade dort zu finden, wie es auch der christliche Mystiker Eckehart sagt, wo die Meditation zur Erkenntnis der Not eines Menschen führt und der auf dem Weg zur Erleuchtung strebende Mensch zur helfenden Tat schreitet. Der Meditierende und der Tätige leben im gegenwärtigen Augenblick. In der Meditation und in der Mystik treffen sich die östlichen und westlichen Menschen. Sie erkennen, was sie verbindet. Durch die Meditation empfängt der Mensch die Kraft, in der Welt fruchtbar zu wirken. Wer untätig war, von dem wird am Ende nur ein unbedeutendes Wesen übrig bleiben. Einmal habe ich mir notiert: „Warum ich heute keine Liebestat getan habe? Ich war Gefangener meines Selbst. Ich habe mich selbst gefesselt und ins Gefängnis gesteckt." Die gute Tat befreit mich.

24. August
Befreien Sie sich von Dingen,
die Sie belasten!

Wenn wir „im Jetzt" leben, können wir auch unnötigen Ballast und Krempel loslassen und entsorgen oder, wenn wir es selber nicht hinkriegen, entsorgen lassen. Bekanntlich belasten uns Dinge, die nur herumstehen, die wir seit längerer Zeit nicht mehr brauchen. Es ist nicht übertrieben, wenn heute in zahlreichen „Feng-Shui"-Publikationen darauf hingewiesen wird, wie unnötiger Krempel den Fluss der Energien blockiert. Es gibt sogar Menschen, die bewahren beschädigte Dinge auf, weil sie glauben, damit denjenigen zu achten, der sie ihnen einmal geschenkt hat. Das ist ein Irrtum. Wenn der andere Mensch es uns aus dem Herzen geschenkt hat, dann kann es unmöglich sein Wille sein, dass wir uns damit belasten. (Sonst wäre es sein Problem …) Hier ein kleines Beispiel aus dem Alltag: Vor Weihnachten hatte ich einmal keine Zeit, mein Büro aufzuräumen. Ich habe alles aus dem Raum geschafft, in dem ich mich die meiste Zeit aufhalte, habe es in einer großen Kiste verstaut und den erwähnten Raum weihnachtlich geschmückt. Es ist nichts passiert!

25. August
Sie brauchen nicht viel ...

Glücklich und gelassen ist also nicht unbedingt, wer viel besitzt, sondern wer mit wenigem auskommt, wer die reiche Vielfalt der Welt erkennt und bestaunt, ohne sich an sie zu klammern, ohne sie für sich haben zu müssen. Natürlich braucht es ein Mindestmaß an guten Bedingungen. Doch diese bestehen vor allem aus einem nicht materiellen Gut. Dazu zähle ich: eine gesunde Einstellung, die mich das Leben trotz Schwierigkeiten und Hindernissen bejahen lässt, Vertrauen ins Leben, ein Ziel haben und einen Sinn im Leben finden, Freundschaften pflegen, Selbsterkenntnis, Mitgefühl, Durchhaltevermögen, Lernbereitschaft, Humor. Dann kommen die materiellen Dinge von allein. Wenn Sie einmal erkannt haben, dass hinter den meisten Wünschen eine verborgene Sehnsucht steckt, wenn Sie diese „enttarnen", dann brauchen Sie wirklich nicht mehr viel, um glücklich und zufrieden leben zu können, um glücklich zu sein!

26. August
Vertrauen schenkt Gelassenheit

Viele „Bedürfnisse" sind nur unsere Vorstellungen, die uns täuschen, weil sie anderen (tieferen) Sehnsüchten entspringen. Nicht wenige Menschen machen sich Geldsorgen, weil sie sich innerlich an einen Lebensstandard klammern, den sie mit anderen Menschen vergleichen. Sie könnten mit weniger glücklicher und auch gelassener leben, weil sie dann viel weniger Sorgen hätten. Glücklich und gelassen ist, wer vertraut, dass er hat und bekommt, was nötig ist. Auch das Vertrauen lässt sich einüben. Dieses Vertrauen macht uns frei und schenkt uns die Erkenntnis, was wir wirklich wollen und brauchen. Glücklich ist, wer sich an den wesentlichen Dingen des Lebens freut: an den Freundschaften, an der Natur, an seinen Fähigkeiten und Begabungen. Ja, glücklich ist, wer liebt und singt, wer dankt und sich freut, wer sich bewegt, wer spielt und tanzt! Das sind alles bekannte Gedanken. Merkwürdig, warum Menschen nicht glücklicher sind, denn viele von uns wissen um diese Wahrheiten.

27. August
Das Leben bejahen

Wer heute „ohne Atem durch die Nächte" eilt, dessen Glück ist von kurzer Dauer. Ich gönne allen dieses Vergnügen. Ehrlich. Doch ich habe erfahren: Bald darauf folgt unter Umständen eine große Leere. Denn der Mensch verlangt nach mehr. Er sucht genauso Beständigkeit und Geborgenheit. Viele rennen dem Glück nach und sehen nicht, dass sie nur kurz in sich gehen müssten, um es zu finden. Das Glück rennt uns nach! Halten wir einen Moment inne, sehen wir, dass wir schon jetzt und heute glücklich sein könnten, wenn wir diesen Zustand zulassen. Vertrauen und danken wir dem Augenblick. Sehen wir auch jede Schwierigkeit als eine Entwicklungschance. Bejahen wir sie mit Liebe und Gelassenheit, dann überwinden wir sie mit der Zeit. Wir behalten so „das Heft in der Hand". Wir sind Herr der Lage, wenn wir uns dafür entscheiden, dass wir uns nicht ärgern, dass wir nicht dem Zorn oder dem Trübsinn verfallen.

28. August
Programmieren Sie sich auf Glück

Im Leben müssen wir uns oft entscheiden. Ist es Ihnen auch schon so ergangen? Nach einer Entscheidung haben Sie sich die Frage gestellt: Habe ich mich richtig entschieden? Es gibt Menschen, die lassen sich von dieser Frage noch lange Zeit nach der Entscheidung quälen. Fakt ist: Sie haben sich entschieden. Denn in den meisten Fällen gibt es kein Zurück. Hier ist Vertrauen nötig. Und einmal mehr bin ich beim Thema „Loslassen". Denn umgekehrt müssen wir uns in vielen Situationen auch fragen: „Wer kann mit Sicherheit sagen, dass ich mich falsch entschieden habe?" Und selbst wenn sich im Nachhinein herausstellen würde, dass unsere Entscheidung falsch war, dürfen wir uns verzeihen. Wir haben dann etwas gelernt. Sie haben sich entschieden, dieses Buch zu lesen. Das ist auf Ihrem Weg zum Glück in jedem Fall ein weiterer Schritt. Denn selbst wenn Sie einige Gedanken schon kennen, wäre die Wiederholung sinnvoll, weil Sie damit das glückliche Leben einüben, Ihr Gehirn auf Glück programmieren.

29. August
Lassen Sie sich verwandeln, finden Sie Ihr Glück!

Es gibt zahlreiche Bücher zum Thema „Glück". Einige Menschen zweifeln, ob sie durch die Lektüre wirklich mehr Glück erfahren können. Glück kann man nicht mit einem Buch einkaufen. Es ist eine Grundhaltung, die eingeübt werden muss. Nur der verdient sich das Glück, der es täglich (neu) erobert. Das klingt nach viel Arbeit. Aber mit jeder Eroberung wird es leichter! Auch dieses Buch kann Ihnen nicht absolutes Glück vermitteln. Ich möchte Ihnen hier eine Aussage vorstellen, die es meines Erachtens auf den Punkt bringt, warum Gott uns herausfordert, das persönliche Glück zu finden. Die Aussage stammt aus einem Buch, das ich jedem Menschen empfehlen könnte: *Das Gebet der Sammlung* von Thomas Keating. Darin schreibt er: „Manche Menschen beklagen sich darüber, dass Gott ihre Gebete nie erhört. Warum sollte er auch? Dadurch, dass er keine Antwort auf unsere Gebete gibt, erhört er unsere größte Bitte, diejenige um Verwandlung." Meditation verwandelt Sie in einen glücklichen Menschen!

30. August
Die größte Freude finden

Das Gebet der Sammlung wird auch „kontemplatives Gebet" oder „Gebet der Stille" genannt. Es geht darum, Alltagsgedanken loszulassen, um ganz in der Stille sich auf ein Wort der Kraft zu konzentrieren. Das kann der Name eines spirituellen Meisters oder dessen bedeutungsvolle Aussage sein. Da Christus, Gottes Sohn, uns seine bleibende Gegenwart versprochen hat, rufe ich mir bei meinem persönlichen Beten seinen Namen in Erinnerung. Es geht aber nicht darum, diesen oder ein Wort möglichst oft zu wiederholen. Vielmehr soll auch dieses Wort mit der Zeit losgelassen werden, um zwischen den Worten sein Wesen zu spüren. Er ist da als Helfer, Heiler und Freund. Er schenkt uns beständig seine Liebe und Kraft. Man kann keine größere Freude im Leben finden, als seine Gegenwart ganz real wahrzunehmen. Plötzlich wird alles zweitrangig.

31. August
In der Stille liegt die Kraft

Wir müssen heute lernen, mit dem Lärm zu leben. Das ständige Brummen der Flugzeuge und der Motoren macht uns krank, wenn wir nicht durch die Kraft der Meditation einen Ausgleich schaffen. Aus der Erfahrung durch Gespräche mit leidenden Menschen habe ich die Ursache vieler Krankheiten entdeckt: Diese Menschen waren zu lange „fremdbestimmt", das heißt, sie haben den Zugang zu ihrem Wesen mit seinen Bedürfnissen verloren. Andere haben die Möglichkeit nicht mehr wahrgenommen, bei sich zu sein. Der Philosoph Pascal hat bereits im 17. Jahrhundert das Unglück der Menschen beschrieben, die vor sich selbst fliehen, es nicht mehr mit sich selbst aushalten. Sie sind unfähig, allein eine Stunde in Ruhe in einem Zimmer zu sein. Suchen wir Orte der Stille auf, schotten wir uns für Zeiten von dem Lärm ab. In der Stille liegen Kraft und Heilung.

1. September
Die innere Ruhe finden

Ein Mensch, der einmal die spirituelle Meisterschaft erlangen wollte, ging in den Osten, um die Technik des Bogenschießens zu erlernen. Er kam an einen Punkt, an dem der Lehrer mit ihm zufrieden war, lächelte und vor Freude weinte, weil der Pfeil „von allein" wegflog. So kann man das bei der Meditation erfahren. Ich selber habe das beim Schwimmen erfahren. Ich kam an einen Punkt, an dem ich „von allein" schwamm. Dies lässt sich schwer in Worte kleiden. Ich habe die Bewegung nicht mehr wahrgenommen, habe keine Gedanken mehr gehabt. Es ist Gnade, sich loslassen zu dürfen, um geführt zu werden. Entscheiden Sie sich, Ihrer Führung zu vertrauen! Wir alle machen solche Erfahrungen, beispielsweise im Urlaub, wenn wir uns ganz einer Erscheinung hingeben, fasziniert sind von ihr. Es geht hier darum, dass wir ein solches Loslassen durch die Meditation auch im Alltag einüben. Diese Methoden schenken Ruhe und Gelassenheit. Indem wir lernen, den „Bogen" ganz ruhig zu halten, erreichen wir eine spirituelle Ebene, die innere Harmonie.

2. September
Umwege und Hindernisse
gehören zum Lebensweg

Oft bewegen wir uns scheinbar im Kreis. Wir haben den Eindruck, dass wir nicht vorwärtskommen. Wenn wir uns „von oben" sehen könnten, wenn wir unser Leben aus einer übergeordneten Perspektive betrachten könnten, würden wir erkennen, dass wir auf dem Weg geführt wurden, ja dass wir unseren Weg gegangen sind. Umwege sind manchmal nötig, aber nicht sinnlos. Deshalb müsste ich besser schreiben: „scheinbare Umwege". Die Durststrecken gehören zu unserem Dasein. Mit ihnen lernen wir Ausdauer, mit der Ausdauer Vertrauen. Wenn wir Achtsamkeit, Vertrauen und Liebe einüben, werden wir uns selbst verzeihen, wenn wir etwas falsch gemacht haben. Wir dürfen zu dem stehen, was uns geprägt hat, was wir geworden sind. Aber keiner kann verlangen, dass wir dies ewig bleiben. Wir dürfen uns weiterentwickeln. Wir dürfen unsere Schlagseiten erkennen. Jeder spirituelle Mensch, der schon einen Weg gegangen ist und Lebenserfahrung gesammelt hat, wird mit seinem Leben bestätigen, dass er durch diese Annahme der dunklen Seite des Daseins Gelassenheit und Gleichmut eingeübt hat.

3. September
Pflegen Sie Ihr Glücksorgan!

Erst wenn Sie heiter und gelassen leben, kann Ihnen das Glück begegnen! Dann strahlt es Sie an. Dann spiegeln Sie das Licht, die Schönheit, die Freude der Welt. Dann ist Ihr Spiegel klar. Die trüben Gedanken sind Staub auf Ihrem Spiegel, ich könnte auch sagen, „auf Ihrem Herzen", auf dem Glücksorgan. Es ist längst nachgewiesen, dass wir Menschen den negativen Gedanken viel mehr Platz geben als den positiven. Wenn es uns gutgeht, nehmen wir das kaum wahr. Warum eigentlich nicht? Wir brauchen Rituale, die uns daran erinnern, dass es uns gutgeht. Notieren wir uns Glücksmomente! Ich wiederhole mich hier bewusst: Nehmen wir uns vor, jede Stunde einmal an das zu denken, was uns Freude macht! Wenn Sie dem ganzen Leben so mit Liebe und Gelassenheit begegnen, werden Sie gesund leben, weil Sie sich nicht mehr von der Angst auffressen lassen. Ihr Vertrauen ins Leben schenkt Ihnen heitere Gelassenheit!

4. September
Genießen Sie Ihr Leben!

Im Zusammenhang mit der Aufforderung, das Leben zu genießen, fällt mir immer wieder die kluge Geschichte ein, die sich wohl schon oft so oder so ähnlich ereignet hat: Ein Junge sitzt am Ufer des Meeres und fischt. Ein gut gekleideter Mann kommt vorbei. Er blickt den Jungen mit einer Mischung aus Mitleid und Überheblichkeit an. Man merkt, er ist ein Boss. Er trägt teure Kleider, ist, wie man sieht, wohlgenährt. „He, du!", hören wir ihn rufen, „du sollst nicht hier sitzen und fischen, geh arbeiten!" „Warum sollte ich das tun?", will der Junge wissen. „Weil du dann Geld verdienst. Du kannst dich in einem Betrieb hocharbeiten, zuerst wirst du Abteilungsleiter, mit einem großen Einsatz wirst du dann einmal die Firma übernehmen!" „Und dann?", will der Junge wissen. „Dann musst du nicht mehr arbeiten und kannst tun, was du willst!" Darauf antwortet der Junge: „Aber das tue ich ja jetzt schon!"

5. September
Ihr Einsatz lohnt sich!

Keineswegs will ich behaupten, dass man durch einen größeren Einsatz nicht auch mehr Lebensqualität erzielen kann. Ein ehrlicher Mensch geht nach dem Schmunzeln zum Nachdenken über und erkennt: Wer mehr leistet, kann auch viel mehr Menschen helfen! Die Geschichte hat eben ihre Grenzen, wenn wir glauben, sie wolle uns zum Minimalismus überreden. Zudem: Wer sich nicht mehr herausfordern lässt, der verhindert seine Entwicklung. Der Arbeitsplatz ermöglicht soziale Kontakte. Mit den Steuern, die Menschen zahlen, helfen sie schwächeren Menschen. Damit fördern sie das Gemeinwohl. Wer immer mehr gibt, darf Freude empfinden, dass er „geben darf und kann". Wir lernen voneinander. Aber oft überlegen sich Menschen zu wenig, wie hoch der Preis für ein einseitiges Streben nach Macht und Leistung ist. Da gibt es Menschen, die arbeiten hart und lange. Sie vergessen dabei die Gegenwart und sind ganz auf ein Ziel fixiert. Wenn es bei diesem Ziel ausschließlich um Besitz oder Vermögen geht, dann ist in den meisten Fällen nicht der ganze Mensch dabei.

6. September
Die Schatzkiste öffnen

Das Leben besteht nicht nur aus Arbeit. Andererseits ist Arbeit mehr als Geldverdienen. Und immer wieder weisen uns Psychologen und Soziologen darauf hin, dass ein ehrenamtliches Engagement noch viel mehr Erfüllung schenkt. Warum ist das so? Vermutlich spürt der Mensch, dass die wichtigsten Dinge weder gekauft noch bezahlt werden können. Apropos „Arbeit": In einer anderen Geschichte arbeitet ein Mann seit Jahren mit grimmiger Miene. Er müht sich ab und hat Angst, dass er nicht genug verdient, dass die Einnahmen ausbleiben. Wenn ich mich richtig erinnere, hat er Dinge verkauft. Eines Tages entdeckt er eine Schatzkiste seines verstorbenen Vaters. Auf ihr liegt ein Brief, mit welchem der Vater ihm mitteilt: „In dieser Schatzkiste ist ein Vermögen, das ausreicht, damit du nicht mehr arbeiten musst." Er geht aber weiterhin zur Arbeit. Nun ist er entspannt und lächelt den Kunden zu. Denn er ist beruhigt und sicher, dass er immer genug hat. Die Kunden kaufen nun vermehrt bei ihm ein. Sie fühlen sich angezogen von seinem heiteren Wesen, das Gelassenheit ausstrahlt. Am Ende seines Lebens öffnet er die Schatzkiste. Sie ist leer.

7. September
Geld kann auch belasten

Häufig wundere ich mich darüber, wie oft Menschen über Geld reden. Viele meinen, sie hätten zu wenig. Sehe ich dann aber, wie sie leben, komme ich zu einem anderen Schluss … Wer zu oft ans Geld denkt, der belastet sich. Auch jeder negative Gedanke belastet. Er schwächt den inneren Menschen. Von Benjamin Franklin kommt der Slogan: „Zeit ist Geld." In unserer Zeit sind es oft Frauen, die raten: „Mehr Zeit für sich zu haben, lohnt sich." Denn schöne Erlebnisse steigern das Wohlbefinden. Wer immer nur Zeit sparen will, verliert sich selbst. Er verkauft sich ans Internet, an sein Handy, an das Fernsehen. Wenn aber Zeit Geld ist, dann geht es bald nur noch um Leistung und Vermögen. Und bekanntlich hängen diese Einsätze meistens mit einem Konkurrenzdenken zusammen, was bedeutet, dass wahre Freundschaft auf der Strecke bleibt. Wie wohltuend, ja heilsam können dagegen persönliche Begegnungen und Zuwendungen ohne Profitgier sein. Zudem würden wir uns bald in einer unmenschlichen und kalten Welt finden, wenn wir keine Zeit mehr füreinander hätten.

8. September
Langweilen wir uns wieder einmal!

Heute muss alles immer schneller gehen. Wir sind es, die sich für ein rastloses Leben entscheiden. Einer hat ausgerechnet, dass in den Städten die Geschwindigkeit des Lebens in den letzten Jahren um zehn Prozent zugenommen hat. Menschen tun alles, um Zeit zu sparen. Man schlingt während der Arbeit ein Sandwich in sich hinein. Man will um jeden Preis Zeit sparen und verschwendet dann die gesparte Zeit wieder. Menschen lassen sich von E-Mails und SMS terrorisieren. Sie haben Angst, den Überblick zu verlieren. Doch sie bleiben Menschen mit einem natürlichen Wesen, mit einem Körper, der Rhythmen braucht, der den Naturgesetzen unterworfen ist. Wer sich an den Stress gewöhnt, der ist auf dem direkten Weg in eine Überforderung. Jemand hat einmal treffend gesagt, ein Herzinfarkt sei ein „Zeitinfarkt". Der Mensch stirbt, weil er sich selber überfordert hat, weil er nicht mehr auf die Signale des Körpers gehört hat. Also, erinnern wir uns an unsere Kindheit! Was uns damals guttat, tut uns auch heute noch gut. Langweilen wir uns wieder einmal. Das ist gesund!

9. September
Entschleunigung tut gut

Kennen Sie Till Eulenspiegel? Der Narr, der doch Weisheit verkündet hat? Er wurde einmal von einem Kutscher angesprochen. Dieser wollte wissen, wie lange seine Fahrt bis zur nächsten Stadt dauern würde. Till gab ihm zur Antwort: „Wenn Sie schnell fahren, dauert die Fahrt zwei Stunden. Wenn Sie langsam fahren, dauert sie eine halbe Stunde." „Du Narr", meinte der Kutscher und trieb sein Pferd an. Till ging weiter und traf bald auf den Kutscher, der verletzt im Straßengraben lag. Die Achse des Wagens war gebrochen. Till ging mit einem Lächeln an ihm vorbei und sagte: „Ich sagte Ihnen ja, wenn Sie langsam fahren, dauert es eine halbe Stunde." Entschleunigen wir unser Leben! Und leben wir nicht nur für ein Vermögen! Viele Menschen versuchen nicht nur krampfhaft, Zeit zu sparen, sie wollen auch Geld sparen. „Spare in der Zeit, dann hast du in der Not", lautet ein Sprichwort. Und es ist gewiss sinnvoll, einen Notbatzen zu haben. Doch eine absolute Sicherheit gibt es in weltlichen Dingen nicht. Deshalb ist es sinnvoll, mit dem erwirtschafteten Geld im Hier und Jetzt zu leben.

10. September
Sich selbst bejahen kostet nichts

Rufen wir uns immer wieder die Weisheit in Erinnerung: Nichts verhindert den Genuss so sehr wie der Überfluss. Dagegen findet derjenige Glück, der dankbar bewusst schätzt, was er hat. Glücklich lebt, wer weiß, was er für ein gutes Leben braucht, und wer merkt, dass er dafür gar nicht so viel benötigt. Auch eine realistische Wahrnehmung der Wirklichkeit zähle ich dazu: Wenn ich weiß, dass ein Wunsch unter keinen Umständen in Erfüllung gehen kann, lasse ich ihn los und gönne mir das, was ich mir leisten kann. Rufen wir uns auch immer wieder die andere psychologische Einsicht in Erinnerung: Nur was wir annehmen, können wir verwandeln. Bejahen wir unsere Situation, dann werden wir Wege finden, sie zu verbessern. Bejahen wir uns selbst, dann werden andere uns bejahen und lieben. Sicher kennen Sie das Märchen von „Hans im Glück". Hans ist glücklich, obwohl er am Ende nichts mehr hat. Er ist befreit von aller Last. Wie aktuell ist diese Aussage doch: Heute herrscht eine Reizüberflutung.

11. September
Sich einbringen und sich abgrenzen

Mir ist aufgefallen, dass Menschen mit heiterer Gelassenheit leben, wenn sie „ja" zu einer Anfrage, zu einer Aufgabe sagen, die an sie herangetragen wird. Menschen, die sich bei einer anstehenden Aufgabe oder Arbeit immer zuerst überlegen: „Was bringt es mir? Lohnt es sich?", stehen irgendwann „auf dem Abstellgleis", werden nicht mehr gebraucht. Die Mitwelt spiegelt uns immer unser Verhalten. Das ist eine ganz natürliche Reaktion. Die anderen Menschen denken: „Den brauchen wir ja gar nicht erst zu fragen, ob er eine Aufgabe übernimmt." Wer sich bereit erklärt, der Gemeinschaft zu dienen, der öffnet sich Türen. Damit meine ich nicht, dass wir uns nicht abgrenzen dürfen, wenn wir ausgenutzt werden. Wer spirituell lebt, wird erkennen, wann er sich selbst überfordert. Er wird den Mut aufbringen, in der entsprechenden Situation „nein" zu sagen, weil er spürt, dass das „Ja" nur seinem Ego schmeichelt. Oder weil er spürt, dass er fürchtet, mit dem „Nein" nicht mehr so beliebt bei den Menschen zu sein.

12. September
Nähe und Distanz

Der große Psychoanalytiker Erich Fromm hat in seinem Buch *Die Kunst des Liebens* geschrieben, dass es keine erfüllte Liebe zu einem anderen Menschen gibt ohne wahre Demut, ohne Mut und Glauben. „Reife Liebe folgt dem Prinzip: ‚Ich werde geliebt, weil ich liebe.‘ Unreife Liebe sagt: ‚Ich liebe dich, weil ich dich brauche.‘ Reife Liebe sagt: ‚Ich brauche dich, weil ich dich liebe.‘" Diese Erkenntnis entspricht dem Leben und wird von den Erfahrungen vieler Menschen bestätigt. Es ist interessant zu sehen, wie heute moderne Psychologen und Pädagogen wieder betonen, dass ein Mensch ohne Glauben mit einer inneren Leere leben muss. Ohne Glauben schwebt oder schwimmt der Mensch in einem Vakuum aus Beliebigkeit und Fatalismus. Warum ist das so? Weil der glaubende Mensch durch sein Bekenntnis einen festen Halt hat, der ihn gut leben und handeln lässt. Zudem verhilft er ihm zur Selbsterkenntnis, die eine Bedingung für den inneren Frieden ist. Christen glauben, dass Gott in sich Beziehung ist und Menschen nur in Beziehungen das erfüllte Leben finden.

13. September
Wir wollen etwas tun

Ich persönlich fand unter den glücklichsten Menschen, die Gelassenheit ausgestrahlt haben, Handwerker, die mit ihren Fähigkeiten ehrliches Geld verdient haben, um damit ihre Familien zu ernähren. Sie waren und sind glücklich, weil sie arbeiten, um davon leben zu können. Sie konnten und können mit ihren Händen Menschen dienen. Eine gesunde Müdigkeit bewahrt sie davor, sich mit Drogen zu betäuben. Sie begegnen Menschen. Durch die Arbeit sind sie ausgefüllt. Bei ihrer Tätigkeit waren und sind sie wach, leben sie im gegenwärtigen Augenblick. Genau diese Wachsamkeit erkennen wir beim betenden Menschen. Wir sehen sie dort, wo Menschen bei dem sind, was sie gerade tun: Der russische Mönch, der eine Ikone malt, betet dabei. Jede einfache Tätigkeit gewinnt an Wert, wenn sie bejaht wird. Indem wir etwas gerne tun, steigern wir unser Wohlbefinden, sammeln wir Glücksgefühle, programmieren wir unsere Seele für ein Wohlbefinden.

14. September
Sie dürfen sich selber erlauben,
glücklich zu sein!

Wer sein Leben als Geschenk sieht, der kann danken. Dankbarkeit ist wiederum die Grundlage für ein glückliches Leben. Denn Dankbarkeit versetzt den Menschen in ein Gefühl der Freude. Kann es sein, dass wir heute in den Industrienationen deswegen nicht mehr dankbar sind, weil wir im Überfluss leben, weil wir in der Überfülle keinen Sinn mehr haben für die einzelnen Produkte? Wir sind es gewohnt, alles zu bekommen. Wir zahlen es selber und haben somit ein Anrecht darauf. Treffend hat einmal ein Dichter den „Maßlosen" beschrieben. Dieser will alles wirkungsvoller haben. Keine Frau ist ihm mehr schön, kein Mann ihm klug genug. Fahl scheint ihm schließlich auch die Sonne … Er will mehr und mehr – und wird am Ende verrückt. Wir können unser Leben erst wirklich genießen, wenn wir es als Geschenk betrachten! Menschsein ist eine Kunst. Und diese Kunst bedeutet, das richtige Maß zu finden, die Mitte einzuüben. Genießen Sie den Sonnenstrahl auf Ihrem Gesicht. Jetzt. Atmen Sie ihn ein. Bewegen Sie ihn im Herzen. Nehmen Sie durch ihn wahr, dass Sie geliebt werden.

15. September
Die „richtigen Knöpfe drücken"

Unsere Zellen könnten wir mit Samenkörnern vergleichen. Wenn wir sie mit Freude und Schönheit bewässern, bleiben sie gesund. Neurophysiologische Experimente weisen dies nach und bestätigen uralte Weisheiten, die wir in östlichen Lehren finden. Mit jeder Wut, mit jedem Hass, mit jedem Zorn beeinflussen wir unser Bewusstsein, „drücken wir bestimmte Knöpfe", gewöhnen wir uns daran, dass diese „aufleuchten". Mit jedem guten Gedanken stärken wir die Fähigkeit, das Positive zu sehen, das die Grundlage für innere Stabilität und damit Gesundheit ist. Ebenso hat man nachgewiesen, dass Menschen eine Krankheit schneller überwinden, wenn sie sich aussprechen können, wenn sie Menschen haben, die ihnen zuhören. Immer geht es darum, dass wir Methoden finden, die negativen Gedanken und Gefühle loszulassen. Achten wir darauf, dass weder Menschen, die uns feindlich sind, noch unsere Einbildung, die uns schadet, uns belasten oder Macht über uns gewinnen.

16. September
Einander „be-greifen"

Man kann Menschen mit ganz wenig Aufwand Freude machen, sie erlösen, aus ihrem Druck befreien. Oft genügt schon ein freundliches Wort. Wo der Mensch etwas für andere Menschen tut, wo er von sich absieht, da gewinnt er, da bekommt er etwas zurück. Sie werden vielleicht sagen: Das ist doch nicht immer so, das muss nicht unbedingt sein. Gut. Aber längerfristig stimmt diese Lebensweisheit, die übrigens alle Lebensmeister in allen Zeiten verkündet haben. Der freundliche und bewährte Händedruck ist mehr als nur eine floskelhafte Geste. Da fließen wirkliche Kräfte, durch die die Persönlichkeiten sich in der Tiefe berühren. Durch den Händedruck komme ich also in Berührung mit dem individuellen Wesen des anderen Menschen. Ich öffne mich, mache mich bereit, ihn zu verstehen, seine Eigenart zu „be-greifen". Was man so wirklich greift, hat man begriffen.

17. September
Wie das Zusammenleben gelingt

Eine Beziehung klappt, wenn beide Partner an sich arbeiten. Solange sich der Mensch nicht selbst annimmt und bejaht, wird er Probleme in der Partnerschaft oder im Zusammenleben mit anderen Menschen haben. Er wird anderen Menschen auch nicht wirklich helfen oder dienen können. Wer sich entwickelt und sich den Veränderungen des Lebens stellt, der bleibt für seinen Partner oder für seine Partnerin interessant. Was wir in einem Klima der Zuneigung, der gegenseitigen Wertschätzung und der herzlichen Beachtung tun, bewirkt Harmonie. Viel seltener werden Menschen krank, die so leben und arbeiten. Ein Zusammenleben gelingt, wenn ich die Bedürfnisse des anderen Menschen ernst nehme. Das muss täglich neu eingeübt werden. Im Sufismus gibt es eine eindrückliche Geschichte: Da klopft einer an die Tür seiner Angebeteten. „Wer ist das?", ertönt eine Stimme. „Ich bin es", antwortet der Mann. „Für dich und mich gibt es hier keinen Platz." Die Tür bleibt verschlossen. Nach vielen Jahren der Entbehrung und der Einsamkeit klopft er wieder an: „Wer ist es?" „Du bist es." Da wird ihm geöffnet.

18. September
Was fehlt mir?

Das Enneagramm unterscheidet neun Typen. Obwohl wir von allen Typen Eigenschaften besitzen, dominiert ein Typ. Die anderen Eigenschaften, die uns fehlen, können wir als Herausforderung ansehen:

Typ 1: Ordnung, Sauberkeit, Disziplin
Typ 2: Hilfsbereitschaft, Mitgefühl, Offenheit
Typ 3: Tatkraft, Zielorientierung, Selbstsicherheit
Typ 4: Kreativität, Feingefühl, Stilsicherheit
Typ 5: Objektivität, Bescheidenheit, Abstand oder gesunde Distanz
Typ 6: Zusammenarbeit, Nüchternheit, Respekt
Typ 7: Spiel, Lernbereitschaft, Humor
Typ 8: Führungsstärke, Verantwortungsbewusstsein, Konzentration
Typ 9: Ruhe, Ausgeglichenheit, Zufriedenheit oder Frieden

Man kann also die Aufzählung durchgehen und sich überlegen: Was fehlt mir? Ein spiritueller Mensch kann seine Schatten aufdecken und sein Wesen transformieren. Diese Übung ist eigentlich ein Lebensprogramm. Da müssen wir wirklich Geduld mit uns selbst aufbringen.

19. September
Dankbarkeit und Freude

Viele Angebote der Lebenshilfe bleiben letztlich kraftlos und erfolglos, wenn eine Beziehung zu einem höheren Wesen – nennen wir es hier „Gott" – ausbleibt. Denn nur Gott weiß, was wir im Innersten ersehnen und wollen. Und in seinem Mensch gewordenen Sohn zeigt er es uns. Durch die verbindliche Beziehung zu Christus wird uns klar, was wir wirklich brauchen und wollen, was wirklich zählt. Diese Beziehung befreit uns vom Wahn, immer noch mehr zu wollen und dabei zu übersehen, was wir schon alles haben. Wenn wir uns für ein Leben mit ihm entscheiden, dann ziehen wir eine Brille an. Diese Brille besteht aus den zwei Gläsern Dankbarkeit und Freude. Durch diese Brille üben wir ein, Gottes Geist in all seinen Ausgestaltungen zu sehen. Dankbarkeit und Freude, die wir täglich einüben, öffnen unsere Augen für das verborgene Geistige in der Welt. Nur wer seinem Leben Gehalt gibt, erfährt, wie er gehalten wird.

Befreit das Leben genießen!

Dauerhafte Freude erfahren

20. September
Ist Glück Schicksal?

Viele meinen, Glück sei eine Gunst des Schicksals, ein heiteres Gemüt eine Gabe, die nur wenige besitzen. Aber letztlich bestimmen wir alle unser Schicksal selber, wenn wir an uns glauben. Unsere Träume gehen in Erfüllung, wenn wir mutig und beharrlich unseren Weg gehen. Dann erfüllt sich das, was man „Schicksal" nennt. Denn einige Menschen wählen dieses Wort aus Bequemlichkeit und blockieren sich damit selber. Sie resignieren. Ich bin einen Weg gegangen. Auf diesem Weg gab es Hindernisse. Ich habe versucht, die Herausforderungen als Chancen zu sehen, habe nicht aufgegeben. Das ist unerlässlich. Das Glück fällt nicht vom Himmel. Und je schneller uns das Glück zuteilwird, desto schneller vergeht es wieder. Jeder und jede kann es schaffen! In diesem Buch geht es nicht um leere Versprechen. Wenden Sie die Empfehlungen an, Sie werden sehen, dass sie Ihnen eine gute Laune vermitteln. Wer nicht aufgibt, wer Geduld hat, der wird es schaffen!

21. September
Der springende Punkt

Als ich einmal im Stress für einen Augenblick die gute Laune verlor, da überreichte mir meine Mitarbeiterin eine Blume, die im Stadium des Aufgehens war. Die einzelnen Blüten strebten voneinander fort und bildeten mit der Zeit eine Kugel. Die Kollegin meinte: „Schau dir diese Blume an, wie sie sich verändert, freue dich über das Leben, das sie offenbart." Warum konzentrieren wir uns nicht mehr auf das aufblühende Leben? Genau. Das ist der springende Punkt: den Blick hinlenken zum Leben. Eben habe ich über die „lapidare Ursache" geschrieben. In vielen Fällen sind die Ursachen unserer Verärgerungen oder Verstimmungen wirklich lapidar. Wir sind im Stress und ärgern uns über Dinge, die so viel Beachtung eigentlich gar nicht verdienen. Würden wir uns ein paar Jahre später an sie erinnern, wäre es uns vermutlich peinlich.

22. September
Mit Verletzungen leben lernen

Verletzungen können uns noch nach vielen Jahren belasten. Besser gesagt: Sie geistern in unserem Unterbewusstsein herum. Manchmal tauchen sie in unseren Träumen auf. Wir spüren: Da ist noch etwas, das ich noch nicht ganz verarbeitet habe. Wir geben ihnen, diesen „heimlichen Unterdrückern", noch immer zu viel Macht, wenn wir an sie denken. Wir können lernen, uns von ihnen zu befreien, indem wir sie loslassen. Ich bin mir bewusst, dass dies in einigen Fällen nicht sofort gelingt. Es ist ein Prozess. Wir üben das Loslassen ein, indem wir uns bewusst machen, dass sie uns besetzen, beherrschen. Glauben wir daran, dass wir trotz der schlechten Erfahrungen gut leben können. Stellen wir uns vor, dass diese Erfahrungen uns letztlich stark gemacht haben. Vielleicht kann hier der Einwand auftauchen: „Das ist leicht gesagt. Meine Verletzungen trage ich immer noch in mir." Und vielleicht ist es ja wahr, dass in gewissen Fällen nicht einmal die Zeit alle Wunden heilt, wie man so sagt. Aber dann müssen Menschen lernen, mit diesen Wunden zu leben. Viele andere Menschen haben auch mit Einschränkungen zu leben. Wer nicht mehr glaubt, dass er trotzdem ein lebenswertes Dasein führen kann, der hat sich aufgegeben oder der gibt sich auf.

23. September
Den inneren Kritiker zähmen

Manchmal müssen wir auch unseren inneren Kritiker zähmen. Das gelingt am besten mit Humor und Gelassenheit. Wenn ich einmal etwas nicht gut getan habe, habe ich mir selber vergeben. In solchen Momenten sollten wir wieder einmal daran denken, dass wir uns nicht nur über die Leistung definieren. Zudem hilft es, wenn wir eine Prioritätenliste erstellen: Was muss ich wirklich tun? Was kann warten? Lassen wir uns schließlich auch nicht von den Erwartungen anderer versklaven. Mein Vater war beispielsweise ein großzügiger Mensch. Es gab aber auch einen Punkt, an dem er gesagt hat: „Der Pestalozzi ist gestorben." Johann Heinrich Pestalozzi war ein Sozialreformer. Offenbar war dieser Mensch für ihn Inbegriff einer selbstlosen Natur, die das Wohl der Menschen über das eigene stellte. Mit diesem Spruch hat mich der Vater gelehrt, im richtigen Moment „nein" zu sagen. Wir müssen uns nicht ausnutzen lassen. Sicher sollten wir großzügig sein, aber „das Herz muss mitkommen", das gute Gefühl muss dabei sein.

24. September
Raus aus der Opferrolle

Oft bleiben Menschen in den Rollen, die man für sie vorgesehen hat. Interessanterweise sind es nicht selten sensible Naturen, die in Opferrollen gedrängt werden. Menschen spüren, dass diese sich nicht oder weniger wehren. Man kann an ihnen, wie man so sagt, „die Schuhe abputzen". Oder es sind Menschen, die mit hohen ethischen Grundsätzen leben, indem sie nicht einfach zurückschlagen. Eine solche Gesinnung strahlen wir unbewusst aus. Andere Menschen nehmen solche Signale wahr. Vor den sensiblen oder wehrlosen Menschen braucht man sich nicht zu fürchten. Durch eine Analyse unseres Verhaltens, durch Beobachtungen unserer Reaktionen und unserer Gesinnung können wir uns bis zu einem gewissen Grad aus der Opferrolle befreien. Wir müssen uns klar machen, dass wir uns nicht alles gefallen lassen müssen. Im Gegenteil: Wir lassen es zu, dass andere Menschen schuldig werden, wenn wir ihnen überhaupt keinen Widerstand leisten.

25. September
Im Einklang mit sich und der Welt leben

Gute Laune durch Selbsterkenntnis? Wer sich selbst kennt, der kann sich annehmen und achten. Er kennt seine Grenzen. Er muss sich nicht selber bemitleiden, das wäre eher eine Schwäche. Wir fühlen uns wohl im Zusammensein mit authentischen Menschen. Dabei vergessen wir vielleicht manchmal, dass sie sich mit ihrer Art zu leben nicht nur Freunde machen. Der Neid taucht immer wieder auf. Wer authentisch lebt, der lebt im Einklang mit sich und der Welt. Ein Mensch mit einem stabilen Selbstvertrauen muss die Mitwelt weder beständig bekämpfen noch sich immer und überall anpassen. Die Gesellschaft prägt uns, die anderen Menschen beeinflussen uns, die Zeit, in der wir leben, hinterlässt in unserer Seele und vielleicht auch im Körper Spuren, gute und kranke. Deshalb ist es wichtig, dass wir uns diesen Prägungen und Beeinflussungen stellen. Fragen wir uns, was uns guttut. Fragen wir, was wir davon behalten, was wir loslassen wollen. Der Mensch darf sich selber lieben.

26. September
Stille

Wenn Sie sich aber auf diese Stillezeit einlassen, dann werden Sie bald erfahren, dass Stresszeiten ausbleiben. Diese werden eben durch die Stillezeiten ersetzt. Sie entkrampfen sich so im Alltag und lassen los, was nicht wichtig ist. Warum ist das so? Weil die Zeit, in der Sie die Gedanken des Alltags loslassen, Ihnen Vertrauen und Geborgenheit schenkt. Automatisch werden Sie dann im Leben standhaft bleiben und mit mehr Ausdauer die Aufgaben bewältigen. Der Autor Michael Ende hat einmal in einem Buch treffend beschrieben, wie man eine große Aufgabe bewältigt. Er hat dies am Beispiel eines Straßenfegers getan. Dieser hat gesagt: „Man darf nie die ganze Straße sehen, sondern immer nur den Teil, den man fegt." So geht es. Das Starren auf den ganzen Tag mit vielen Terminen und Verpflichtungen kann uns erdrücken. Teilen wir den Tag ein. Christus, Buddha und andere Meister haben Millionen von Menschen einen Weg gebahnt, indem sie konsequent an Zeiten der Stille festgehalten haben. Die Zeiten der Stille schenken Gelassenheit.

27. September
Den Zwerg in die Wüste schicken

Sollte in Ihnen trotz guter Planung und konsequenter Meditation Wut auftauchen, weil eine unerwartete Situation (Stresspunkt) Sie aus der Fassung bringt, dann kämpfen Sie nicht dagegen an. Die andere Möglichkeit wäre die Flucht, aber sie ist selten gut. Lächeln Sie dem Stresspunkt entgegen. Behandeln Sie ihn wie ein Kind, das Sie herausfordern will. Schenken Sie ihm Liebe, nicht Hass. Zugegeben, das braucht einige Übung. Aber wenn wir innerlich wach bleiben, gelingt es uns mit der Zeit, die Stresspunkte so zu integrieren. Tief durchatmen, lächeln, die Herausforderung annehmen. Sagen Sie sich dann: „Nun bin ich aber gespannt, was passiert! Bis heute habe ich überlebt, auch du, kleiner Zwerg, kannst mich nicht unterkriegen!" Gelingt es Ihnen auch nicht immer, es wird Ihnen immer besser gelingen, wenn Sie daran glauben, wenn Sie es immer wieder versuchen. Dann dürfen Sie sich freuen! Belohnen Sie sich, wenn es Ihnen gelungen ist, den „Zwerg in die Wüste zu schicken"! Das steigert Ihre gute Laune.

28. September
Sich etwas gönnen

In meiner früheren Tätigkeit bin ich Menschen begegnet, die im Betrieb einfache und immer wiederkehrende Aufgaben auszuführen hatten. Darunter gab es Menschen, die mich (damals noch ein sehr junger Erwachsener) tief beeindruckt haben, weil sie eben nicht beständig innerlich den Wert ihrer Arbeit in Zweifel gezogen haben. Sie waren ganz einfach bei dem, was sie taten. Und das, was sie taten, machten sie richtig und gut. So haben sie eine scheinbar einfache Arbeit aufgewertet. Damit haben sie sich selber aufgewertet. Die Rückmeldungen, die sie für ihr Verhalten erhalten haben, haben sie glücklich gemacht. Man fühlte sich wohl in ihrer Nähe, das haben sie gespürt. So konnten sie ihre Aufgaben mit Freuden ausführen. Wer arbeitet, soll auch leben! Gönnen Sie sich etwas! Wenn Sie das nicht tun, fühlen Sie sich bald betrogen. Sie gehen nämlich nicht arbeiten, um anderen Menschen einen dauerhaften Urlaub zu ermöglichen.

29. September
Das Vermögen richtig einsetzen

Der spanische Kulturphilosoph Ortega y Gasset ist wie andere Denker auch zum Schluss gekommen, dass der Mensch in Wirklichkeit nicht des Geldes wegen arbeitet. Das Lebensnotwendige, das er durch den Lohn erhält, reicht ihm nicht aus. Ich verzichte hier darauf, seine Überlegungen anzuführen. Wer sich dafür interessiert, wird über das Internet oder in Büchern seine ausführliche Begründung finden. Doch festhalten will ich hier noch: Wer alles nur wegen des Geldes tut, der tut bald alles fürs Geld. Man kann gerade mit viel Geld das gute Leben verpassen, wenn man von dem Vermögen beherrscht wird. Die Gedanken an das Geld gehören mit Sicherheit nicht zu jenen, die uns wahres Glück und Freude schenken. Ich gebe ja gern zu, dass ein Vermögen eine gewisse Sicherheit bedeuten kann. Auch kann man mit Geld bis zu einem gewissen Grad eine höhere Lebensqualität erlangen. Aber nur dann, wenn man das Geld richtig einsetzt. Wenn Sie gute Laune haben, dann leisten Sie sich etwas mit Ihrem Geld. Henry Ford soll einmal gesagt haben: „Sparsamkeit ist die Lieblingsregel aller halb lebendigen Menschen."

30. September
Das wahre Leben nicht verpassen

Oft ist es die Angst, einmal nichts mehr zu haben, die uns hindert, unser Geld sinnvoll zu gebrauchen. Viele horten es, legen es an. Sie vergessen, dass sie damit letztlich nichts anderes als eine Zahl auf einem Stück Papier oder heute auch auf einem elektronischen Dokument haben. Nichts gegen den Notbatzen! Wer spart, weil er beispielsweise von einem Eigenheim träumt, der lebt wenigstens mit der Vorfreude. Vielleicht wenden Sie jetzt ein: „Geld allein macht zwar nicht glücklich, aber es beruhigt." Merkwürdigerweise erlebe ich in vielen Gesprächen aber genau das Gegenteil: Menschen haben Angst, das Geld zu verlieren. Sie überlegen sich, wie sie es sicher anlegen können. Dabei müssen sie feststellen, dass es keine wirkliche Sicherheit gibt. Wer zu oft ans Geld denkt, kann unter Umständen das wahre Leben verpassen. Auf jeden Fall tut dies der Seele nicht gut. Denn Geld ist an sich ein notwendiges Übel.

1. Oktober
Reset

Auch und gerade der Mensch braucht von Zeit zu Zeit einen „Reset". Zwar ist der Mensch viel mehr als ein elektronisches System, aber auch ihm tut es gut, immer wieder auch seinen Körper und seinen Geist in eine Art „Grundbefindlichkeit" zu bringen. Wie das geht? Folgende Erfahrung hat mir und vielen Menschen gutgetan: Man reserviere sich von Zeit zu Zeit Tage, an denen man ausschlafen kann. Am Vorabend fordert man seinen Körper durch eine Wanderung oder durch Sport ziemlich heraus. Man darf dabei ruhig den Schweiß auf der Haut spüren. Vorher und nachher befasse man sich mit spirituellen Texten, die positive Assoziationen enthalten. Man versuche, wie beim Gebet in der Stille, möglichst alle Gedanken der Arbeit loszulassen. Dann geht man unter die warme Dusche oder genießt ein Bad. In einem möglichst ruhigen Zimmer verbringt man die Nacht, ohne vorher Alkohol oder andere Drogen konsumiert zu haben. Am Morgen, nach dem Aufwachen, bleibt man in der Stille liegen, vermeidet es wieder, über die Arbeit oder über Sorgen nachzudenken.

2. Oktober
Sorgen ablegen

Während die Arbeit in gewissen Fällen dem Menschen hilft, dass er sich nicht beständig um sich selber dreht, können freie Tage und freie Stunden eine Zeit sein, in der Menschen ins Grübeln verfallen. Warum denken viele Menschen oft negativ? Wenn wir der Ursache auf den Grund gehen, dann sind es bei genauer Betrachtung oft wieder unbewusste (oder auch bewusste) Ängste, die ich schon im ersten Kapitel angesprochen habe. Viele machen sich Sorgen um die Zukunft. Sie vergessen, dass sie mit ihren Sorgen nichts, aber auch gar nichts ändern können. Manchmal kommt es einem so vor, als würden Menschen meinen: „Je mehr Sorgen ich mir mache, desto mehr habe ich mein Leben im Griff." Aber zu viele Sorgen vertreiben die gute Laune und machen Menschen krank. Deshalb sollten wir Sorgen, wenn sie in uns auftauchen, sofort als solche entlarven. Sagen wir uns: Was auch immer passiert, ich werde es meistern. Sorgen, die immer wieder auftauchen, können Sie „schriftlich beantworten", indem Sie sich notieren, aus welchen Gründen die Sorgen Sie nicht mehr beherrschen können.

3. Oktober
Nicht aufregen!

Eine erfrischende Aussage, die ich in der letzten Zeit gelesen habe, war das Gebet eines Mystikers, der einmal am Abend gesagt hat: „Gott, ich danke dir, dass es heute nicht so gelaufen ist, wie ich es mir vorgestellt habe." Er konnte mit innerem Abstand auf den vergangenen Tag zurückblicken. Er hat sich die Weisheit zu eigen gemacht: Nicht die anderen Menschen regen mich auf, sondern ich rege mich auf. Ich bin aber ja nicht verpflichtet, mich aufzuregen. Im Leben werden unsere Pläne immer wieder durchkreuzt. Im Nachhinein stellen wir fest, dass viele scheinbare „Störungen" uns gar nicht geschadet haben. Im Gegenteil: Sie haben uns sogar eine neue Perspektive eröffnet. Bleiben wir also beweglich! Ärgern wir uns nicht darüber, dass nicht alles immer so läuft, wie wir es uns vorgestellt haben. Ich weiß, das gelingt nicht immer – aber immer besser, wenn wir es bewusst einüben!

4. Oktober
Welche Nachrichten tun mir gut?

Vor einiger Zeit hielt ich eine Tageszeitung in der Hand. Auf der Titelseite war ein fingiertes Foto abgedruckt, das ein Bild der Zerstörung von Basel zeigte. Der Artikel handelte von einem möglichen Erdbeben. Ein paar Seiten später konnte man auf einer ganzen Seite einen Artikel über „die absurde Bombe" lesen. Es ging um die Atomwaffen. Mit vielen Zahlen wurde ein Schreckensszenario aufgebaut. Zudem ging es um die bewaffneten Konflikte. Ich begann zu lesen, dann hielt ich inne: „Warum tue ich mir das eigentlich an? Was für einen Nutzen habe ich von dieser Lektüre?" Ist es sinnvoller, von einer friedlichen Welt zu träumen, als einen Artikel über einen möglichen Atomkrieg zu lesen? Sicher ist: Wer vom Frieden träumt, tut der Seele etwas Gutes. Apropos Träume: Auch wenn einige moderne Psychologen – ich betone: einige, solche aus einer bestimmten Schule – mindestens bis zur Mitte des vergangenen Jahrhunderts Tagträume als „Flucht aus der Realität" deklariert haben, so halten ich und viele Psychologen heute dagegen: Eine solche Flucht ist ebenso sinnvoll wie die Fahrt in den Urlaub.

5. Oktober
Gute Laune durch Loslassen

Eines Tages ging plötzlich nichts mehr: Das Internet war gestört, mein Rasierapparat tat keinen Wank mehr, meine Brille war wie vom Erdboden verschluckt, das Telefon stellte keine Verbindung mehr her … Ich hielt inne, überlegte mir, was ich tun soll, wenn ich nichts mehr tun kann. Genau! Nichts tun. Die Erde wird sich weiter drehen. „Gönne dir diese Auszeit", sagte ich mir. Vor nicht allzu langer Zeit haben schon unzählige Millionen Menschen auf diesem Planeten ohne Rasierapparat, Handy, Internet, Telefon, Computer gelebt; sie waren weder unglücklicher noch glücklicher als wir, sie haben mit guter Laune gelebt. Dann tat ich das, was ich schon lange tun wollte: einem lieben Menschen eine Karte schreiben, von Hand, als persönlichen Gruß. Jetzt hatte ich die Gelegenheit dazu! Allerdings dachte ich auch ein wenig beschämt: Muss zuerst nichts mehr gehen, bis du an diesen Menschen denkst? Nach einer Pause, nach einem kurzen Spaziergang, bin ich dann wieder ganz bei mir angekommen.

6. Oktober
Ballast abwerfen

Vieles steckt in unseren Schränken und Schubladen, das wir gar nicht mehr brauchen. Oft suchen wir Dinge und finden sie nicht, weil sie irgendwo im Krempel stecken. Loslassen tut gut und befreit. Es schenkt gute Laune. Wer schon einmal mutig beispielsweise bei einem Wohnortswechsel Ballast abgeworfen hat, der weiß, wie befreiend das sein kann. Die Seele blüht auf. Ich möchte aber mit dem Ballast vor allem auf den „inneren Krempel" hinweisen, den wir mit uns tragen. Es sind ungute Erinnerungen, falsche Denkschemen, negative Gedanken, Ängste und Sorgen, Befürchtungen und Vorurteile, die uns belasten. Wir können lernen, diese loszulassen. Vielleicht gelingt es in einigen Fällen nicht von heute auf morgen, aber wenn Sie folgende Punkte beachten, werden Sie es schaffen: Was Sie in den vergangenen fünf Jahren nicht mehr gebraucht haben, können Sie weggeben. Probleme, die Sie nicht lösen können, lassen Sie los. Negative Gedanken lassen Sie sofort los.

7. Oktober
Menschen loslassen

Vielleicht gibt es eine Person, über die Sie sich immer wieder ärgern. Im ersten Schritt müssen Sie sich klarmachen, dass Sie sich eigentlich nicht über die Person, sondern über ihr Verhalten ärgern. Der andere Mensch ist durch Prägung und durch Schicksal zu dem geworden, was er ist. Damit will ich unangenehme Zeitgenossen nicht einfach von einer Mitschuld lossprechen. Wenn ich mich aber über einen anderen Menschen ärgere, dann muss sein Verhalten etwas mit mir zu tun haben. Warum ärgere ich mich über sein Verhalten? Weil ich negativ denke. Nehmen wir an, Sie versuchen etwas aus Ihrem Leben zu machen. Sie nutzen Ihre Begabungen und Fähigkeiten, übernehmen Verantwortung im Betrieb oder als Familienvater oder Mutter. Sie haben einen Bruder, der sich gehen lässt, auf alles pfeift und sich vom Sozialstaat bedienen lässt. Wenn Sie an ihn denken, ihn verurteilen, denken Sie negativ. Dann sind Sie von ihm „besetzt"; er hat Macht über Sie. Aber Sie werden ihn dadurch nicht um eine Haaresbreite ändern. Denken Sie hingegen daran, wie Ihr verantwortungsvolles Leben und Wirken Ihnen Befriedigung bringt, der Welt dient, dann denken Sie richtig.

8. Oktober
Sich nicht von anderen blenden lassen

Wenn das Bild des anderen Menschen vor Ihrem inneren Auge auftaucht, dann wünschen Sie ihm, dass er auch einmal die Freude in sich erlebt, welche der Tätige in der Übernahme der Verantwortung erfährt. Sie können sich auch einmal bewusst machen, dass dieser andere Mensch Sie wohl im Geheimen bewundert oder gar neidisch ist. Vielleicht provoziert er Sie, indem er Ihnen glaubhaft machen will, wie sein Leben als „freier Vogel" doch bunt und vielfältig ist. Gelingt es ihm, Sie so zu irritieren, dann gönnen Sie sich zu wenig. Sie können nämlich zur rechten Zeit diese Stimmung auch haben, beispielsweise im Urlaub, ohne dabei alles hinschmeißen zu müssen. Denn wahr ist: Wenn der Urlaub zum Alltag wird, verliert er jeden Reiz. In einzelnen Fällen übertragen wir eigene Defizite auf andere. Wir geben dann ihnen die Schuld, wenn es uns nicht gut geht. Wer nie eingespannt ist, nie fremdbestimmt ist, kann auch seine Freizeit nicht mehr genießen.

9. Oktober
Einsicht

In Abwandlung eines Textes, den ich einmal gelesen habe, möchte ich hier folgende Empfehlung festhalten:

Wer die Einsicht besitzt, ist auch maßvoll. Wer maßvoll ist, ist auch gleichmütig. Wer gleichmütig ist, lässt sich nicht aus der Ruhe bringen. Wer sich nicht aus der Ruhe bringen lässt, ist ohne Kummer. Wer ohne Kummer ist, ist glücklich. Also ist der Einsichtige glücklich. Und die Einsicht reicht aus für eine innere Ruhe, für ein gleichmütiges und glückliches Leben.

Ich könnte hinzufügen: Ein solcher Mensch lebt mit guter Laune!

10. Oktober
Dinge tun, die Freude machen

In den reichen Industrienationen kann Loslassen also auch schon beim gesunden Maß anfangen. Reichtum kann bekanntlich auch belasten. Wer viele kostbare Güter hat, fürchtet sich vor dem Einbrecher, andere haben Angst, eine Geldentwertung könnte ihr Vermögen dahinraffen. Jede Form von Angst verhindert unsere gute Laune. Andere Menschen springen von Event zu Event und tanzen durch die Nächte. Man hat bei ihnen den Eindruck, sie hätten panische Angst, etwas zu verpassen. Dabei ruinieren sie sogar ihre Gesundheit. Einige tun dies aus Überzeugung. Sie sagen: „Lieber ein kurzes, intensives und prickelndes Leben als ein langes und langweiliges Leben." Einige haben diese Einstellung allerdings schon bereut ... Sie haben ihren Körper dermaßen strapaziert, dass sie keine Grundlage für ein weiteres Leben mehr hatten. Ein erfülltes Leben muss nicht darin bestehen, es möglichst vollzupacken, sondern darin, möglichst Dinge zu tun, die Freude machen, und dabei das Unnötige wegzulassen.

11. Oktober
Sich abgrenzen

Wer so etwas in einer „satten Gesellschaft" schreibt, der wird wohl ein mitleidsvolles Lächeln ernten. Doch manchmal herrscht auch Überdruss am Überfluss. Viele können die einfachen Speisen gar nicht mehr schätzen. Es gehört zu den traurigsten Tatsachen, dass sich Menschen heute buchstäblich zu Tode essen. Damit leben sie mit Sicherheit ohne gute Laune. Sie werden von einem Zwang beherrscht. Oder sie verdrängen Angst, Verletzung oder Gaben, die in ihnen schlummern. Gerade der letzte Punkt könnte eine wichtige Erkenntnis sein: Wer sich im äußeren Leben nicht abgrenzt oder abgrenzen kann, der stopft seinen Leib und seine Seele mit Alkohol, viel Essen, vielleicht auch übermäßigem Fernsehkonsum voll. Der Mensch lebt gesund, wenn er aus Freiheit auch etwas tun kann, das er selber tun will. Hat ein Mensch einen inneren Ruhepunkt, pflegt er eine gesunde Spiritualität, indem er sich um das Wohl seiner Seele kümmert durch Gebet, Literatur, Meditation, durch eine kreative Tätigkeit, dann vermag er die negativen Seiten auszugleichen. Ein Mensch kann Verletzungen „verdauen", indem er sie erkennt und ihnen nicht zu viel Gewicht gibt.

12. Oktober
Was nutzt eigentlich ein Prestigeobjekt?

Heute gewähren Banken Hypotheken. Ich kenne Menschen, die ein modernes Haus mit allen modernen Einrichtungen besitzen, dafür aber viel Zins zahlen müssen. Sie haben schlaflose Nächte, weil sie nicht mehr wissen, ob sie über die Runden kommen. Ich bin kein Minimalist. Deswegen horche ich auf, wenn ich höre, man soll seine Bedürfnisse in ein gesundes Verhältnis zu seinen Mitteln bringen. Werden wir da nicht – von wem auch immer – zur Genügsamkeit erzogen? So nach dem Motto: „Euch steht nicht mehr zu!" Menschen dürfen nach mehr Lebensqualität streben. Doch in gewissen Fällen denke ich mir: Warum soll ich mich mit einer luxuriösen Villa belasten? Kommt es auf die Größe an? Was nutzt mir ein Prestigeobjekt? Gehe ich am Ende dafür arbeiten, dass andere Menschen sehen, was ich mir leisten kann, oder sogar noch Neid empfinden? Wem käme da nicht die Weisheit des berühmten griechischen Philosophen Diogenes in den Sinn, der in einer Tonne gelebt haben soll. Alexander der Große soll ihn einmal besucht haben, beeindruckt von seiner Bescheidenheit, versprach er ihm, jeden Wunsch zu erfüllen. Doch Diogenes sagte nur: „Geh mir aus der Sonne!"

13. Oktober
Vergiss nicht zu leben!

In den Leistungsgesellschaften vergessen Menschen, dass das Leben nicht nur aus Arbeit besteht. Ich denke da gerade an Deutschland und die Schweiz, wo dieses Buch gelesen wird. In der Schweiz gibt es eine Einsicht: „Wir Schweizer leben, um zu arbeiten, die Italiener arbeiten, um zu leben." Deshalb zieht es viele Schweizer im Urlaub nach Italien. Sie spüren: Da können wir noch etwas lernen. Während wir Überstunden machen, können die Menschen im Süden in der lauen Sommernacht sich noch ein Glas Wein gönnen, das Rauschen der Wellen genießen und wissen: Dieser Augenblick kommt nie mehr zurück. Ich habe mich auch schon dabei ertappt, dass ich am Sonntag in der Versuchung war, Arbeiten zu erledigen. Dann kam mir in den Sinn: Hat denn nicht der liebe Gott selber sich am siebten Tag eine Auszeit gegönnt? Er will ja gar nicht, dass wir uns zu Tode schuften. Ja, wir dürfen einmal in der Woche wirklich ausruhen, herunterfahren, uns eine Pause gönnen.

14. Oktober
Den anderen Menschen verstehen

Durch das Medium Internet sind viele von uns heute mit den verschiedensten Bereichen der Welt und mit vielen Menschen verbunden. Die Lust an diesem Medium zeigt, wie sich der innere Mensch nach einer Verbindung mit den anderen Menschen und der Welt sehnt. Doch bei den alltäglichen Begegnungen mit Menschen ist das Gefühl der Verbundenheit nicht immer da. Warum? In einem ganzheitlichen Weltbild wird klar, wie wir alle miteinander verbunden sind. Das Handy, das wir mit uns tragen, und das Internet, sie zeigen diese Verbindung an. Ich trage den anderen Menschen irgendwo in mir. Es gibt am oder im anderen Menschen eine Stelle, die mich anspricht, wenn ich sie nur finde … Wenn ich ihn nur lange genug und genau ansehe … Ich kann jeden lieben, den ich verstehe. Doch Verständnis erfordert eine Aktivität des inneren Menschen. Auch hier geht es um das Loslassen: Ich lasse meine Vorurteile los. Anerkenne ich einen Menschen, begegne ich ihm richtig, dann gelingt das Zusammenkommen und die gute Laune stellt sich ein.

15. Oktober
Wie wir abgestumpft werden

Wirkliche Solidarität und wirkliche Kommunikation entstehen nur dort, wo Menschen sich auch in der Wirklichkeit begegnen. Wir Menschen sind ganzheitlich veranlagt. Was wir sehen, tasten, berühren, hören und fühlen können, das betrifft uns wirklich. So werden Menschen dort immer mehr helfen, wo sie den ganzen Menschen konkret als hilfebedürftig erfahren. Die elektronischen Medien hingegen stumpfen leider bis zu einem gewissen Grad ab. Sie lassen uns nicht „ein-greifen". „Es geschieht ja nur am Bildschirm", denken wir. Oft verwischen die Grenzen zwischen Fiktion und Realität. Bewusst arbeiten Medienschaffende mit dieser Verwischung, um höhere Quoten zu erzielen. In einem meiner ersten Bücher habe ich deswegen schon vor vielen Jahren auf das Phänomen aufmerksam gemacht, dass Menschen nicht mehr anhalten, wenn am Straßenrand ein verletzter Mensch liegt. Die Frontscheibe ist für sie wie ein Bildschirm. Und beim Fernsehen kann man ja nicht eingreifen.

16. Oktober
Vom bewussten Leben

Wer bewusst lebt, kann sich im Alter sagen: „Ich habe viele schöne Stunden erleben dürfen. Nun geht es weiter." Er darf und kann seine Hände ausstrecken und sich führen lassen. Vertrauen ist immer eine Grundbedingung für gute Laune. Ebenso wird ein Mensch, der beispielsweise längere Zeit seine kranke Mutter oder seinen kranken Vater liebevoll gepflegt hat, sie oder ihn loslassen können. Er darf sich sagen: „Ich habe meine Arbeit getan." Das darf sich auch ein Mensch sagen, der sich auf die Pensionierung vorbereitet. Der Vollständigkeit halber muss ich hier auch noch erwähnen, dass wir - wie oben beschrieben - nicht nur schwierige Personen loslassen müssen, um mit guter Laune leben zu können. Es sind auch viele Gedanken, negative Gedanken, die uns belasten. Sicher kennen Sie das: Wir grübeln über eine Sache nach, finden keine Lösung. Dann gilt: Ich lasse sie los. Mein endloses Grübeln führt nicht zu einer Lösung. Deshalb können wir nur mit guter Laune leben, wenn wir unnötige Sorgen loslassen.

17. Oktober
Wenn die Seele in Ordnung ist

Glück schenkt uns gute Laune. Aber wie werden wir glücklich? Lernen wir auch hier von einem weisen Menschen. Hermann Hesse zähle ich dazu. Seine Worte bleiben wahr: „Es gibt keine Pflicht des Lebens, es gibt nur eine Pflicht des Glücklichseins. Dazu allein sind wir auf der Welt, und mit aller Moral und allen Geboten macht man einander selten glücklich, weil man sich selbst damit nicht glücklich macht. Wenn der Mensch gut sein kann, kann er es nur, wenn er Harmonie in sich hat, also wenn er liebt. Dies war die Lehre, die einzige Lehre in der Welt. Dies sagte Jesus, dies sagte Buddha. Für jeden ist das einzig Wichtige auf der Welt sein eigenes Innerstes, seine Seele, seine Liebesfähigkeit. Ist die in Ordnung, so mag man Hirse oder Kuchen essen, Lumpen oder Juwelen tragen, dann klang die Welt mit der Seele rein zusammen, war gut, war in Ordnung."

18. Oktober
Wir hören, was wir hören wollen

Es ist Nacht. Ich öffne ein Fenster. Der Lärm der Autos ist verstummt. Ich höre Grillen zirpen. Mir fällt die kleine Geschichte ein: Ein Indianer ist mit einem Geschäftsmann in einer lauten Stadt unterwegs. Der Indianer hört das Geräusch einer Grille und macht den Geschäftsmann darauf aufmerksam. Dieser kann sich nicht vorstellen, dass sich ein solches Tier in der Nähe befindet. Der Indianer zeigt es ihm, indem er ein Blatt einer Pflanze umkehrt. Dann hört der Geschäftsmann den Klang einer Münze, die auf den Asphalt fällt, die eben einer verloren hat. Sofort wendet er sich dem Geschehen zu. Wir sehen, was wir gewohnt sind, was wir sehen wollen. Für den Geschäftsmann hatte das Geld oberste Priorität. Heute sind wir alle moderne Menschen, die sich in technischen Welten bewegen. In der Freizeit erfahren wir, wie die Stimmungen der Natur uns im tiefsten Wesen berühren, bewegen und auch beleben. Viele nehmen sich heute zu wenig Zeit für die Wunder der Schöpfung.

19. Oktober
Was uns die Natur schenkt

Dass Aufenthalte in der Natur unsere Laune verbessern, ist wohl keine neue Entdeckung. Wer hat sich nicht schon durch Erlebnisse in der Natur in einer besonderen Stimmung erfahren? Das Rauschen eines Baches, das Zwitschern der Vögel, das Sonnenlicht, welches das Moos bescheint, die Grüntöne bringen uns in eine innere Harmonie. Es geht bei Aufenthalten in der Natur aber um mehr als um eine „seelische Erbauung". Es ist auch durch die moderne Wissenschaft nachgewiesen worden, dass sich die Substanzen der verschiedenen Pflanzen auf den menschlichen Organismus übertragen. Das ist allgemein bekannt. Ich möchte hier aber noch einen Schritt weitergehen. Während Aufenthalte in der Natur uns in eine innere Ruhe bringen, kann das Miterleben des Jahres ein noch stärkeres Gefühl der Geborgenheit, des inneren Friedens und damit auch der dauerhaften guten Laune vermitteln. Das Jahr wird gleichsam zur Trägerin unserer Seele. Wie ich das meine? Auch und gerade das Erleben der vier Jahreszeiten gibt der Seele Nahrung, lässt sie „atmen". Bei uns in Mitteleuropa haben wir die Möglichkeit, die Natur in den verschiedenen Phasen zu erleben. Jede Jahreszeit hat dabei einen eigenen Reiz.

20. Oktober
Wir werden erwartet!

In der christlichen Gesinnung beginnt das Jahr mit der Adventszeit, mit der gläubige Menschen den Erlöser erwarten. Diese Zeit ist für sie mit einer Vorfreude, aber auch mit einer ernsten Stimmung verbunden. Denn es geht dabei auch um die Wiederkunft Christi. An der Schwelle zum Tod begegnen unzählige Menschen heute dem Lichtwesen, das sehr viele von ihnen mit Christus identifizieren. So gesehen ist auch jedes Jahr mit einer (neuen) Erfahrung einer Erwartung verknüpft. Der Kabarettist Hanns Dieter Hüsch wurde einmal gefragt, was er sich nach dem Tod erhoffe. Er soll geantwortet haben: „… einmal erwartet zu werden." Ganz am Anfang unseres leiblichen Daseins ruhen wir einer Blumenzwiebel gleich im verborgenen Schoß der Mutter. Sie erwartet uns. Wir werden also erwartet. Wenn es wahr ist, dass wir am Ende des Lebens wieder erwartet werden, dann schließt sich der Kreis, der uns Geborgenheit und Vertrauen vermittelt. Wir werden erwartet: was für ein tröstlicher Gedanke!

21. Oktober
Alles Vergängliche
ist nur ein Gleichnis

Wir sprechen vom Jahreskreis. Ein Kreis hat weder Anfang noch Ende. In allen Kulturen spielt der Kreis eine besondere Rolle. Eheleute stecken sich einen Ring an, Symbol für die ewige Liebe. Der Kreis zeigt das Ewige, die Zeit- und Raumlosigkeit an. Im Zen-Buddhismus steht er für die höchste Erleuchtung. Wir leben gesund, wenn unser Kreislauf intakt ist. Wir leben ganz, wenn wir die verschiedenen Phasen unserer Menschwerdung bejahen und durchleben: Einmal kehren wir zur Erde zurück. Oder ist es nur ein Teil von uns, der zur Erde zurückkehrt? Wenn wir uns nur schon einen Baum ansehen, dann ahnen wir die tieferen Schichten des Werdens und des Vergehens: Im Herbst fallen die Blätter von ihm ab. Man könnte bei seiner Betrachtung den Eindruck haben, er sei im Winter wie tot. Doch trägt er ja schon die Veranlagung für das neue Leben in sich. Wenn es wahr ist, dass alles Vergängliche nur ein Gleichnis für das Unvergängliche ist, dann dürfen wir am Bild des Baumes das neue Leben ablesen.

22. Oktober
Von der Natur lernen

Das Leben der Pflanze beginnt, wenn sie den Erdboden durchbrochen hat. Das neue Leben des Menschen beginnt nach der jüdisch-christlichen Vorstellung nach dem Tod, weshalb die ersten Christen den Todestag als den wahren Geburtstag gefeiert haben. In den Katakomben finden wir das Bild des guten Hirten, der die Seele des Menschen erwartet und trägt. In vielen christlichen Kirchen sehen wir Maria, die Mutter, die das Kind auf den Armen trägt. Ein Bild für unsere Seele, die getragen wird. Zugleich erinnert das Bild an die Mutter Erde, die uns trägt, die uns erträgt. Das Jahr wird zum Spiegel der Seele; in einem Jahr ist unser Leben, unser Gedeihen, unsere Verwandlung, unser Reifen zusammengefasst. Wenn wir die Jahreszeiten bewusst erleben, sie gestaltend deuten, dann erwacht unsere Seele. Das innere Licht der Freude gleicht den Farben, die im Herbst aufleuchten, die schon immer in den Blättern verborgen waren. Dann fühlt sich auch der innere Mensch getragen und behütet. Er spürt seinen Wesenskern, der im Wandel der Zeit bestehen bleibt. Gerade dies ist eine Erfahrung, die dauerhaft gute Laune schenken kann.

23. Oktober
Was uns Freude schenkt

Gute Laune durch ein Leben mit der Natur: Wir Menschen sind natürliche Wesen und bleiben deshalb auf eine gesunde Natur, auf eine intakte Mitwelt angewiesen. Auch wenn wir uns heute oft in technischen Welten bewegen, in geschlossenen Räumen vor dem Bildschirm sitzen oder im Auto unterwegs sind. Zu den Bedingungen für eine gute Laune gehören auch: Tageslicht, frische Luft, genügend Bewegung und eine gesunde Ernährung. Letztere kann unsere Laune beeinflussen, auch wenn wir dies nicht auf den ersten Blick sehen. Bekanntlich macht Schokolade manche Menschen „glücklich". Ich denke aber auch daran, dass Abwechslung in der Nahrungsaufnahme und die Qualität der Produkte durchaus eine Wirkung auf unsere Stimmung haben. Wer hat sich nicht schon über ein liebevoll zubereitetes Menü gefreut? Kochsendungen sind heute „in". Oft werden sie als Unterhaltung angeschaut. Wer selber kocht, der merkt, dass es oft nicht so schnell geht. „Gut Ding will Weile haben", heißt es. Wir wissen auch: Das Auge „isst mit". Was schön angerichtet ist, erfreut das Herz.

24. Oktober
Werden und Vergehen

Durch Naturerscheinungen kann der Mensch nicht „nur" die Größe Gottes ahnen; es regt sich auch durch sie das ewige oder göttliche Wesen im Menschen. Vielleicht ist das ein weiterer Grund, warum Menschen gerne ans Meer oder in die Berge fahren. Sie spüren die Erhabenheit der Welt und den Atem des Lebens. Aber auch schon der geheimnisvolle und wunderbare Gesang der Vögel in der Frühe lässt das größere Leben anklingen. Menschen spüren bei solchen Erscheinungen: Da ist etwas, das vor mir war, das noch ist, wenn ich nicht mehr da bin. Das Werden und Vergehen der Natur kann sich auf die Befindlichkeit des Menschen übertragen: Ein Mensch mit einem gesunden Vertrauen kann dem Alter gelassen entgegensehen. Er besinnt sich gerade in dieser Zeit vermehrt auf die geistige Welt. Der Geist allein entdeckt und erfährt den Geist in der Welt. Wer das Geistige sehen will, der muss aktiv werden, es suchen und es spüren wollen. Dazu braucht der Mensch Mut zur Stille. Alles zu seiner Zeit. Im Alter haben wir uns auf den Übergang in die geistige Welt vorzubereiten.

25. Oktober
Der heilsame Jahreskreis

Wenn wir dann die vielen Zeugnisse derjenigen Menschen, die einmal Blicke über die Schwelle (nach dem Tod) werfen durften, ernst nehmen, dann wird sich unsere Laune nicht trüben. Im Gegenteil: Sie berichten doch von einer Geborgenheit und einer Liebe, die alles übersteigen, was wir hier auf Erden als Liebe erfahren. Ist das nicht ein Grund zur Freude? Der innere Mensch, der mit dem geistlichen Jahreskreis lebt, beginnt in einer höheren Ordnung zu atmen. Das Leben mit dem Jahreskreis verhilft dem inneren Menschen zu einem Leben, das seinem ganzen Wesen gerecht wird. Das kann nur der erfahren, der sich darauf einlässt. Sensible Menschen spüren an den Festtagen auch und gerade eine Stimmung in der Natur, eine Nähe der geistigen Welt, die guttut. Jeder kann zum Beispiel die österliche Freude erfahren, wenn er sich dafür öffnet. Ostern kann man nicht machen, man kann aber die Auferstehungskraft erfahren. Der innere Mensch braucht Zeiten, in denen er sich auf das Göttliche in sich und in der Welt besinnen kann. In der englischen Sprache gibt es für den Urlaub das bedeutsame Wort „holidays": heilige Tage. Sie schenken tatsächlich Heilung für die Seele.

26. Oktober
Orte der Kraft können durch uns entstehen

Oftmals lässt sich beobachten, wie in einer reizenden Landschaft friedvolle und liebevolle Menschen leben. Natürlich darf diese Erkenntnis nicht gepresst werden. Aber auch hier gilt wohl bis zu einem bestimmten Grad: Ausnahmen bestätigen die Regel. Die Landschaft wirkt auf Menschen, prägt sie. Doch auch das Umgekehrte ist der Fall: Auch Menschen strahlen eine Landschaft aus – eine innere Landschaft, eine seelische Atmosphäre. Man fühlt sich wohl in der Umgebung gewisser Menschen. Gütige, friedvolle und liebevolle Naturen verbreiten eine entsprechende Energie und laden die Umgebung mit einer positiven Kraft auf. Ich spreche hier wirklich aus Erfahrung. Wer hat nicht schon erlebt, wie er gerne in der Nähe eines Menschen ist, der mit sich und der Welt im Einklang lebt. Ruhige Naturen ziehen uns in der Regel an. Sie sind offen für andere. Wir spüren ihre Offenheit. Dann wagen wir es, uns ihnen zu nähern. Wenn wir also selber diese Eigenschaften einüben und leben, dann wirken wir anziehend auf andere Menschen. Also, wie gelingen Begegnungen, die uns und andere mit guter Laune leben lassen? Indem wir andere „beob-achten", das heißt, sie in ihrer Einmaligkeit und mit ihren Grenzen achten und immer genau hinsehen, was sie leiden lässt, was sie uns zu sagen haben!

27. Oktober
Die Welt hinter der Welt

Es gehen zwei Menschen durch die gleiche Landschaft. Der eine empfindet nichts dabei, ihm sagt die Landschaft nichts; sie spricht ihn nicht an. Der andere Mensch dagegen empfindet einen inneren Reichtum, ein inneres Glücksgefühl. Die Erscheinungen der Umwelt versetzen ihn ins Staunen, faszinieren und inspirieren ihn. Warum? Der Mensch, der so angeregt, innerlich bewegt und belebt wird, ist bereits einen Weg gegangen. Er hat Kräfte mobilisiert, er hat sich formen lassen, was wohl nicht unbedingt immer angenehm für ihn war. Dadurch aber hat eine höhere Macht sein Wesen geöffnet, sodass er nun empfänglich ist für die „neue Welt". Mit der neuen Welt meine ich die geistige Wirklichkeit „hinter" den Naturerscheinungen. Wer sieht die neue Welt? Der, der dankt. Ich kann das – zugegeben – nicht beweisen, aber ich habe es im Leben beobachtet. Dankbare Naturen scheinen mir ganz einfach glücklich und zufrieden zu sein. Interessanterweise erlebe ich bei diesen Menschen auch wieder Offenheit! Mir kommt es also so vor, als würden tugendreiche Menschen von Stufe zu Stufe gehoben!

28. Oktober
Was uns Freude schenkt

Gerade die verschiedenen Stimmungen, die wir bei uns in Mitteleuropa durch die verschiedenen Jahreszeiten erleben, widerspiegeln sich in unserer Seele. Sie schenken uns Freude! Eine Landschaft sieht anders aus, wenn im Spätsommer die Schatten stärker werden oder die Getreidefelder leuchten. Der erste Schnee „verzuckert" die Berge. In klaren Nächten „baden wir im Sternenmeer" und ahnen die Erhabenheit und Größe des Daseins. Im Frühjahr sehen wir ein Meer von blühenden Bäumen. Ich könnte noch viel mehr aufzählen. Alle diese Erscheinungen faszinieren. Angekommen bin ich bei der Dankbarkeit. Wenn wir diese Erscheinungen auf uns wirken lassen, steigt doch das Gefühl der Dankbarkeit in uns auf. Sie schenkt Freude, gute Laune! Was sagen ältere Menschen, Menschen, die wissen, dass sie nicht mehr lange leben werden? Sie sagen: „Wenn ich nochmals jung wäre, das Leben noch vor mir hätte, dann würde ich viel mehr die Natur erfahren. Ich würde mehr in den Wald gehen, mehr in einem See schwimmen, mir Zeit nehmen für die vielen Erscheinungen der Natur. Ich würde mir weniger Sorgen machen, mehr lachen, mehr im Augenblick leben, mehr lieben, verrückte Dinge tun!"

29. Oktober
Von Kindern lernen

Einmal hat eine Lehrerin bei Schülern der 5. Klasse, übrigens alles Buben, eine Umfrage zum Thema „Glück" gemacht. (Glück schafft gute Laune, oder nicht?) Die jungen Menschen sollten aufschreiben, was für sie „Glück" bedeutet. Man muss vielleicht dazu sagen, dass es Schüler einer ländlichen Gegend waren. Die deshalb wohl eher noch unbelasteten jungen Menschen kamen erstaunlicherweise zu einem ähnlichen Schluss wie die erwähnten alten Menschen, die im Rückblick auf ihr vergangenes Leben aufgezählt haben, was sie tun würden, wenn sie noch einmal jung wären. „Immer das Gute sehen im Leben." „Nicht gierig sein." „Freundschaften suchen und pflegen." „Nur Sachen machen, die Spaß machen." „So viel wie möglich lachen." „Immer freundlich sein." „Hilfsbereit sein." „An Gott glauben." „Zu seinen Mitmenschen freundlich sein." Ergänzung eines anderen Jungen: „Von geliebten Menschen umgeben sein." „Sei du selbst." „Schöne Momente genießen." „Sei nett und teile." „Habe Sorge zur Natur und sie wird dich nicht verschlucken." „Steh auf und mach weiter." „Teile deine Freude." „Bewundere die Welt."

30. Oktober
Gute Laune durch Rituale

Vor vielen Jahren war ich in einer Stadt tätig. Einmal in der Woche gönnte ich mir ein Mittagessen in einem Restaurant, das um diese Zeit von wenigen Gästen besucht wurde. Mir war es recht, denn ich schätzte die Stille. Es war ein gewöhnliches Lokal. Der Kellner, ein Südländer, war ruhig, höflich und diskret. Ich bestellte mir jeweils ein kleines Fläschchen Mineralwasser, bevor ich mich für das Essen entschied. Nach einiger Zeit brachte mir dieser Kellner nach der Begrüßung ohne eine Bestellung meinerseits das Wasser mit der aktuellen Speisekarte. Beim ersten Mal war ich erstaunt darüber. Doch bald begriff ich: Dieser Mann wollte mir gleichsam sagen: „Ich kenne deine Vorliebe, ich will dir deinen Wunsch erfüllen." Tatsächlich hat mich diese kleine Geste beeindruckt. Es war ein Ritual, das ein anderer Mensch als solches erkannt hat. Wenn wir wissen, was der andere Mensch will, wenn wir ihm diesen Wunsch erfüllen, dann werten wir ihn auf.

31. Oktober
Sich die Freiheit bewahren

Nichts ist heilsamer, als sich von Zeit zu Zeit die Fragen zu stellen: „Wie oft ärgere ich mich? Wie oft kann ich mit Gelassenheit schwierigen Situationen begegnen?" Wenn ich hoffe und glaube, dass es einen Plan gibt, dass es eine geistige Führung gibt, dann kann ich mit Vertrauen leben. Ein Mensch, der mit Gelassenheit lebt, ist erlöst. Wir sind und bleiben „Kinder unserer Zeit", wir (die meisten von uns) können das (vorherrschende) System nicht durchbrechen. Doch wir können lernen, innerhalb der Strukturen mit einem großen Maß an Freiheit zu leben, wenn wir innerlich frei bleiben. Wir bleiben innerlich frei, wenn wir an uns glauben. Dieser Glaube hilft uns, das Leben zu bejahen. Wir suchen das Wahre, das Schöne und das Gute und erfahren dabei, wie das Wahre, das Schöne und das Gute uns finden und uns zulächeln. So werden wir vom Leben von Stufe zu Stufe gehoben. Wir erlangen tatsächlich eine Seligkeit, die uns guttut.

1. November
Selber froh machende
Rituale entwickeln

Rituale geben unserem Leben einen Rahmen. Sie sind sinnvoll und nötig, weil sie uns ein Gefühl der Geborgenheit vermitteln. Ich könnte auch schreiben: Sie geben dem inneren Menschen einen Halt. Zum Beispiel kann es ein Ritual sein, sich jeden Tag dreimal zu überlegen, was einem Freude macht. Dies fördert Ihre gute Laune. Überlegen Sie sich jetzt, was Ihnen guttut, worauf Sie sich freuen. Es gibt kleinere und größere Rituale. Ein Ritual habe ich schon genannt: Gerade in der lärmigen Welt sollte der Mensch sich am Morgen, unmittelbar nach dem Aufwachen, eine Zeit reservieren, in der er ganz bei sich ist. Ich denke dabei nicht an Ereignisse des bevorstehenden Tages, sondern versuche, mich in der Liebe des Universums zu spüren. (Wenn Ihnen eine religiöse Sprache vertraut ist, können Sie dieser Liebe auch den Namen „Gott" oder „Christus" geben.) Sie können diese Auszeit mit einer Verbeugung beenden. Sie können sie abschließen mit den Worten: „Mich gibt es nur einmal. Ich bin einzigartig. Ich habe eine absolute Daseinsberechtigung. Ich trage die Kraft in mir, die ich brauche."

2. November
Gönnen Sie sich etwas!

Größere Rituale können sein: Gestatten Sie sich einmal im Monat einen Wüstentag. Dann gehen Sie an einen Ort, an dem Sie noch nie waren. Es kann auch ein vertrauter Ort sein, wenn Sie sich an diesem Fleck wohlfühlen. In jeder Jahreszeit buchen Sie ein Weekend in einem schönen Hotel. Sie lassen sich dann verwöhnen, gönnen sich eine Massage oder ein gutes Essen, wenn Sie sich das leisten können. Wenn nicht, kann es auch ein Tagesausflug sein. Auf die räumliche Distanz kommt es nicht an, es gibt viele interessante Orte in der Nähe. „Viele Menschen versäumen das kleine Glück, während sie auf das große Glück vergebens warten." (Pearl S. Buck) Deshalb sollten Sie sich etwas gönnen, solange Sie es noch mit allen Sinnen erleben können. Bekanntlich ist es besser, zu genießen und zu bereuen, als zu bereuen, dass man nicht genossen hat. Dazu gehört, dass wir auch Abwechslung in unser Leben bringen. Im Zusammenhang mit „Ritualen" möchte ich nochmals auf das schon behandelte Thema „Loslassen" hinweisen: Legen wir am Abend mit unseren Kleidern auch unsere Sorgen ab. Verscheuchen wir Gedanken, die uns belasten, die zum Beispiel aus Sorgen im Beruf bestehen. Wir können die Situation nicht ändern, indem wir uns schlaflos im Bett herumwälzen.

3. November
Die Rose schmückt den Garten

Ein Ritual kann es auch sein, wenn man sich einmal im Monat oder im Vierteljahr ein neues Kleidungsstück kauft. „Die Rose, die sich selber schmückt, schmückt auch den Garten." Die Kleidung ist nicht ganz unwichtig, auch wenn wir Menschen nicht über sie urteilen sollten. Wer sich gut kleidet, wertet sich und die Umgebung auf. Hier ein Satz zum Schmunzeln, den jemand einmal gesagt hat: „Woher komme ich? Wohin gehe ich? Und vor allem: Was ziehe ich dazu an?" Man denke nur daran, dass die Kleidung einfach sein kann, aber passend im Sinne von authentisch, wenn der andere Mensch sich für uns interessieren soll. Wie wir mit unserem Körper umgehen, so gehen wir auch mit unserer Seele um. Wenn Menschen ausgehen, überlegen sie sich (fast) immer, was sie anziehen wollen. Ein gemeinsames Essen, das man zelebriert, auf das man sich freut, ist ein weiteres Ritual, das gute Laune vermittelt. Liebe geht bekanntlich durch den Magen. Es gibt wohl keine bessere Wertschätzung eines Menschen, als ihn zum Essen einzuladen, das man mit Liebe zubereitet hat.

4. November
Abwechslung in den Alltag bringen

Von Demokrit stammt die Einsicht: „Ein Leben ohne Feste ist wie eine weite Reise ohne Gasthaus." An jedem Tag können wir ein kleines Fest feiern, wenn wir bewusst eine Mahlzeit einnehmen. Wer sich die Zeit dafür spart, der verliert den Wert des Tages. Wer keinen freien Tag mehr in der Woche hat, dessen Zeit besteht nur noch aus Arbeit, dessen Leben wird grau und eintönig. Verlieren Sie nicht die kostbare Zeit, die Zeit der guten Laune, indem Sie meinen, Zeit zu sparen, weil Sie mehr arbeiten. Denn viele verlieren die meiste Zeit damit, dass sie Zeit gewinnen wollen. Rituale müssen aber nicht unbedingt etwas mit dem Essen zu tun haben. Für mich ist es ein wertvolles Ritual, dass ich abends in Gedanken kurz den vergangenen Tag durchgehe. Es hilft mir, den Tag loszulassen. Dabei bin ich dankbar. Ich danke für die schönen Erfahrungen, ich danke auch für die schwierigen Situationen, denn von ihnen kann ich für die Zukunft lernen. Am Tag kann es ein Ritual sein, zu einer bestimmten Stunde den Körper mit ein paar Dehnungsübungen aufzulockern, via Internet ein Musikvideo zu hören und zu sehen, ein paar Minuten aus dem Fenster zu schauen. Wenn Sie Google Earth haben, können Sie sich auch virtuell an Ihr bevorzugtes Urlaubsdomizil begeben.

5. November
Die Macht der positiven Gedanken

Hier ein paar Sätze, die uns in Freude versetzen. Schließen Sie die Augen und lassen Sie Gedanken los. Denken Sie: „Ich werde geliebt. Ich bin in der Liebe des Universums. Es geht mir gut. Ich bin zufrieden. Ich habe die Kraft, die ich brauche. Ich freue mich auf …" Sie können den Text für sich anpassen. Oder Sie können einen eigenen Text verfassen. Vielleicht wollen Sie den nachstehenden Text als Erinnerungshilfe kopieren, in die Schublade legen oder in die Agenda einkleben? Sagen Sie sich täglich: „Ich weiß, dass ich geliebt werde." Denn wenn Sie es sich sagen, dann wissen Sie es. Und wenn Sie es wissen, dann spüren Sie es. Und wenn Sie spüren, wie Sie geliebt werden, dann können Sie selber lieben. Und wenn Sie selber lieben, dann werden Sie immer mehr geliebt. Und wenn Sie immer mehr geliebt werden, dann wird Ihr Dasein zur Freude. Es sind heitere Momente, die uns Freude machen und unsere gute Laune bewirken. Dazu gehört auch der Humor. Warum sich nicht (von Zeit zu Zeit) einmal im Theater eine Komödie gönnen, ein entsprechendes Video sehen, im Netz eine Witzseite besuchen? Gerade im grauen November. Lachen entspannt, Lachen befreit, Lachen vertreibt die Falten! Es gibt genügend traurige Momente im Leben.

6. November
Humor erlöst

Immer wieder fällt mir auf, wie Kinder und Jugendliche viel mehr lachen. Ist uns Erwachsenen das Lachen vergangen? Was ist die Alternative? Lernen wir von den jungen Menschen! Kinder lachen täglich 400-mal, Erwachsene dagegen 20-mal. Sie denken jetzt: Ja, Kinder und Jugendliche müssen auch nicht die Verantwortung der Erwachsenen tragen. Ich aber meine: Sie, die jungen Menschen, haben weder Geld noch Beruf. Sie sind eigentlich völlig abhängig von der Gesellschaft. Wenn man dies zu Ende denkt, dann ist der Mensch, der lacht, ein Wesen, das sich seine Freiheit in der Abhängigkeit bewahrt. Es ist ein gutes Zeichen, wenn ein Mensch über sich selbst lacht. Er beweist damit eine innere Größe, eine gesunde Distanz zum Leben. Humor heilt Seelen. Humor ist nicht Blödsinn; ein guter Witz enthält immer ein Fünkchen Wahrheit. Diese gilt es zu sehen. Und ist es nicht so: Heiterkeit öffnet viele Türen. Wir blicken doch gerne in ein strahlendes Gesicht! Es ist wie eine kleine Sonne, die mitten im grauen Alltag aufscheint und die Umgebung verwandelt.

7. November
Erschöpfung vermeiden

In unserer Gesellschaft muss alles immer schneller gehen. Fachleute und Statistiken zeigen auf, dass in den kommenden Jahren vermehrt Menschen an Depressionen erkranken werden. Die Anforderungen im Beruf wachsen. Hinzu kommen die Veränderungen, die nicht zur Ruhe kommen lassen. Man muss auf dem neuen Stand sein, um mitreden zu können. Jemand hat einmal den Begriff „die erschöpfte Gesellschaft" für unsere Zeit geprägt. In einer solchen Situation sind Rituale besonders wichtig. Sie vermitteln Geborgenheit. Sie sind wie Inseln in den Stürmen unseres Daseins: tägliche Auszeiten, Stilleübungen, einen Ort der Geborgenheit aufsuchen, an dem wir nicht gestört werden, Alltagsgedanken loslassen. Die Feste feiern, sie nicht verschieben, Ruhetage, Ferien einhalten, eine kreative Tätigkeit ausüben, sich regelmäßig etwas gönnen, Musik hören, die Natur erfahren, sich bewegen, genügend schlafen, Beziehungen pflegen. Vielleicht müssen wir auch einmal die Anforderung, die wir selber an uns gestellt haben oder stellen, kritisch überprüfen. Wo sind wir überfordert? Was können wir dagegen tun? Wer hilft uns?

8. November
Was unserer Seele guttut

Hier einige Empfehlungen, die Ihnen an allen Tagen des Jahres gute Laune schenken: Gedanken über das, was Ihnen im Leben Freude macht, machen Sie glücklich. „Ich freue mich auf …" (Gehen Sie in Gedanken durch, worüber Sie sich freuen. Tragen Sie beispielsweise Ihr Hobby ein.) „Wenn ich mit guter Laune leben will, reserviere ich mir Zeit für …" Ein gut gelaunter Mensch sagt ja zum Leben, zu den Aufgaben, zu den Herausforderungen. Er sagt auch ja zu seinen Grenzen und nimmt sich an, wie er ist. „Wenn ich mein Herz öffne, gehen viele Türen von alleine auf!" „Ja sagen zum Leben heißt auch ja sagen zu mir selbst." „Ich darf mir selber erlauben, glücklich zu sein!" „Wenn ich mich durch regelmäßiges Beten der göttlichen Wirklichkeit öffne, dann fühle ich immer stärker die geistige Führung, die mich trägt und begleitet." „Wenn ich mein Leben als Geschenk betrachte, werde ich glücklich und mit guter Laune leben!" „Ich danke für …" „Zu dieser Zeit gönne ich mir eine Pause: …" „An diesem Tag nehme ich mir eine Auszeit: …" „Ich übe täglich in der Stille ein, mache mir bewusst, dass ich behütet bin und getragen werde." „Ich wage Begegnungen, nehme mir Zeit, anderen Menschen zu begegnen, mit ihnen ins Gespräch zu kommen!"

9. November
Die Feste feiern, wie sie fallen

Im November flattern schon wieder Angebote für die Adventsmärkte ins Haus. Wer zum Beispiel jedes Jahr im Advent einen Adventsmarkt besucht, für den sind diese Einstimmungen in die Weihnachtszeit ein wiederkehrendes Ritual. Auch die oben schon genannten Feste – Weihnachten, Silvester – sind Rituale. Wir feiern ja aber auch den Hochzeitstag, die Geburtstage und die Namenstage. Wie eintönig wäre unser Leben ohne diese Tage! Indem wir sie feiern, werten wir uns gegenseitig auf. Dies schenkt gute Laune! Unser Leben wird ärmer ohne Rituale. Man soll „die Feste feiern, wie sie fallen", sagt der Volksmund. Tun wir das, dann können wir uns immer wieder auf etwas freuen! Eine gute Möglichkeit ist auch der Jahreszeitentisch. Viele entdecken heute wieder, wie man das Haus oder eine besondere Stelle der Jahreszeit entsprechend dekorieren kann. Besonders für Kinder ist das eine gute Möglichkeit, die besondere Schwingung und Stimmung der jeweiligen Jahreszeit zu erfahren. Aber den Erwachsenen tut das ebenso gut!

10. November
Der Schlaf ist wichtig

Hier noch ein paar praktische Empfehlungen für den Alltag: Einige sind Ihnen sicher bekannt, aber es lohnt sich, sie immer wieder in Erinnerung zu rufen! Es ist in jedem Fall sinnvoll, den Wecker so zu stellen, dass man noch einige Minuten (möglichst) in der Stille im Bett bleiben kann. Wer meint, er würde dann wieder einschlafen, kann ja einen zweiten Alarm stellen oder die Wiederholungsfunktion aktivieren. Doch wer sich genügend Schlaf gönnt, der wird das nicht brauchen. Genügend Schlaf ist die Voraussetzung für ein gesundes Leben mit guter Laune. Denn genügend Schlaf stärkt das Wohlbefinden. Ich selber habe oft beobachtet, dass ich mich viel weniger aufrege oder ärgere, wenn ich meine Schlafzeiten einhalten konnte. Im Zusammenhang mit den Ritualen wäre es optimal, möglichst zur gleichen Zeit ins Bett zu gehen, einen Rhythmus zu haben. In der Zeit nach dem Aufwachen, ich empfehle zehn Minuten, sollten uns noch keine schweren Gedanken belasten. Genießen wir einfach die Stille. (Unseren Schlafplatz richten wir möglichst an einem stillen Ort ein.)

11. November
Am Morgen richtig aufstehen

Zuerst denke ich an die verschiedenen Körperteile und die Organe. Ich bin dankbar für meinen Körper, der mir das Leben hier auf Erden ermöglicht. Bewährt hat sich, dass ich versuche, mich von außen zu betrachten, wie ich entspannt auf dem Bett liege. Dabei sage ich mir: „Du darfst dir diese Stille gönnen. Du wirst geliebt. Es geht dir gut." Dann wiederhole ich mehrmals: „Ich bin ruhig." Ich atme bewusst, achte auf meinen Atem. Dann sage ich mir mehrmals, dass ich geliebt werde. Nur wenige Menschen rufen sich am Morgen in Erinnerung, wie sie mit geringem Aufwand dem neuen Tag Glück und Freude abgewinnen. Nach den Minuten in der Stille nehmen wir bewusst Kontakt mit der Welt auf. Ein kleines Ritual würde helfen: Man ziehe bewusst die Brille der Dankbarkeit an, stehe mit ihr auf. Das erfordert Disziplin. Schon bei der ersten Meldung aus dem Radio, beim ersten Blick auf die Schlagzeile der Zeitung, die aus dem Briefkasten geholt wird, ist der Vorsatz wieder vergessen. Ein äußeres Hilfsmittel erleichtert das Festhalten am Vorsatz: Wenn ich ihn mit dem Anziehen des Hemdes fasse, dann wird dieses mich im Laufe des Tages wieder an ihn erinnern, wenn ich bewusst lebe, Zeiten der Stille reserviere.

12. November
Wir sind nicht verpflichtet, schlechte Nachrichten zu hören

Mit guter Laune stehen wir auf, wenn wir uns auf etwas freuen. Belohnen wir uns selber, wenn wir eine größere Arbeit oder eine langweilige Arbeit abgeschlossen haben. Machen wir diese Belohnung zu einem Ritual. Das mag banal klingen, doch viele Menschen sparen bei sich selbst. Oft denke ich: für wen oder was? Dann gibt es auch schlechte Rituale, die wir durchschauen sollten, weil sie uns die gute Laune verderben. Ich kannte eine Mutter, die automatisch zum Fernsehgerät ging, wenn die Abendnachrichten ausgestrahlt wurden. Was, glauben Sie, wurden für Nachrichten gesendet? Schlechte, denn nur schlechte Nachrichten sind gute Nachrichten, weil sie uns ins Auge fallen. Das ist paradox. Warum scheinen schlechte Nachrichten Menschen zu faszinieren? Warum sind Krimis beliebt? Warum werden die Ereignisse des Zweiten Weltkriegs immer wieder gebracht? Psychologisch gesehen versuchen Menschen damit, das Dunkle, das Schwere im eigenen Leben zu überdecken. Doch ist das die Lösung? Ist das Verdrängen der dunklen Seite die Lösung? Warum ersetzen wir die schlechten Rituale nicht durch gute? Nur gute Rituale schenken uns eine gute Laune.

13. November
Lassen wir uns erlösen!

Die moderne Psychologie bestätigt den Wert und den Sinn der Rituale. Es gibt solche, die uns zur guten Laune verhelfen, weil sie uns an unseren Schutz erinnern. So benetzen in ländlichen Gegenden gläubige Menschen den Mittelfinger mit geweihtem Wasser und schlagen das Kreuzzeichen über Stirn und Brust. Sie erinnern sich damit an ihre Taufe, an die Verbundenheit mit Christus, dem Erlöser, und an den Schutz der geistigen Wesen, die sie gleichzeitig damit anrufen. Es tut dem Menschen gut, wenn er sich getragen und behütet weiß. Eine spirituelle Tradition pflegen bedeutet, sich geborgen fühlen. Christus wird Erlöser genannt. Brauchen einige Menschen heute den Erlöser nicht mehr, weil sie wirklich erlöst sind? Ich kann das leider nicht bestätigen. Im Gegenteil: Viele scheinen mir überhaupt nicht erlöst zu sein. Würden Sie sich als erlöst bezeichnen? Wenn ja: Dann leben Sie beständig mit einer guten Laune. Wenn nein: Dann hat Ihnen der Erlöser noch einiges zu bieten! Und er – oder, wenn Sie es weniger religiös wollen, das Universum – will, dass Sie glücklich sind und mit guter Laune leben!

14. November
Kleine Gesten mit großen Wirkungen

Als Gast in einem Hotel hat man mich einmal um Viertel vor elf auf dem Zimmer angerufen, um mich daran zu erinnern, dass in einer Viertelstunde meine Zeit im Hotel abgelaufen sei. In einem anderen Hotel hat man mir um dieselbe Zeit das Angebot gemacht, ein Frühstücksei mit Beilage nach meinem Geschmack zu kochen. Dies mit der Bemerkung, ich solle es genießen und mir Zeit lassen. Das Ergebnis: Seit Jahren steige ich im letztgenannten Hotel ab. Ich fühle mich in diesem Haus willkommen und geborgen. „Kleinlichkeit spaltet, Großzügigkeit verbindet", hat einmal Emma Goldman mitgeteilt. Zum Kern derjenigen Menschen, die das Geheimnis von Verständnis und Mitgefühl erkannt haben, gehört die Einsicht, dass wir gerade die Menschen lieben sollten, die es am wenigsten verdient haben. Denn sie brauchen unser Wohlwollen, unsere Liebe am meisten! Wir erlösen sie mit unserer Liebe, oft mit kleinen Gesten des Wohlwollens. Erst so werden sie sich öffnen, werden sie lieben und liebenswert sein können. Die Erfahrung zeigt, dass diese Menschen uns in Dankbarkeit zur Seite stehen.

15. November
Das ABC der Gelassenheit

Sie werden sich vielleicht fragen: Was haben Verständnis und Mitgefühl mit einer guten Laune zu tun? Das eben angeführte Beispiel aus
dem Alltag zeigt: Bringe ich Verständnis auf, dann beruhigt sich meine Seele und die Wut vergeht. „Ich rege mich nicht auf, die anderen
Menschen regen mich auf", hat einer einmal wohl mehr als Scherz
gesagt. Das mag ja sein, aber die anderen Menschen spüren meinen
Ärger ja nicht. Im schlimmsten Falle regt sich in ihnen Schadenfreu-
de. Warum also soll ich mich von ihnen ärgern lassen? Nehmen wir
einmal an, eine Person sagt etwas zu Ihnen, das Sie beleidigt. Zum
Beispiel wirft sie Ihnen ein unschönes Wort an den Kopf. Wenn eine
Person Sie so ärgert, dann gehen Sie nach den ABC-Schritten vor:
Schritt A: Eine Beleidigung ändert nichts an meinem Wert. Schritt B:
Offenbar ist diese Person unter Druck. Sie fühlt sich selber nicht wohl
in Ihrer Haut. Oder sie ist das Opfer einer schlechten Erziehung.
Schritt C: Gibt es - sachlich gesehen - einen Grund für ihr Verhalten?
Das ungute Wort lassen Sie einfach los. Das ist das Problem der an-
deren Person. Sie wird damit leben müssen. Oder sie wird durch Sie
lernen, dass es Menschen gibt, die sich nicht beleidigen lassen.

16. November
Voneinander lernen

Das Verständnis, das ich für andere Menschen aufbringe, ist verwandt mit Interesse. Nicht selten beharren Menschen auf ihrem Standpunkt. Sie hören die andere Meinung gar nicht wirklich, wollen sie gar nicht hören. Damit aber verhindern sie eine neue Sicht. Die andere Meinung kann uns herausfordern. Sie kann uns weiterbringen in unserer Entwicklung. Wir lernen dazu. Manchmal tragen wir auch Vorurteile mit uns herum. Sie sind ein Mangel an Verständnis oder an der Bereitschaft, den anderen Menschen zu verstehen. Der andere Mensch hat aber in vielen Fällen eine Botschaft. Und der andere Mensch hat Bedürfnisse wie wir. Da bin ich beim Mitgefühl angekommen. Wieder werden Sie vielleicht fragen: „Und was, bitte schön, soll dieses mit einer guten Laune zu tun haben?" Ich will hier wieder nicht moralisieren. Ganz nüchtern betrachtet, geht es dem an sich „sozialen Wesen Mensch" nicht gut, wenn es dem anderen Menschen nicht gutgeht. Vielleicht gibt es Menschen, die dem widersprechen. Aber es müssten dann doch abgestumpfte Menschen sein.

17. November
Einander begegnen

Teil 1

Ein alltägliches Geschehen: Menschen stehen vor einem Gleis, warten auf den Zug. Es sind ganz verschiedene Menschen. Sie stehen nebeneinander. Sie kennen sich nicht. Einige tragen einen Kopfhörer, lenken sich via Smartphone ab, andere verstecken sich hinter einer Zeitung. Viele lesen die erhaltenen SMS oder schreiben selber welche. Was haben diese Menschen gemeinsam? Auf den ersten Blick nichts. Doch sind es alles Menschen mit denselben Bedürfnissen, Sehnsüchten, Freuden und Leiden. Der, der neben mir steht, könnte mein Bruder oder meine Schwester sein. Und würde ich ihn oder sie besser kennen, würde ich ihm oder ihr in die Augen sehen und ihn oder sie lieben. Uns trennen die Anonymität, die Angst, die Vorurteile, die Unsicherheit. Wie oft habe ich erlebt, dass ein Lächeln befreit und erlöst. Wir sind und bleiben miteinander verbunden. Die tiefe Sehnsucht des Menschen ist es, den anderen Menschen zu begegnen. Ja, alles wirkliche Leben ist Begegnung! Das verbindliche Zusammensein schafft gute Laune. Wir fühlen uns geliebt, wenn ein Mensch zu uns hält. Dann wollen wir auch lieben, uns einbringen. Wenn wir gebraucht werden, wenn wir zur Mitarbeit bereit sind, an einer guten Sache mitwirken, einem Menschen helfen, dann fördert dies die gute Laune.

18. November
Einander begegnen

Teil 2

Nun aber zurück zu den Begegnungen: Die schönste Formulierung, die ich einmal gefunden habe, bringt zum Ausdruck, dass sich der Mensch mit dem Du als einen „Schöpfungsgedanken" empfindet. Zusammen mit einem anderen Menschen kann sich der Mensch erst wirklich als ganzer Mensch wahrnehmen. Ja, Begegnung ist Kunst. Alles wirkliche Leben ist Begegnung, hat der jüdische Religionsphilosoph Martin Buber gesagt. Etwas Unbewusstes in uns hat Angst vor dem anderen Menschen, weil wir verletzt worden sind. Zum Glück fordert uns auf der anderen Seite unsere Neugier heraus, anderen Menschen zu begegnen. Und es sind ja wirklich die gelungenen Begegnungen, die unser Dasein lebenswert und schmackhaft machen. Hat diese Angst mit dem Sündenfall zu tun? Glauben wir nicht mehr mit ganzem Wesen an das Gute im anderen Menschen? Und wer nimmt uns die Angst? Es ist allein die Erkenntnis, dass der Mensch im Grunde seines Wesens gut ist.

19. November
Einander begegnen

Teil 3

Wer kann schon wirklich absolut offen sein? Wir haben Schutzme-chanismen entwickelt, um den anderen Menschen nicht so sehen zu müssen, wie er wirklich ist. Er muss in unser Schema passen. Damit verschließen wir uns seinem wahren Wesen. Wir müssen unseren Fil-ter der Wahrnehmung durchschauen, unsere Brille reinigen, um den Mitmenschen in seiner wahren Person und Würde zu sehen. Dies ge-lingt nur, wenn wir uns durch Meditation und Gebet für ihn öffnen. So kommen wir an einen Punkt, an dem wir dem anderen Menschen begegnen, als würden wir ihn zum ersten Mal sehen, auch wenn wir ihn schon seit vielen Jahren kennen. Denn wie tief ist das menschli-che Wesen! Es offenbart sich uns immer nur bis zu einem Teil. Wie oft ist das schon Ehepaaren passiert: Sie leben seit Jahren zusammen. Plötzlich sagt einer von ihnen zum Partner: „Ich wusste ja gar nicht, dass du das kannst, dass du diese oder jene Fähigkeit hast." Wenn wir uns gegenseitig bestärken, die veranlagten Gaben zur Entfaltung zu bringen, dann hebt dies unsere Laune, dann leben wir mit guter Laune.

20. November
Machen wir aus einer Mücke keinen Elefanten

Sollten wir uns nicht mehr herausfordern, die guten Seiten auszuleben? Sollten wir nicht großzügiger über die schwache Seite des anderen Menschen hinwegsehen? Wir würden uns so vermehrt gegenseitig mit guter Laune anstecken! Auch kluge Pädagoginnen und Pädagogen gehen so vor: Zur rechten Zeit übersehen sie ein Fehlverhalten, wenn es ein solches ist, das der betreffende Schüler oder das betreffende Kind ohne gröbere Absicht getan hat. Sie machen – wie man so sagt – nicht aus einer Mücke einen Elefanten. Wer die kleinste Abweichung registriert und ahndet, der wird bald keine Freunde mehr haben. Ein solcher Mensch wird gemieden. Wenn wir den Groll über das Verhalten eines Menschen überwinden, dann verweht unsere schlechte Laune, dann können wir uns wieder der Sonnenseite zuwenden und die gute Laune kommt zurück. Wie aber können wir mehr Verständnis für das Fehlverhalten oder die schwachen Seiten des anderen Menschen aufbringen? Indem wir uns unsere eigenen Defizite in Erinnerung rufen.

21. November
Richtig Rückmeldungen geben

Wenn wir in Versuchung sind, einen anderen Menschen zu tadeln, zu kritisieren, zu beschimpfen, herabzusetzen, dann sollten wir kurz innehalten und uns unsere Grenzen in Erinnerung rufen. Wir können dann trotzdem dem anderen Menschen eine Rückmeldung geben, aber der Ton wird sicherlich leiser und freundlicher sein, sodass der andere Mensch die Kritik annehmen kann. Es gibt wohl Situationen, in denen wir nicht einfach schweigen können, weil wir den Frieden haben wollen. In solchen Situationen überlege ich mir, wie meine Worte bei mir ankommen würden, wenn der andere Mensch sie zu mir sagt. Denn je mehr wir in Frieden leben, desto mehr werden wir mit guter Laune leben. Streit dagegen zerstört unsere gute Laune. Das gute Zusammenleben beginnt mit dem Gespräch und mit den Rückmeldungen, die wir einander geben. Der Schriftsteller Max Frisch hat einmal empfohlen: „Man sollte die Wahrheit dem anderen wie einen Mantel hinhalten, dass er hineinschlüpfen kann – nicht wie ein nasses Tuch um den Kopf schlagen."

22. November
Die Schmerzen der Kreaturen sehen

Doch wie weit haben sich viele Menschen heute von wahrer Mitmenschlichkeit verabschiedet. Ich will nicht moralisieren, aber es ist doch eine sichtbare Tatsache, dass es in unserer modernen Welt „kälter" geworden ist. Viele sehen nur noch ihre Bedürfnisse, wollen möglichst viel für sich haben. Der Chassidismus, eine Bewegung im Judentum, ist seit der Mitte des vergangenen Jahrhunderts bei uns wiederentdeckt worden. Zahlreiche Einsichten, Weisheiten, Anekdoten finden wir in diesen Texten, die Lebenshilfe und damit gute Laune schenken. Ein chassidischer Rabbi, ein Lehrer, wurde einmal gefragt, was die wahre Liebe ist. Er gab zur Antwort: „Wenn du nicht im Umkreis von hundert Kilometern den Schmerz jeder Gebärenden nachzufühlen vermagst, so weißt du nicht, was wahre Liebe ist." Ich möchte diese Einsicht mit den Worten eines weisen Mannes stützen. Martin Luther King hat einmal gesagt: „Fürchte dich nie, nie, niemals davor, das zu tun, was richtig ist, speziell dann, wenn das Wohl eines Menschen oder eines Tieres auf dem Spiel steht. Die Strafe der Gesellschaft ist nichts verglichen mit den Wunden, die wir unserer Seele zufügen, wenn wir wegschauen."

23. November
Das Ja in uns

Eine Mutter, die ein Kind gebiert, sagt ja zum Leben. Keiner von uns wäre da, wenn nicht einmal eine Mutter „ja" zu uns gesagt hätte. Sie hat den Schmerz in Kauf genommen und ertragen. Es ist immer richtig, ja zum Leben zu sagen. Wir alle sind die lebendigen Beweise dafür. So ist dieses „Ja" in uns. Der tiefste Kern in uns ist der, der das Leben bejaht. Somit kann der ehrliche Mensch nicht wegschauen, wenn das Leben mit Füßen getreten wird. Jeder, der ein Unrecht tut oder es nicht verhindert, schadet sich selber, leidet im tiefsten Wesen. Ich schreibe hier diese Worte, weil es ja klar ist, dass jede Frau sich sehr über das Kind freut. Der Schmerz ist die Vorstufe der Freude. Das Kind wird ihr also mehr als nur gute Laune schenken. Und können wir uns nicht gerade von Kindern zur guten Laune anstiften lassen? Lachende Kinder stecken uns mit Lebensfreude an.

24. November
Lachen Sie!

Verständnis und Mitgefühl sind wichtig. Deshalb greife ich in diesem Zusammenhang nochmals den Humor auf. Verständnis und Mitgefühl müssen ergänzt werden durch Humor und Abstand. Nur wer die erlösende Kraft des Humors zulässt, ist zur wahren Liebe, zu wahrem Mitgefühl fähig. Eben habe ich über eine Mutter geschrieben, die sich über das neugeborene Kind freut. Säuglinge lachen oft. Ihnen ist das Lachen offenbar noch nicht vergangen. Deshalb kann ich Ihnen hier eine ganz konkrete und praktische Empfehlung geben, die Ihnen sofort eine gute Laune schenkt: Gehen Sie ins Internet und hören Sie sich den Babysitter-Song an. Er ist über ein halbes Jahrhundert alt und zaubert uns doch immer noch ein Lächeln aufs Gesicht. Dies ist nur ein Beispiel, wie lachende Menschen uns anstecken. Wir können uns in jedem Moment entscheiden, ob wir fröhlich oder traurig sein wollen. (Wenn Sie Babys nicht so mögen, dann besuchen Sie die Seiten Ihres Lieblingskomikers.)

25. November
Freud und Leid

Zum Leben gehören eben beide Seiten: Lachen und Weinen, Freud und Leid. Spannungen, Streitigkeiten, Krisen können unsere gute Laune in der Ehe, in der Partnerschaft, in der Freundschaft oder in der Familie trüben. Wenn wir älteren Ehepaaren zuhören, wie sie das Zusammenbleiben geschafft haben, dann ging dies wohl nie ohne die Fähigkeit des Vergebens. Diese Fähigkeit bewirkt, dass wir uns die gute Laune bewahren können, auch wenn es Krisen in der Beziehung gibt. Alles in der Welt braucht Zeit. So brauchen wir auch Geduld im Umgang miteinander. Wir können den anderen Menschen nicht umschalten, wie man das Fernsehprogramm wechselt. Seine Charaktereigenschaften lassen sich nicht von einem Moment auf den anderen ändern. Müssen wir heute, im Zeitalter der Lebensabschnittspartnerschaften, die Kraft des Vergebens nicht wieder neu entdecken? Wer oder was hilft uns dabei? Wenn wir an uns glauben, dann können wir auch an den anderen Menschen glauben. Oftmals ist es doch unsere Eitelkeit, die verhindert, dass wir dem anderen Menschen verzeihen. Wir beharren auf unserem Standpunkt. Wir haben Angst, das Gesicht zu verlieren, wenn wir nachgeben. Dabei könnten eine einfache Entschuldigung und eine Geste der Versöhnung Wunder wirken! Probieren wir es einmal aus!

26. November
Gute Laune durch Dankbarkeit

Zählen Sie doch sieben Faktoren aus Ihrem Leben auf, für die Sie dankbar sind. Und dann versuchen Sie sich an eine Situation zu erinnern, in der Sie das letzte Mal so richtig gelacht haben. Geht es Ihnen gut? Dann sind Sie hoffentlich zufrieden. In diesem Wort steckt das Wort „Frieden". Ein friedlicher Mensch trägt keine Wut und keinen Zorn in sich. Menschen fühlen sich wohl in seiner Gegenwart. Der Zustand der Zufriedenheit lässt sich einüben und gleichzeitig steigern: durch die Dankbarkeit. Danken macht glücklich! Warum? Weil der dankbare Mensch schätzt, was er hat und was er ist. Wer dankt, der konzentriert sich also auf das Wahre, Schöne und Gute. Er denkt positiv. Dankbarkeit ist eine Seelenstimmung, die eingeübt werden kann. Es gibt dankbare Menschen, Menschen, die von Natur aus dankbar durchs Leben gehen. Sie haben das Glück auf ihrer Seite. Von ihnen können wir lernen, allen Erscheinungen des Lebens mit Dankbarkeit zu begegnen. Dankbarkeit bringe ich auch in eine Verbindung mit Ehrfurcht und Demut.

27. November
Das Leben ist kein Zufall!

Den jungen Menschen sage ich immer: Es brauchte hunderte Millionen von Übereinstimmungen, damit wir das Leben so haben, wie wir es auf Erden sehen. Das kann kein Zufall sein. Wer meint, das sei Zufall, der gleicht einem Menschen, der behauptet, ein Orkan sei über einen Schrottplatz gefegt und habe bewirkt, dass dadurch eine Boeing 737 MAX entstanden sei. Ich schreibe das in diesem Zusammenhang, weil der Mensch durch diese Einsicht einen Grund hat, dankbar zu sein. Es wird ihm nämlich dadurch klar, dass er kein Produkt des Zufalls ist, sondern dass er gewollt und geliebt wird. Die Macht, die als Ordnung hinter allem steht und wirkt, hat auch ihm, hat jedem von uns das Dasein ermöglicht. Diese Macht ist Liebe, denn aus Liebe sind wir geboren. Und unsere irdische Geburt ist ein Gleichnis für unser wahres Wesen, das unsterblich ist. Somit dürfen wir uns unendlich geliebt fühlen! Ich komme im nächsten Kapitel darauf zurück. Hier möchte ich bei der Dankbarkeit und damit auch bei der inneren Zufriedenheit bleiben. Zufriedenheit muss wohl nicht immer mit Dankbarkeit identisch sein. Doch in der Regel ist der dankbare Mensch zufrieden.

28. November
Der Mensch will mitmachen

Die moderne Glücksforschung zeigt, dass es verschiedene Gründe gibt, weshalb Menschen zufrieden sind: durch maßvollen Genuss, durch tätiges Glück und durch Sinn. Ich bin überzeugt, dass der Mensch alle drei für ein Leben mit Zufriedenheit und guter Laune sucht und verlangt. Dann aber kommt die Glücksforschung zum Schluss: Ein engagiertes Leben liefert den höchsten Wert der Zufriedenheit. Aus diesem Grund habe ich mir auch überlegt, ob ich diesem Kapitel nicht die Überschrift „Gute Laune durch eine kreative Lebensführung" geben soll. Damit meine ich: Der Mensch will mitmachen, will gebraucht werden, will Anteil am gemeinschaftlichen Leben haben. Das schenkt Befriedigung und Erfüllung. Selbst der arbeitslose Mensch sollte sich kreativ betätigen. Das hält die inneren Kräfte am Leben. Er kann schreiben, malen, musizieren. Mit etwas Fantasie kann jeder und jede sich kreativ betätigen, ohne dafür Geld zu brauchen. Zudem gibt es viele Organisationen, die seinen Einsatz dankbar annehmen.

29. November
Über der Sache stehen

Die positive Psychologie hat sechs Punkte definiert, die Zufriedenheit schenken:

1. Offen, lernbereit und neugierig bleiben
2. Sich begeistern lassen, an einer Sache „dranbleiben"
3. Das Schöne und Wahre sehen, dankbar bleiben
4. Soziale Kontakte haben und pflegen, beziehungs- und bindungsfähig sein
5. Zusammenwirken
6. Das gesunde Maß haben

Man kann feststellen, dass es darum geht, das veranlagte Potenzial zu nutzen. Vor allem der Mensch, der eine spirituelle Heimat hat, „steht über der Sache". Er lässt sich nicht durch den Schlamm ziehen, sondern behält „das Heft in der Hand", wie man so sagt. Es ist dies ein Mensch, der eine Beziehung zu denjenigen Wesen pflegt, die unser Menschsein übersteigen. Dazu zähle ich das Vertrauen in die geistige Führung, in die Engel.

30. November
Nicht stehen bleiben!

Schon der Zusammenhang der Worte „anziehen", beispielsweise ein schönes Kleid anziehen, und „anziehend wirken" zeigt doch, wie wir Menschen uns stark nach den äußeren Sinnen richten und uns durch sie beeinflussen lassen. Vielleicht muss ich schreiben: Leider ist das so. Viele Menschen beurteilen andere heute vorwiegend nach der äußeren Erscheinung, weswegen gleichsam ein übertriebener Körperkult betrieben wird. Das ist die Kehrseite der genannten Einsicht. Ich bin aber überzeugt: Die äußere Erscheinung wird den Durchbruch der wahren Liebe niemals aufhalten oder verhindern! Noch mehr wirken aber unsere Worte, unsere Taten und das gesamte Erscheinungsbild. An diesem können wir arbeiten, dieses können wir ändern. Bleiben wir also nie stehen! Geben wir nicht auf, bilden wir uns weiter, üben wir Gelassenheit ein, seien wir authentisch und nutzen wir unsere Fantasie! Das Sprichwort „Glück kommt zu den Glücklichen" drückt eine alte Erfahrung aus. Es sind Menschen, die mit guter Laune leben, die sich über das Leben freuen, die dankbar sind, die vertrauen und hoffen. Sie sind empfänglich für das Glück und für die Liebe.

1. Dezember
Lernen wir, uns zu freuen!

Viele Menschen freuen sich in der Adventszeit auf Weihnachten. Der Philosoph Friedrich Nietzsche hat einmal geschrieben: „Lernen wir, uns zu freuen, so verlernen wir am besten, anderen wehzutun." Ich könnte ergänzen: Wenn wir anderen nicht wehtun, tun wir uns selber nicht länger weh. Wir verletzten uns selber, wenn wir andere Menschen verletzen. Wenn Menschen eine ganz andere Sicht zu einem Thema haben, dann halte ich kurz inne, versuche sie zu verstehen. Meistens ist etwas Wahres an dem, was sie sagen. Das nehme ich an. Ich darf meinem Standpunkt treu bleiben, wenn er objektiv wahr ist und bestätigt wird. Deshalb kann ich den Standpunkt des anderen Menschen liebevoll bejahen. Dies gelingt mir, wenn ich „geerdet" bin und mit guter Laune lebe. Was meine ich damit? Wie gelingt das? Ich habe mir angewöhnt, stündlich sieben Faktoren aufzuzählen, für die ich dankbar bin. Diese vermitteln mir gute Laune. Das können Kleinigkeiten sein. Das kann ein Ereignis sein, auf das ich mich freue. Letztlich kann nur der dankbare Mensch mit guter Laune leben.

2. Dezember
Die Hummelweisheit

Kennen Sie die Hummelweisheit? Wissenschaftler haben herausgefunden, dass eine Hummel gar nicht fliegen kann. Erstens ist sie zu schwer. Zweitens sind ihre Flügel dafür zu klein. Die Hummel selber kümmert sich wenig darum, brummend und fröhlich fliegt sie mir um die Nase. Merken Sie etwas? Sollten wir nicht vermehrt an uns glauben? Kürzlich haben mir junge Menschen eine große Freude gemacht. Ich habe ein kleines farbiges Bild einer Hummel laminieren lassen und es ihnen gegeben. Das so eingefasste Bild lässt sich gut im Portemonnaie aufbewahren, ohne dass es schnell abgenutzt wird. Dann habe ich ihnen ohne weiteren Kommentar gesagt, was ich eben geschrieben habe, dass die Hummel eben nach Ansicht der gelehrten Menschen gar nicht fliegen könne. Spontan haben mir zwei Jugendliche gesagt: „Das hänge ich neben meinem Bett auf!" Ohne große Anstrengung habe ich mein Ziel erreicht: den jungen Menschen Selbstvertrauen zu vermitteln, ohne sie lange zu belehren. Der Hummel sei Dank! Denn die Jugendlichen haben die Botschaft der Hummel sofort verstanden.

3. Dezember
Vernetzte Welt

Heute denken und reden wir von einer „vernetzten Welt". Alles ist mit allem verbunden. Das wussten allerdings schon die Menschen in früheren Zeiten. Es war ihnen wohl sogar so klar, dass sie es nicht für erwähnenswert hielten. „Unten" und „oben" waren in vergangenen Zeiten demnach weniger im räumlichen Sinn als vielmehr im Sinn des Bewusstseins gemeint. So ähnlich reden wir heute vom „Unterbewusstsein". Die Erkenntnis der geistigen Wirklichkeit kann mit dem Begriff „Oberbewusstsein" umschrieben werden. Wir meinen ja heute, dass wir viel mehr wissen als unsere Vorfahren. Wir vergessen, dass sie die Welt anders wahrgenommen haben. Die Welt war für sie beseelt. Hinter den Naturerscheinungen sahen sie das Wirken der geistigen Wesen. Sie wirken heute noch, aber wir konzentrieren uns auf die Außenhülle des Daseins, auf die physische Ebene. Kann es sein, dass der Abzug unseres Bewusstseins von der seelisch-geistigen Dimension des Daseins etwas mit dem Zwiespalt des modernen Menschen zu tun hat? Welche Folgen hat dieses Menschenbild? Menschen werden im Extremfall nicht mehr in ihrer Würde und Einmaligkeit gesehen, sondern nach Wirtschaftlichkeit berechnet und nach Belieben ausgetauscht. Sogar wenn es um Freundschaft geht. Man spricht von „Lebensabschnittspartnerschaften".

4. Dezember
„Fürchtet euch nicht!"

Im Advent bereiten sich Christen auf die Geburt des Erlösers vor. Er kann Menschen von der Angst erlösen. Von Christus, der im Einklang mit sich und der Welt gelebt hat, können wir lernen, eine neue Beziehung zur Erde einzugehen. Dies ist der erste Schritt zum ewigen Bewusstsein. Denn dieses erwacht im Mitgefühl, durch die Mitwelt und in der Achtung des eigenen Körpers und der eigenen Seele. Oben habe ich darüber geschrieben, dass Ängste uns vor einem Leben mit guter Laune abhalten. Wenn es wahr ist, dass Christus einer der glücklichsten Menschen war, dann wird sich sein Glück durch eine Beziehung zu ihm auf uns übertragen können. Ängste werden dann von uns abfallen. Er hat gesagt und vorgelebt, dass keine Angst unser Leben auch nur um eine Haaresbreite verlängern kann. „Sorgt euch nicht!" Die Beziehung zu Christus verwandelt uns in ein Wesen, das vertraut, das glücklich ist, das mit guter Laune lebt!

5. Dezember
Grenzerfahrungen

Teil 1

In unserer Zeit kommen durch die moderne Medizin viele Menschen an den Rand des Todes. Sie machen eine außerkörperliche Erfahrung und begegnen einem besonderen Licht. Sie bringen diese Erfahrung in eine Befindlichkeit der Freude, der Geborgenheit, welche die alte Sprache der Religion mit der Umschreibung „ewiges Gastmahl (Festmahl) im Himmelreich" benennt. Ein Fest, eine Festfreude, die alle Feste dieser Welt übersteigt. Solche Menschen haben eine Verwandlung ihres Wesens erfahren. Sie haben ihr Leben geändert. Sie haben die Botschaft der Liebe begriffen. Es sind weltweit ein paar hundert Millionen Menschen, wir können dieses Phänomen nicht einfach verleugnen, ignorieren oder verdrängen. Die außerkörperliche Erfahrung bestätigt, dass unser Bewusstsein nicht nur an den Körper gebunden ist. Viele waren für Augenblicke im klinischen Sinne tot. Sie sind dem Lichtwesen begegnet, das viele mit Christus identifiziert haben. Im Lichte dieses Wesens sahen sie ihr Leben und ihr Dasein in einem größeren Zusammenhang.

6. Dezember
Grenzerfahrungen

Teil 2

Es wundert nicht, dass bei einer Grenzerfahrung, an der Schwelle des Todes, die Liebe zu den Menschen, zur Welt und zum eigenen Wesen das bestimmende Thema ist. In diesem Licht der Liebe erfuhren und erfahren Menschen die vollkommene Bejahung ihres Wesens. Durch solche Erfahrungen erkannten und erkennen Menschen ihr ewiges Bewusstsein, aber auch ihre Verbindung mit der Mitwelt. Diese Verbindung ist ein anderes Wort für „Liebe". Sie bedeutet: Interesse. Ein schon oben erwähntes Zauberwort, das uns heilt. Denn der wahre Mensch will innerlich und äußerlich in Bewegung bleiben. In diesem Zusammenhang ist es erstaunlich, wie in unseren Tagen vermehrt Menschen der Natur und dem Jahreskreis Beachtung schenken. Sie spüren wieder die erwähnte Heilkraft der Jahreszeiten, die erfahren wird, wenn man sie deutet und versteht. Im wachen Miterleben dieser besonderen Zeiten wird das kosmische Bewusstsein Gottes wahrgenommen, der sich durch Christus mit der Erde verbunden hat und verbindet. Menschen erkennen sich als Teil der Welt. Sie beginnen, die ganze Welt zu lieben.

7. Dezember
Die Schönheit rettet die Welt

Teil 1

Es ist keine neue Erkenntnis, aber es tut gut, sie immer wieder in Erinnerung zu rufen: Wer „wach" oder „achtsam" ist, der lebt bewusst. Erst so entdeckt er die Freude an den schönen Dingen, an den kleinen Kostbarkeiten des Alltags. Er genießt ein Essen, ein aufbauendes Buch, nimmt eine Landschaft bewusst in ihrer Vielfalt wahr, gönnt sich Pausen. Ja, er entwickelt Sinn für sie. Der Mensch, der den Weg dieses Buches geht, öffnet sich immer mehr den verschiedenen Bereichen des Daseins. Er spürt gleichsam besser seinen Hunger nach Kunst, Wissenschaft und Religion. Er wird wieder fähig, ein Bild oder eine Melodie auf sich wirken zu lassen. Er lernt, die oft nicht auf den ersten Blick sichtbare Botschaft der großen Maler und Künstler zu verstehen. Sie regen ihn an, beleben ihn, erweitern seinen Horizont. Sie inspirieren ihn zum schöpferischen Wirken. Sie regen also seine Fantasie an. Und diese ist es, die uns in trüben Stunden gute Laune schenken kann. Hier wäre besonders die Schönheit zu nennen. Der große Schriftsteller Dostojewski hat einmal geschrieben: „Die Schönheit wird die Welt retten."

8. Dezember
Die Schönheit rettet die Welt

Teil 2

Man stelle sich einmal die Welt nur in grauer Farbe vor! Wir können achtlos an bunten Blumen vorbeigehen. Dann verachten wir sie. Wir weisen damit ein Geschenk zurück, das uns angeboten wird. Es gibt so viele Erscheinungen in der Welt, die unser Herz erfreuen, wenn wir sie beachten, wenn wir ihnen unsere Aufmerksamkeit widmen. Es ist und bleibt wahr: „Die Schönheit der Dinge lebt in der Seele desjenigen, der sie betrachtet." (David Hume) Wer die Schönheit auskostet, braucht sich nicht vor deren Vergänglichkeit zu fürchten. „Wenn die Rose mittags ihre morgendliche Schönheit verloren hat, dann war die Schönheit echt. Nichts in der Welt ist von Dauer und wir sind Narren, wenn wir wünschen, dass etwas bleibt, wie es ist. Noch größere Narren sind wir aber, wenn wir uns nicht daran erfreuen, solange wir es haben." (William Somerset Maugham) Achtsamkeit ist für mich ein anderes Wort für „Spiritualität" oder „Glauben". Millionen Menschen haben durch Religion Glück, Sinn und Freude gefunden.

9. Dezember
Der innere Reichtum

Niemals wird der äußere Wohlstand die Bedürfnisse meiner Seele und die Sehnsucht meines Geistes befriedigen. Meine Seele sucht nach mehr. Sie sucht nach der Wahrheit, die sie nur dann findet, wenn das befriedigt wird, was in meinem innersten Menschen liegt, was in jedem Menschen lebt: das Bewusstsein, dass ich mit den anderen Menschen verbunden bin und bleibe, dass ich für mich allein nie das wahre Glück finden kann. Es kann mir letztlich nicht gut gehen, wenn es anderen Menschen schlecht geht. Der andere Mensch spiegelt meine Seele, ob ich das will oder nicht. Diese Spiegelung kann ich verdrängen, aber damit löse ich das Problem nicht. Es geht mir erst gut, wenn ich Verantwortung übernehme. Denn alles andere wäre Selbstbetrug. Dabei darf ich zu meinen Grenzen stehen. Ich allein kann die Welt nicht retten, ich kann nur meinen Beitrag leisten. Was immer ich tue, um die Nöte anderer Menschen zu lindern, macht mich innerlich reicher und schenkt mir Erfüllung.

10. Dezember
Wie kann ich Erfüllung
im Leben finden?

Hier möchte ich als Antwort einige Erkenntnisse aufzählen:

- Verständnis für andere Menschen aufbringen
- Die Nöte der Menschen sehen und handeln
- Das Leben teilen und es feiern
- Sich zur Meditation zurückziehen
- Sich den erhabenen Lehren der Religionen öffnen
- Das Schwere als Reifeprozess sehen
- Das irdische Leben nicht überbewerten
- Das Leben auf Erden als Auftrag, als Aufgabe sehen
- Den Frieden und die Menschlichkeit fördern
- Stets das Positive sehen, positiv denken

Aber auch mit jeder kleinen Liebestat können Sie Ihre gute Laune behalten oder sogar steigern, denn geteilte Freude ist doppelte Freude! „Die Liebe allein versteht das Geheimnis, andere zu beschenken und dabei selbst reich zu werden." (Clemens von Brentano)

11. Dezember
Der innere Ruck

Es gehört zum Rezept derjenigen Menschen, die sich eine gute Laune bewahren wollen, dass sie täglich eine gute Tat verrichten. Das können nur Menschen, die bewusst leben, die ihr Leben und Handeln immer wieder reflektieren. Das Gegenteil von Achtsamkeit ist die Herabdämpfung des wachen Bewusstseins. Deshalb habe ich oben auch über die Sehnsucht des Geistes geschrieben. Die „wachen" (spirituellen) Menschen suchen und ringen nach Erkenntnis, letztlich nach der Vereinigung mit Gottes Geist. Sie geben sich immer wieder einen inneren Ruck. Sie geben sich nicht zu schnell mit einem oberflächlichen Leben zufrieden. Gerade eine gesunde Spiritualität hilft uns, auf unsere innere Stimme zu hören, die uns sagen kann, was wir mit unserem Leben und mit unseren Möglichkeiten anfangen sollen. Denn in der Stille, die wir pflegen, erwacht der Wille zu diesem „Ruck". Wenn wir äußerlich zur Ruhe kommen, diese Ruhe innerlich mit der Anwesenheit des göttlichen Wesens füllen, dann erwacht in uns das wahre Wesen, das uns antreibt, unseren Platz zu finden. Dann hören wir auch besser die Stimme der geistigen Führung. Sie will und kann uns in ein erfülltes Leben führen.

12. Dezember
Kostbare Symbole: das Öl

Christen glauben, dass sie durch die Salbung mit Öl in der Taufe untrennbar mit Christus, dem „König der Liebe", dem Priester, dem Propheten verbunden werden. Wie wertet dieser Glaube doch das menschliche Wesen auf! Uns wird zugemutet, Heil in die Welt zu bringen. Das Öl bedeutet:

- Sie sind etwas ganz Besonderes.
- Sie sind einmalig und kostbar.
- Gehen Sie immer Ihren Weg, aufrecht und mutig.
- Folgen Sie Ihrer Berufung!

Diese Salbung könnte folgende Fragen an uns richten. Was ist das Öl in meinem Leben, das mich antreibt? Welche Sehnsucht lebt in mir? Welcher Wunsch, welches Ziel?

13. Dezember
Kostbare Symbole: der Stein

Das Bild des Steins zeigt Beständigkeit. Zuverlässigkeit, Klarheit, Standfestigkeit und Treue waren die Früchte seines Betens und Meditierens. Damit ist ein Mensch gemeint, der sich nicht verliert, der sich treu bleibt. Wie aktuell ist dies doch heute, wo so viele Eindrücke durch unsere Seele gehen. Eine Reizüberflutung lähmt viele Menschen. Fest sein, beständig sein wie ein Stein, dieses Symbol kann uns motivieren, unser Leben zu überdenken.

- Kann man sich auf mich verlassen?
- Stehe ich „fest" in meinem Leben?
- Wo gibt es Unklarheiten in meinem Leben, wo müsste ich etwas klären?
- Was hat in meinem Leben wirklich Bestand?

Ich möchte hier betonen, dass diese Fragen nicht als Moralkodex verstanden werden wollen. Sie helfen letztlich, dass wir mit guter Laune leben können, denn diese baut sich auf dem auf, was beständig ist. Ich erinnere hier an das Kapitel, in dem es um tragfähige Rituale ging.

14. Dezember
Kostbare Symbole: der Stern

Ein Stern erhellt die Nacht. Er ist Orientierungspunkt, kann den Weg weisen, aus Unsicherheit und Not befreien. Er lässt uns aber auch aufblicken, lenkt unseren Blick von der Erde zum Himmel, verweist uns sozusagen auf das, was über uns hinausweist: auf das Göttliche! Spirituelle Menschen wollen für die anderen Menschen ein „Stern" sein. Sie können Licht in die Dunkelheiten der Mitmenschen bringen. Sie werden für andere Menschen zu einem Orientierungspunkt und Wegweiser. Hier sehen wir einmal mehr, wie die Stille und der Rückzug Voraussetzungen sind, um den Leitstern im eigenen Leben zu finden. Dieses Wahrbild provoziert im offenen und ehrlichen Menschen Fragen:

- Welchem Stern folge ich?
- Wer oder was schenkt mir Orientierung?
- Was ist mir wichtig im Leben?
- Habe ich Auszeiten? Kann ich mich zurückziehen?
- Gibt es in meinem Leben noch Sternstunden? Welche sind das?

15. Dezember
Das Leben in Fülle

Mit der Beziehung zu Christus erwacht die Festfreude in uns! Diese beginnt dort, wo Sie sich sagen: „Auf mich kommt es an!" Es können kleine Gesten im Alltag sein, die anderen Menschen Freude bereiten. Und diese Freude wird immer wieder zu Ihnen zurückkehren – als gute Laune! In allen Zeiten entdecken Menschen Christus als Seelenführer. Er wurde der „Morgenstern" genannt. Wer ihm vertraut, der wird in eine gute und sinnvolle Zukunft geführt. Er ist es, der uns in dieser und in der anderen Welt unseren Platz zuweist oder – besser – finden lässt. Er will tatsächlich, dass wir alle das Leben in Fülle haben. Er will, dass wir glücklich sind! Er ist die Liebe des Universums! Wenn wir uns in seiner heilenden Gegenwart erkennen, dann haben wir dauerhaft gute Laune. Und er ist ja immer da, bleibt mit uns verbunden. Er ist unser Helfer und Heiler. Oft kämpfen wir und suchen wir. Es wäre so einfach: Nehmen wir seine Hilfe an. Er sagt gleichsam: „Lass mich nur machen." Rufen wir ihn immer wieder herbei. Plötzlich geht eine Erlösung durch die Welt. Plötzlich wendet sich das Blatt!

16. Dezember
Der Lebensmeister

Am Ende meines Buches *Das kleine Buch der Lebensfreude* habe ich eine Gestalt erfunden: Nasthusi da Gusi. Braungebrannt, mit Hut und Schnurrbart trat er auf: Mr. Nasthusi da Gusi. Mit einem freundlichen Lächeln begrüßte er die Zuhörerschaft, verbeugte sich und verteilte seine Visitenkarten. Seine Ausstrahlung hat mich und wohl auch alle anderen Menschen im Saal sofort fasziniert. Fast alle blickten ihn an, warfen dann einen kurzen Blick auf die Visitenkarte. Darauf stand nur sein Name. Dann erklärte er uns, was dieser bedeutet: „Guten Abend, gestatten Sie, dass ich mich vorstelle. Mein Name ist Na-st-hu-si-da-Gu-si. Mein Name ist zugleich ein Programm, das auch Ihnen gute Laune schenkt: Natur, Stille, Humor, sich etwas gönnen, danken, Gutes tun, sich freuen. Diese sieben Merkpunkte sollten wir uns merken. Sie schenken uns dauerhaft Freude!" Erst allmählich begriff ich, dass sich sein Name aus den jeweils ersten zwei Buchstaben der von ihm genannten Begriffe zusammensetzte: eine Eselsleiter, die mir hilft, mit guter Laune zu leben! An jedem Tag, in jeder Stunde!

17. Dezember
Was mir Dankbarkeit schenkt

Von Zeit zu Zeit werde ich mir bewusst, was mir das Leben schon alles gegeben hat. Ich denke an die Kleinigkeiten, aber auch an die nicht materiellen Werte: an Freundschaften, an Fähigkeiten, an Einsichten. Dafür bin ich der geistigen Führung dankbar. Die Dankbarkeit öffnet mir neue Türen … Von der Dankbarkeit geht sogar eine Heilkraft aus. Auf jeden Fall geht von ihr Erlösung aus, weil ich mich durch sie auf das konzentriere, was da ist, was mir (letztlich immer) geschenkt worden ist. Dankbare Menschen ziehen wieder andere Menschen an. Man ist gerne in der Nähe dankbarer Menschen, weil diese Lebensfreude ausstrahlen. Die Ausstrahlung ist nicht messbar, aber sie ist wirksam. Sie wirkt auf unbewusster Ebene. So ist das Ergebnis der Dankbarkeit Geborgenheit, die mir geschenkt wird. Die Kraft der Dankbarkeit schenkt mir Heil und Heiligung.

18. Dezember
Der göttliche Mensch in uns

Die ganze Schöpfung besteht aus einer göttlichen Kraft. Wir staunen oft über die Erscheinungen der Welt. Ich denke an die Größe und Erhabenheit des Universums, der Sternenwelt. Ich erinnere an die Mineralien, an die Pflanzen und auch an das Tierreich. Wie regt uns doch die Schöpfung zum Staunen an. Wir kommen aus dem Staunen nicht heraus: Wenn die Sonnenstrahlen durch die grünen Blätter eines Baumes leuchten, dann fühlen wir die Zärtlichkeit des göttlichen Geistes, der uns zum Frohsinn bewegen und zu einem Leben im Licht anregen möchte. Und irgendwie sind wir mit allem Leben der sichtbaren (und unsichtbaren) Welt verbunden. Alles hat etwas mit uns zu tun. In wenigen Momenten spüren Menschen ihre Verbindung mit der Welt. In allen und in allem wohnt der göttliche Geist. Er ordnet die Materie, lässt Pflanzen wachsen. Er schenkt Inspiration und Lebenskraft. Durch die Erscheinungen der Natur ahnen Menschen also die unsichtbare (geistige und göttliche) Welt. In der Liebe zu allem Dasein erwacht der göttliche Mensch in mir.

19. Dezember
Worauf wir uns besinnen sollten

Wie kann das Vertrauen ins Leben wieder zurückgewonnen werden? Es geschieht besonders durch die Kraft des positiven Denkens. Man besinne sich auf seine Fähigkeiten, auf Begabungen und Talente. Und man suche sich eine Umgebung, die bejaht und akzeptiert. Längerfristig verkümmert meine Seele in einer Atmosphäre der Feindschaft. Gegenseitiges Wohlwollen und Verständnis sind der Mutterboden für eine kreative und eigenständige Entfaltung des Menschen. Und dieser Boden lässt ihn eine gute Leistung erbringen. Durch eine kreative Tätigkeit kommt der innere Mensch in Bewegung. Und er erwacht zum Leben, Kräfte im Menschenwesen werden aktiviert, die ihm bald in verschiedenen Lebenssituationen zur Verfügung stehen. Hier möchte ich auch nochmals auf die Kraft der Meditation hinweisen: Wo ich mich ganz in Gottes Hand geborgen fühle, da baue ich mein Vertrauen ins Leben auf. Und dieses Vertrauen schenkt mir echte Gelassenheit. Wissen Sie, dass Sie geliebt werden? Von einem Wesen, das Sie mütterlich und väterlich liebt? Weil Gott jedes Wesen liebt, weil jedes Wesen die göttliche Kraft in sich trägt, könnten Sie alle Menschen lieben. Wenn ich mich von Gott geliebt weiß, wird es mir nicht schwerfallen, die anderen Menschen zu lieben. Sprechen Sie nur: Mein wahres Ich ist Herr über die Stürme!

20. Dezember
Die Herausforderung annehmen

Wenn trübe Gedanken uns die Lebensfreude rauben, können wir auch an den Fußball denken: Nehmen wir negative Gedanken als spielerische Herausforderung. Wenn ich bei einem negativen Gedanken hängen bleibe, hat mein Gegner ein Tor geschossen. Gelingt es mir, diesen Gedanken durch einen positiven Gedanken zu ersetzen, dann habe ich das Tor geschossen und gehe in Führung. Fußball erinnert auch an Bewegung: Erinnern wir uns, dass viele von uns sich heute zu wenig bewegen. Und erinnern wir uns immer wieder, dass ein Leben mit Rhythmen, Tageslicht und gesunder Ernährung uns guttut. „Stille" ist ein Wort, das für Spiritualität, Meditation und genügend Schlaf steht. Wer sich täglich etwas gönnt, wertet sich selber auf. Humor meint, alles mit Abstand und Vertrauen sehen, sich die Zuversicht bewahren, gelassen bleiben. Beim Danken geht es darum, sich daran zu erinnern, was man schon alles hat, schätzen, was Freude bereitet. Gutes tun: lieben und geliebt werden. Wer liebt, wird geliebt. Wer sich auf etwas freut, ist glücklich, seine Gedanken sind lichtvoll, eine positive Stimmung erfüllt sein Wesen. Wer sich etwas gönnt, wertet sich selber auf.

21. Dezember
Talent fürs Schicksal

Ein Mensch, der sich freut, bejaht das Leben, er hat oder entwickelt „Talent für sein Schicksal". Ebenso gehört ein gesundes Urteilsvermögen dazu. Auch das ist lernbar. Wer sich dem Leben nicht verschließt, sondern lernbereit bleibt und Erfahrungen sammelt, der schafft sich eine gute und solide Grundlage für ein Leben mit guter Laune. Leben ist Veränderung. Deshalb kann nur der längerfristig oder dauerhaft mit einer guten Laune leben, der sich diesen Veränderungen stellt. Dem inneren Menschen reicht dazu ein äußeres Vermögen nicht aus. Ich könnte zusammenfassen: Ein Mensch, der auf sein Herz (Bejahung der Aufgaben, positive Einstellung, Vertrauen), seinen Kopf (Vernunft, Denken, Erfahrung, Abwägen, Rat einholen) und seinen Bauch (Gefühl, Selbstfindung) hört, findet sich in den verschiedenen Situationen und Herausforderungen des Daseins zurecht. Wenn Sie zurzeit keine gute Laune haben oder Ihnen diese vor einiger Zeit aus welchen Gründen auch immer abhandengekommen ist, dann jammern Sie nicht, sondern nutzen Sie die Zeit, um herauszufinden, was Sie tun können. Gehen Sie vielleicht nochmals das Buch durch und entwickeln Sie eine Strategie. Halten Sie an dieser fest. Planen Sie maßvoll, überfordern Sie sich nicht. So werden Sie es mit der Zeit schaffen! Viel Erfolg!

22. Dezember
Liebe ist das größte Geschenk

Bald feiern Christen Weihnachten. Was Christen und Christinnen aber (auch im Feiern) von anderen Menschen unterscheidet, ist der Glaube, dass Gott Mensch geworden ist. Ist das nicht eine unerhörte Botschaft? Wer darüber nachdenkt, kommt ins Staunen. Man kann es nicht fassen. Gott, der Schöpfer und Erhalter des Lebens, soll Mensch geworden sein? Letztlich überzeugt mich dieser Gott, der uns ganz nahekommt. Er solidarisiert sich mit uns. Er will uns nahe sein. Damit zeigt er uns seine bedingungslose Liebe. Ja, er liefert sich uns aus. So müssen wir demütig bekennen: Dort, wo wir klein sind, wo wir schwach sind, ist er uns nahe, sind wir dem göttlichen Leben nahe. Im Verzeihen, im Frieden, in der Hingabe kommt unser wahres Menschsein zur Offenbarung. Weihnachten ist das Fest der Liebe. Diese Liebe ist immer konkret: Jede Liebestat ist ein kleines Weihnachtsgeschenk.

23. Dezember
Zeit ist Gold

Kennen Sie den Stress vor Weihnachten? Menschen scheinen unter einer Art „Torschlusspanik" zu leiden. Immer noch werden sehr viele Menschen in unserer Gesellschaft vom „Haben" beherrscht. Sie vergleichen ihren Besitz mit anderen Menschen und sind unzufrieden. Oder sie haben die Angst, etwas zu verpassen. „Da musst du gewesen sein", sagt der Nachbar oder der Arbeitskollege. Und der Mensch glaubt es. Aber will er es auch? Welche Sehnsucht steckt hinter den Bedürfnissen, etwas zu besitzen, zu reisen? Wir wollen dazugehören. Wir wollen Anteil haben am Leben. Aber dazu brauchen wir eigentlich keine materiellen Güter. Im Gegenteil: Bekanntlich können sie uns belasten. Das Wertvollste, was wir uns schenken können, ist die Zeit. Wie dankbar sind ältere Menschen, die wir besuchen. Wie freuen wir uns, wenn wir besucht werden. Das wertet uns Menschen auf. Begegnungen sind das Salz unseres Daseins.

24. Dezember
Die Mitte der Nacht ist der
Anfang des neuen Tages

An diesem Tag feiern Christen den „Heiligabend". Die Feiertage beginnen mit dem Abend des vorausgehenden Tages. Auch in der Osternacht wird bereits der Sieg des Lebens über den Tod gefeiert. So ist es wahr: „Die Mitte der Nacht ist der Anfang des neuen Tages." Diese Einsicht kann Menschen durch das ganze Jahr begleiten: Jede Angst, jede Sorge, jede trübe Stimmung wird sich einmal wenden. Es gibt immer einen neuen Anfang. Mit jedem neugeborenen Kind kommt etwas Neues in die Welt. Wer am Heiligabend in eine Kirche geht, findet das Kind in einer Krippe. Oft lächelt es. Es soll uns an das göttliche Kind in uns erinnern, das getragen wird. Es soll uns an unsere Offenheit dem Leben gegenüber erinnern. Es will uns zum Staunen über das Wunder des Lebens anstiften. Vor allem sagt es uns, dass wir durch und durch geliebt sind. Unser innerstes Wesen ist und bleibt heil und wird wachsen.

Die Schritte konkret umsetzen

25. Dezember
Wenn Sie es noch nicht getan haben:
Erstellen Sie einen Lebensplan

Auf den letzten Seiten dieses Buches möchte ich Ihnen für die sieben letzten Tage des Jahres sieben Schritte vorstellen, die sich mir als Zusammenfassung eines guten Lebens ergeben haben. Sie sind erprobt. Die Tage zwischen Weihnachten und Neujahr sind besondere Tage. Menschen besinnen sich auf ihr Leben, überdenken es, fassen Vorsätze. Beantworten Sie die Fragen: Was will ich? Was tut mir gut? Was mache ich gern? Wie kann ich mich verändern, um mehr Freude zu erfahren? Wie kann ich mit meinen Mitteln so leben, wie es mir entspricht und ich eine größtmögliche Unabhängigkeit habe? Wie kann ich mit meinen Möglichkeiten mit (mehr) Lebensqualität und Freude leben? Überprüfen Sie diesen Plan alle paar Jahre, denn wir Menschen verändern uns. Bleiben Sie wach für die Chancen in Ihrem Leben und ergreifen Sie sie sofort.

26. Dezember
Überwinden Sie die Angst

Der stärkste Faktor, der uns von einem zufriedenen oder glücklichen Leben abhält, ist die Angst. Es gibt viele Formen der Angst: die Angst, etwas zu verpassen, die Angst, etwas zu verlieren, die Angst vor Krankheit und Tod. Deshalb ist es sinnvoll, wenn Sie sich Zeit nehmen, Ihre Ängste zu erkennen. Entwickeln Sie Lösungen und Strategien: „Was ist das Schlimmste, das mir passieren kann?" Finden Sie darauf eine Antwort, eine Möglichkeit, damit umzugehen. Es gibt diese Antwort. Oder suchen Sie Hilfe, falls Sie selber nicht weiterkommen. Ziel ist es, dass Sie trotz eines üblen Zustandes, der eintreten könnte, in der Gegenwart gut leben können. Das bedeutet: Lernen Sie so zu leben, als ob Sie schlimme Ereignisse, die Sie sich vorstellen können, überstehen werden. Vertrauen Sie Ihrer geistigen Führung. Fürchten Sie sich nicht, alles wird gut, Sie sind behütet!

27. Dezember
Sortieren Sie Ihre Gedanken und achten Sie darauf

Welche Gedanken belasten Sie immer wieder? Meistens sind es negative Gedanken. Lernen Sie, sie loszulassen. Sie sind nicht verpflichtet, negativ zu denken. Kein negativer Gedanke kann Ihnen helfen, glücklicher zu werden, er belastet Sie nur. In keinem Fall ändern negative Gedanken etwas, indem Sie ihnen immer wieder Macht geben. Ersetzen Sie negative durch positive Gedanken. Hier können Sie sich auch bewusst machen, dass es weder eine gerechte noch eine vollkommene Welt gibt. Je schneller Sie sich damit abfinden, desto besser können Sie die „Gedankenkontrolle" mit Erfolg durchführen. Jammern hilft nichts. Notieren Sie sich, was Ihnen am Leben gefällt. Es können unscheinbare Kleinigkeiten sein. Suchen Sie die Freundschaft zu Menschen, die positive Energie ausstrahlen. Lesen Sie Bücher, die Ihnen helfen. Sagen Sie Menschen, die traurig sind, sie sollen sich auf positive Aspekte des Lebens besinnen. Sie werden es dankbar tun.

28. Dezember
Leben Sie in Beziehungen

Umgeben Sie sich mit Menschen, die Ihnen wohlgesinnt sind. Pflegen Sie die Beziehung zu Christus und zu Menschen. Ich nenne hier Christus, weil er Gottes Botschaft in unsere Sprache gebracht hat. Die Beziehung zu ihm ist die Beziehung zu Gott. Diese gibt Ihnen Kraft und Lebensmut. Aber machen Sie sich nicht von anderen Menschen abhängig. Denken Sie daran: Eine geistige Führung werden Sie nur spüren, wenn Sie eine Spiritualität pflegen. Lernen Sie, auch allein zu sein. Doch auch Gott weiß um Ihr Bedürfnis nach Sicherheit. Hier kommt der berühmte Notbatzen ins Spiel: Sicherheit beruhigt. Und eine innere Ruhe ist mindestens ein Baustein für eine innere Zufriedenheit. Bewahren Sie sich Ihre Träume! Bilden Sie sich weiter, interessieren Sie sich für die Vielfalt des Lebens.

29. Dezember
Leben Sie jetzt!

Gönnen Sie sich immer wieder etwas. Verschieben Sie schöne Momente nicht auf morgen. Sie leben jetzt. Seien Sie dankbar, wenn es Ihnen gutgeht, genießen Sie, was Sie haben. Achten Sie darauf. Bringen Sie Abwechslung in Ihr Leben. Wenn Ihnen etwas nicht gelungen ist oder gelingt, halten Sie sich nicht daran auf. Suchen Sie nach einer Alternative. Geben Sie nicht auf. Verdrängen Sie Ihre Fehler nicht. Stehen Sie zu ihnen, aber kehren Sie immer wieder in die Gegenwart zurück. Glauben Sie an sich und an Ihre Fähigkeiten, aber überfordern Sie sich nicht. Sie sind so oder so vom Universum geliebt. Lassen Sie sich Zeit. Nutzen Sie Chancen, nehmen Sie an, was Ihnen das Leben bietet. Überlegen Sie immer wieder, was Ihnen guttut. Werten Sie andere Menschen mit Ihrer Zuneigung und Freundlichkeit auf. Dies kommt zu Ihnen zurück. Besuchen Sie Menschen, sie werden Sie reich beschenken.

30. Dezember
Lassen Sie los, vertrauen Sie,
aber resignieren Sie nie!

Was Sie nicht ändern können, dürfen Sie loslassen. Vertrauen Sie darauf, dass eine höhere Macht mehr Möglichkeit hat. Tun Sie an Ihrer Stelle mit Ihren Möglichkeiten, was Sie tun können, ohne die anderen Punkte zu vernachlässigen. Suchen Sie Verbündete. Dann entspannen Sie sich. Sie können die Wirklichkeit nicht ändern. Erlauben Sie sich, trotzdem zufrieden zu sein. Grenzen Sie sich ab. Lernen Sie, mit Rückschlägen zu leben. Befreien Sie sich vom unnötigen Ballast. Leben Sie „abschiedlich", alles wandelt sich. Vertrauen Sie Ihrer geistigen Führung. Sie wird immer für Sie sorgen. Sie sind behütet und werden getragen. Nichts kann Ihrem ewigen und unvergänglichen Wesen schaden. Die geistige Führung hat noch viel vor mit Ihnen. Vertrauen Sie Ihrer Zukunft. Freuen Sie sich auf Ihre Zukunft. So öffnen Sie sich für die Freude, die Ihnen einmal geschenkt wird. Haben Sie Geduld.

31. Dezember
Seien Sie im Einklang
mit sich und der Welt

Meditieren Sie täglich, indem Sie sich in der Stille in der Liebe Christi wahrnehmen. Er ist immer da. Leben Sie natürlich, tanken Sie Sonnenlicht, bewegen Sie sich an der frischen Luft und lernen Sie. Achten Sie auf die Bedürfnisse des Leibes, der Seele und des Geistes. Leben Sie gesund, ernähren Sie sich entsprechend, leben Sie mit Rhythmen und schlafen Sie genug. Seien Sie offen für Kultur, Spiritualität und für die Geheimnisse des Daseins. Reservieren Sie Zeiten der Stille, in denen Sie ganz bei sich und bei Christus sind. Fühlen Sie sich geliebt vom Dasein. Lassen Sie Begegnungen zu. Lassen Sie sich lieben, seien Sie einfach nur da. Lächeln Sie den Menschen zu. Erinnern Sie sich täglich an die Botschaft von Mr. Nasthusi da Gusi. Haben Sie seine Visitenkarte bei sich? Lesen Sie diese Sätze jeden Tag. Trinken Sie ein Glas Sekt und stoßen Sie allein oder mit einem anderen Menschen auf das neue Jahr an. Seien Sie dankbar, dass Sie leben dürfen.

Das kleine Buch der Lebensfreude
Urs-Beat Fringeli

Taschenbuch, 160 Seiten, ISBN 978-3-86616-452-9

Vorsicht! Das Lesen dieses Buches könnte dazu führen, dass Sie unwiderbringlich von etwas angesteckt werden, das von jetzt an in Ihr Leben einkehrt: gute Laune! Mehr noch: Lebensfreude, Zufriedenheit und neue Glücksmomente könnten sich in allen Bereichen Ihres Lebens sogar nachhaltig ausbreiten! Schwer zu glauben? Verständlich! Aber was wäre, wenn Sie herausfänden, dass es viel einfacher ist, mit Freude und Leichtigkeit durchs Leben zu gehen als Sie ahnen, und dass es viele Möglichkeiten gibt, dies ganz praktisch im Alltag umzusetzen! Würde das nicht ganz erheblich Ihre Stimmung heben? Lassen Sie sich von diesem Buch überraschen, von wundervollen Anregungen, weisen Zitaten und bereichernden Inspirationen, die Sie einladen, Ihr Leben in einem hellen Licht zu sehen und zu erfahren.

Die Kunst der heiteren Gelassenheit
Urs-Beat Fringeli

Taschenbuch, 176 Seiten, ISBN 978-3-86616-381-2

„Ändern wir, was wir ändern können,
lassen wir los, was wir nicht ändern können!"

Kennen Sie auch diese tiefe Sehnsucht, endlich innerlich zur Ruhe zu kommen? In diesen äußerlich bewegten, unsicheren Zeiten ist dies gar nicht so leicht - und doch möglich! Das beweist dieses Buch: Es lehrt uns Gelassenheit und zeigt, wie wir diese so kostbaren Eigenschaften einüben und ganz real in unseren Alltag integrieren können. Zeitlose spirituelle Weisheiten und mitunter wundervoll einfache und praktische Anregungen geleiten uns geduldig auf den Weg zu mehr innerem Frieden. Lassen Sie sich von den Einsichten und Erkenntnissen dieses Buches führen, gewinnen Sie neue wertvolle Perspektiven für Ihr Leben und erfahren Sie so einen einzigartigen inneren Reichtum: das Glück der heiteren Gelassenheit!

Sinn finden auf der Fahrt des Lebens
Freude, Frieden und Glück in sich erfahren
Urs-Beat Fringeli

Taschenbuch, 176 Seiten, ISBN 978-3-86616-291-4

Machen Sie sich bereit für eine abwechslungsreiche, fantastische „Sinn – reise" und lassen Sie sich – ganz entschleunigt – zu den wunderbarsten inneren Orten navigieren, die zeigen, wie wir in jedem Moment unseres Lebens, Vertrauen finden können. Denn Sinn zu erfahren, kann tatsächlich gelernt und trainiert werden! Nicht nur das zeigt dieses Buch, sondern es schärft auch die Sinne dafür, im Alltäglichen stets das Wesentliche und Sinnhafte zu erkennen. Lassen Sie sich mitnehmen auf eine der vielleicht sinnvollsten Leseerfahrungen Ihres Lebens und lassen Sie sich inspirieren von einem neuen Blick auf die Welt, der Ihnen dauerhaft innere Freude und Erfüllung schenken kann.

Gönn dir dein Glück
Im Hier und Jetzt mit Freude leben
Urs-Beat Fringeli

Paperback, 160 Seiten, ISBN 978-3-86616-241-9

Dieses „Kraft-Buch" ist eine Anleitung zum Glück, anwendbar in den verschiedensten Lebenssituationen. Mit jedem Abschnitt wird die Einstellung des Lesers dahingehend bestärkt oder verändert, dass er mehr Gelassenheit und Lebensfreude erfährt und einübt und die wahren und schönen Momente auskostet. Es überrascht durch viele Anregungen, dem Augenblick zu vertrauen, das Leben zu bejahen: Mut zum Leben, zu autonomem Denken und Handeln, zu sinnvoller Veränderung bewirken Erfolg und Glück, wie die Beispiele erfolgreicher und glücklicher Menschen bestätigen.

Im Einklang mit sich und der Welt leben
Die Kräfte der Natur nutzen für mehr Lebensqualität
Urs-Beat Fringeli

Paperback, 208 Seiten, ISBN 978-3-86616-179-5

Erprobte, praktische Übungen, lebensnahe Anregungen und Tipps helfen dem Leser, in sich geistige Lebens- und Heilkräfte zu entwickeln und sein Leben im Frieden mit sich und seiner Mitwelt zu gestalten. Die wachsende Sensibilisierung für Nachhaltigkeit und Schutz unserer Erde weckt in vielen Menschen das Bedürfnis, etwas konkret dafür zu tun. Dieses Buch vermittelt ein ganzheitliches Welt- und Menschenbild, eine neue „Spiritualität der Natur", die den Menschen wieder stärker in Natur und Kosmos einbindet, ihm Tatkraft, Gesundheit, Harmonie und Lebensfreude, mehr Lebensqualität schenkt.

Lebenskraft im beruflichen Alltag
Mit dem 3-Wochen-Lebensfreude-Programm
Urs-Beat Fringeli

Paperback, 136 Seiten, ISBN 978-3-86616-133-7

Viele Menschen fühlen sich heute durch Arbeitsbedingungen, zunehmende Leistungsanforderungen und Beziehungskonflikte in ihrem Arbeitsalltag belastet, gestresst, überfordert, ihrem Wesen entfremdet. Der Autor Urs- Beat Fringeli, heute als Pfarrer, Psychologe und Seminarleiter in der Erwachsenenbildung, vorher mehrere Jahre erfolgreich in der Wirtschaft tätig, hat aus seiner Erfahrung zahlreiche Bücher zur Lebenshilfe veröffentlicht. In diesem Buch zeigt er am Beispiel eines beruflichen Tagesablaufs, wie man die einzelnen Belastungen und Konflikte durch Selbstbesinnung und eigenverantwortliches humanes Verhalten bewältigen kann. Er stellt erprobte Methoden vor, gibt Orientierung und Anregungen, wie man sich vor Stress und Burnout schützen, seine Lebensfreude steigern, Energien bündeln und freisetzen kann. Viele praktische Übungen, besonders das 3-Wochen-Lebensfreude-Programm, machen dieses Buch zu einem wertvollen Begleiter auf dem eigenen Weg in eine lohnenswerte Zukunft.

Empathie – Ich fühle, was du fühlst
Bin ich ein Empath? So lerne ich meine empathischen Fähigkeiten anzunehmen und in Balance zu leben
Dr. Stephanie Red Feather

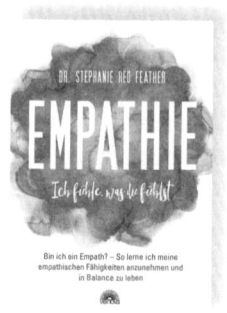

Klappenbroschur, 320 Seiten, ISBN 978-3-86616-484-0

Kennen Sie das? Oft werden Sie von dem, was Sie wahrnehmen, spüren, empfinden und fühlen, vollkommen überwältigt. Und manchmal wissen Sie nicht, ob Sie sich selbst oder andere Menschen fühlen. Wenn Ihnen das vertraut vorkommt, sind Sie wahrscheinlich ein Empath! Extrem sensibel und empfänglich für subtile Energien, Emotionen und Schwingungen. Die Schamanin und Empathin Stephanie Red Feather hat ein halbes Leben gebraucht, um dieses Phänomen bei sich zu erforschen und herauszufinden, welch riesiges Potenzial Empathen in sich tragen. Daraus ist dieses Buch entstanden. Ein grandioser Leitfaden mit wertvollem Wissen sowie vielen Techniken und praktischen Übungen, die Empathen befähigen, in ihre Kraft und Mitte zu kommen und bewusst ihre Gaben und Herzqualitäten für sich und andere einzusetzen.

Als ich verlor, was ich niemals war
Wie der Buddhismus mein Leben verändert hat
Matthias Dhammavaro Jordan

Klappenbroschur, 352 Seiten, 14 farbige Fotos, ISBN 978-3-86616-474-1

Viele Menschen beschäftigen sich heute mit Buddhismus, Meditation und Achtsamkeit, doch nur sehr wenige Westeuropäer haben den Buddhismus je an seiner Quelle studiert. Matthias Dhammavaro Jordan ist einer dieser wenigen. 12 Jahre lebte er als buddhistischer Mönch in der Theravada-Waldtradition. In dem autobiografischen Buch beschreibt er seinen Weg in einsam gelegenen Waldklöstern Nordthailands, zu berühmten buddhistischen Lehrern, seinen Umgang mit fremden Kulturen, dem asketisch-klösterlichen Leben sowie seine intensiven inneren Prozesse und Meditationserfahrungen. Ein mitreißendes Leseerlebnis, voll spannender Stationen in Thailand, Sri Lanka, Kanada und Europa und tiefer Einsichten, Erkenntnisse und zeitloser Wahrheiten, dabei immer authentisch, berührend, voller Lebendigkeit und erfrischend ehrlich!